CCIEE
经济每月谈

中国智库经济观察

（2022）

Economic Observations from
China's Think Tanks' Perspective（2022）

中国国际经济交流中心／编

社会科学文献出版社
SOCIAL SCIENCES ACADEMIC PRESS (CHINA)

出版说明

"经济每月谈"是由中国国际经济交流中心主办的经济研讨活动。中国国际经济交流中心秉承"创新、求实、睿智、兼容"的理念，自2009年7月，每月举行一次"经济每月谈"活动，邀请国内外知名专家学者、企业家和政府官员，就社会关注的国内外经济热点问题进行深入研讨。2022年讨论的热点问题主要包括：学习贯彻党的二十大精神、推动高质量发展、世界经济与大国关系、应对气候变化等。

2022年12月17日，中国国际经济交流中心主办"2022~2023中国经济年会"，以"认真学习贯彻中央经济工作会议精神，推动我国经济运行整体好转"为主题，邀请国家宏观经济部门领导、经济学家、企业负责人等发表观点。现将"2022~2023中国经济年会"和2022年"经济每月谈"嘉宾演讲主要内容，以及中国国际经济交流中心专家学者针对当前经济热点问题的研究报告汇编成集出版，以飨读者。有疏漏不当之处，敬请指正。

目　录

2022~2023 中国经济年会观点综述

2022 年"经济每月谈"观点综述

智库报告选编

推动高质量发展

世界经济与大国关系

加强国际合作

助力科技自立自强

构建新型能源体系

2022~2023 中国经济年会观点综述

认真学习贯彻中央经济工作会议精神　推动我国经济运行整体好转

——2022~2023 中国经济年会主要观点综述

2022 年 12 月 17 日，由中国国际经济交流中心（简称"国经中心"）主办的"2022~2023 中国经济年会"在北京以线上线下相结合方式召开。本届年会主题为"认真学习贯彻中央经济工作会议精神，推动我国经济运行整体好转"。会议由国经中心常务副理事长、执行局主任张晓强主持，邀请中央财经委员会办公室分管日常工作的副主任韩文秀、第十三届全国政协经济委员会副主任宁吉喆、财政部副部长许宏才、中国人民银行副行长刘国强、国务院发展研究中心副主任隆国强、国经中心副理事长王一鸣等嘉宾进行解读发言。主要观点如下。

一　着力推动我国经济运行整体好转

韩文秀认为，2023 年我国经济运行有望总体回升。要坚持稳中求进，把握好六个更好统筹，突出做好稳增长、稳就业、稳物价工作，抓好五个方面重点工作。要多措并举，保持就业和物价总体稳定，国际收支基本平衡，保障能源安全，推动节能降耗，守住不发生系统性风险的底线。要继续实施积极的财政政策和稳健的货币政策，加大宏观政策调控力度，加强各类政策协调配合，形成共促高质量发展的合力。

六个更好统筹方面，一是更好统筹疫情防控和经济社会发展。总结国内外实践经验，因时因势优化疫情防控措施，认真落实新阶段疫情防控各项举措。特别是加强基层防疫能力建设，加强药物和疫苗研发应用，重点抓好老年人和患基础性疾病群体的防控，着力保健康、防重症，坚决防范次生灾害和极端事件。二是更好统筹经济质的有效提升和量的合理增长。三是更好统筹供给侧结构性改革和扩大内需。四是更好统筹经济政策和其他政策。五是更好统筹国内循环和国际循环。六是更好统筹当前和长远。

重点工作方面，一是着力扩大国内需求。2023 年外需收缩是大概率事件，但只要内需恢复合理增长，充分发挥消费的基础作用和投资的关键作用，就能为经济发展提供具有决定意义的支撑。二是加快建设现代化产业体系。要抓住全球产业结构和布局调整过程中孕育的新机遇，加快实现产业体系新的升级发展，勇于开辟新领域、制胜新赛道。三是切实落实"两个毫不动摇"。要深化国资国企改革，坚持分类改革方向，打造一批创新型国有企业，完善中国特色国有企业现代公司治理制度，加快建设世界一流企业。优化民营企业发展环境，依法保护民营企业产权和企业家权益，促进民营经济发展壮大。四是更大力度吸引和利用外资。扩大市场准入，全面优化营商环境，有针对性地做好外资企业服务工作，主动对标国际高标准规则、规制、管理、标准，深化国内相关领域改革。五是有效防范化解重大经济金融风险。促进房地产市场平稳健康发展，防范化解中小金融机构、保险、信托等领域风险，以及地方政府债务风险。

二 把着力扩大内需放在更突出位置

宁吉喆认为，要把恢复和扩大消费摆在优先位置。积极恢复接触型、聚集型、流动型消费，巩固和恢复吃、穿、用等基本消费，培育和扩大线上线下结合、"互联网＋绿色低碳"等新型消费，支持住房改善、新能源汽车、养老服务等消费。要多渠道增加居民收入，改善消费条件，创新消费场景，加强消费者权益保护，制定《消费者权益保护法实施条例》，加强消费领域标准质量品牌建设，增强区域消费综合承载能力，培育建设若干具有全球影响力、吸引力的国际消费中心城市。政府投资和政策性金融工具要加大对国家发展规划重大项目的融资支持。加快实施"十四五"重大工程，加强区域间基础设施连通。以多种方式吸引民间资本参与重大项目建设，加强民间投资的融资支持，支持民企参与铁路、高速公路、港口、码头等交通基础设施建设。

三 积极的财政政策要加力提效

许宏才认为，2023 年积极的财政政策要加力提效，保持必要的财政支出强度，优化组合赤字、专项债、贴息等工具，在有效支持高质量发展中保障财政可持续和地方政府债务风险可控。"加力"主要体现在：一是统筹财政收入、财政赤字、专项债券、调度资金等，保持适度支出强度，加强国家重大战略任务财力保障，持续推动财力下沉；二是合理安排赤字率和地方政府专项债券规模，适度扩大专项债券资金投向领域和用作资本金范围，持续形成实物工作量和投资拉动力，确保政府投资力度不减；三是持续增加中央对地方转移支付，做好困难群众、失业人员动态监测和救助帮扶，兜牢兜实基层"三保"底线。"提效"主要体现在：一是完善减税退税降费政策，增强精准性和针对性；二是进一步优化财政支出结构，加大科技攻关、生态环保、基本民生、区域协调等重点领域投入，支持补短板、强弱项、固底板、扬优势，更直接、更有效地发挥积极财政政策作用；三是更好发挥财政资金引导与撬动作用，有效带动扩大全社会投资和全面促进消费；四是完善财政资金直达机制，深化预算绩效管理，提高财政资金使用效益和财政政策效能；五是持续创新和完善财政宏观调控，注重加强与货币、就业、产业、科技和社会政策的协调配合。

四 稳健的货币政策要精准有力

刘国强认为，2023 年货币政策总量要够、结构要准。总量要够，即货币政策力度不能小于 2022 年，既要更好满足实体经济发展的需要，也要保持金融市场流动性合理充裕，资金价格维持合理弹性，不大起大落。结构要准，即持续加大对普惠小微、科技创新、绿色发展、基础设施等重点领域和薄弱环节的支持力度，要继续落实好一系列结构性货币政策举措。重视经济下行导致的"水落石出"风险、房地产风险、地方债风险、市场异常波动风险、外部冲击风险等，保持警觉，完善制度，加强防范化解金融风险的体制机制建设，提高风险应对能力。

五 更大力度的吸引和利用外资

隆国强认为，要牢牢抓住改善营商环境这个"牛鼻子"。按照《外商投资法》和负面清单、鼓励清单等要求，清理妨碍外资准入的政策文件和法规。完善外商投资企业、商协会和政府有关部门的沟通与投诉机制，及时高效听取企业意见和建议。以服务业开放为重点，加大现代服务业领域开放力度。充分发挥自贸试验区、自贸港在扩大高水平开放中的先行先试作用，积极探索数字经济等一些前沿领域开放。大力做好投资促进工作，健全重大和重点外资项目工作专班机制，充分调动各部门、各地方吸引和利用外资的积极性，加快推进重大项目签约落地。

六 加快建设现代化产业体系

王一鸣认为，加快建设现代化产业体系，要聚焦关键问题，突出重点任务。一是加快传统产业改造升级。加大设备更新和技术改造力度，加快制造业数字化转型，发展智能制造、绿色制造，提高产品质量和档次。二是培育壮大战略性新兴产业。加快新能源、人工智能、生物技术、绿色低碳、量子计算等前沿技术研发与产业化应用，培育壮大一批战略性新兴产业，开辟发展新领域、新赛道。三是增强科技创新对现代化产业体系的支撑。找准关键核心技术和零部件薄弱环节，攻克一批受制于人的关键核心技术。继续实施产业基础再造工程，加强应用牵引、整机带动，加快基础关键技术和重要产品工程化攻关。四是提升战略性资源供应保障能力。加强重要能源、矿产资源国内勘探开发和增储上产，鼓励和支持风能、太阳能、生物质能、氢能和储能等发展，规划建设新型能源体系，加强能源、原材料等大宗商品储备能力建设。五是大力发展数字经济。加快 5G、人工智能、数字孪生等技术研发和推广应用，推广"5G+工业互联网"发展模式，打造基于平台的制造业新模式，支持平台企业在引领发展、创造就业、国际竞争中大显身手。六是优化发展环境。充分激发企业活力和创造力，优化产业政策实施方式，支持小微企业和"专精特新"企业发展。

（宏观经济研究部　邬　琼　刘向东 整理）

2022 年"经济每月谈"观点综述

全球大变局下数字经济发展的路径与中国之策

——第148期"经济每月谈"综述

2022年1月19日，中国国际经济交流中心（简称"国经中心"）举办第148期"经济每月谈"，主题为"学习贯彻数字经济'十四五'规划"。会议由国经中心副理事长兼秘书长张大卫主持，国经中心副理事长朱光耀，国家信息中心首席信息师张新红，天星数科党委书记、战略副总裁曹子玮，国经中心美欧研究所首席研究员张茉楠分别发表演讲。主要观点如下。

一 数字经济是全球未来的发展方向

（一）数字经济成为人类社会第三大经济形态

朱光耀指出，数字经济以现代化信息网络为主要载体、以信息通信技术应用于全要素数字化转型为重要推动力，是继农业经济、工业经济之后的主要经济形态。张新红指出，数字经济与数字技术革命时代相对应，是以数据资源为关键要素、以现代信息网络为主要载体、与信息通信技术融合应用、以全要素数字化转型为主要推动力、能够促进公平与效率的新经济形态。曹子玮指出，数字经济是认知的数字化，以数字的思维逻辑体系对世界、经济进行新的解读；是万物互联的数字化，经济活动以数字化的方式来进行。张茉楠指出，数字经济的突出特点是以数字化为特征的新一轮全球化正在重塑全球经济结构，以数据为生产要素的规模效应出现井喷式增长，新的基础设施框架正在建立。

（二）数字产业化与产业数字化应"双轮驱动"

朱光耀指出，数字经济以数据为关键生产要素，核心是数字的产业化和产业的数字化。数字经济的发展有利于支持我国高质量发展战略实施。张新红指出，数字经济已成为数字时代经济和社会发展的新动能，也是构建未来国家竞争新优势的主要竞争点。曹子玮指出，数字经济是结果的数字化存在，任何一个经济结果都是留痕的，是不可篡改的，这一点有别于传统经济形态。

（三）经济全球化背景下数字经济面临新风险和新挑战

朱光耀指出，在经济全球化和互联网全球运用的大背景下，加强全球数字经济合作，特别是加强数字经济规则制定合作具有重要意义，同时有很大挑战。张茉楠指出，全球跨境数据流动在发达国家与发展中国家呈现不对称性，全球产业链、价值链、供应链的重构使数字贸易成为引领当前全球贸易的主要增长引擎，大国数字博弈与意识形态相捆绑，全球性规则制定阻力很大。

二 "十四五"时期我国数字经济发展的重要任务

（一）着力发挥我国数字经济优势

张大卫指出，"十四五"期间数字经济对经济部门产生的重要影响之一是数字技术对传统行业的改造。数字技术的发展会促进大量的新业态、新模式和新产业的产生与发展，形成经济增长新动能。朱光耀认为，在数字经济发展过程中，要体现数字产业化和产业数字化的有机融合，除平台经济之外，还要关注技术应用的模式。张新红指出，"十四五"期间要加强关键核心技术攻关，加快新型基础设施建设，为数字经济打下坚实基础。推动数字经济和实体经济融合发展，推动重点领域的数字产业发展，发展数字经济要普惠大众、缩小数字鸿沟。

曹子玮表示，数字技术企业对传统行业的渗透有广阔前景，建议加快推动数字技术对传统产业的改造，在摸清趋势和方向的基础上出台规划、细则，更多关注市场作用。张茉楠建议，促进数字产业和数字经济潜在增长，激发数据活力，通过降成本、提高劳动生产率等，给社会提供更多的就业和行业价值。

（二）加快完善国内数字经济治理体系

张大卫指出，数字能力水平的提升会促进治理能力和治理体系现代化，在公共服务上创造更大发展空间。张新红认为，要规范数字经济发展，加强数字时代的现代治理体系建设，完善数字经济治理体系。曹子玮建议，尽可能让技术创造更高的收益，并探索数字化监管手段。推动金融资源向数字经济领域倾斜，打破传统领域的限制，并维护国家数字安全。张茉楠指出，要提升国家数字治理水平，规范互联网发展，强化数字经济支持实体经济发展的战略方向，避免财富过度在互联网集中、分配，促进共同富裕。

（三）积极争取数字经济国际规则的主导权与制定权

朱光耀建议，加入数字经济伙伴关系协定等重要协议，在全球范围内参与数字经济贸易规则的制定。张新红建议，积极参与国际数字经济领域的合作。张茉楠指出，要规范治理和保护市场，突出国家数字主权的利益，在保护国家整体数据主权和数字安全的基础上，界定安全边界，未来需要重视建立数字资源的产权、交易、流通，以及跨境传输方面的基本制度和规范。

（四）充分把握数字化转型的核心要义和发展主线

张新红指出，数字经济发展要把握数字化转型的主线，包括全要素数字化转型、产业数字化转型等多个方面，以数字化、网络化、数据化、智能化、平台化、生态化、个性化和共享化（"八化"）为横轴，以数据要素、数据驱动为纵轴，能力的提升、流程的数字化为斜轴，构成完整的数字化转型思维。曹子玮认为，通过对企业生产进行数字化流程再造，可增强生产的透明性，加强风险识别及控制，降低成本，促进产业和金融的结合。张茉楠指出，数字化转型需要关注"鲍莫尔病"现象，互联网企业的发展对传统行业和传统经济具有挤出效应，数字化转型面临新挑战。

三　未来全球数字竞争与博弈将更趋激烈

（一）数字经济重构世界竞争格局，大国数字博弈激烈

张茉楠认为，由于数字经济快速发展，世界格局重构呈现不平衡甚至失衡的态势，数字经济、数字技术越来越成为国家之间竞争的重要力量，甚至与地缘政治、意识形态挂钩。以美国为代表的国家正在组建所谓的数字全球化联盟，可能形成全球治理和全球数字规则新范式，以实力为基础的技术竞争转向规则之争、标准之争和国家治理模式之争。全球治理规则没有形成统一的共识和框架，国家之间的博弈越来越激烈。

（二）加强全球数字经济合作，助力全球数字经济治理

朱光耀指出，加强全球数字经济合作、推动数字经济规则制定具有重要意义和挑战性。中国提出加入数字经济伙伴关系协定，对落实"十四五"数字发展规划具有推动作用，也有利于营造一种良好的国际环境。张茉楠建议，中国应明确数字主权和数字治权的战略方向；缩减数字服务的负面清单，通过对市场和服务准入的开放，促进中国数字经济发展；申请加入全面与进步跨太平洋伙伴关系协定（CPTPP）和数字经济伙伴关系协定（DEPA），进一步参与全球多双边经贸规则的制定，争取在未来全球多边治理规则中拥有主导权和主动权，以对接国际高标准倒逼国内深化改革。

（三）强化数字协同治理，实现政府社会互动多元共治

张新红指出，数字经济"十四五"规划在数字治理和创新监管方面提到三方面的总体部署，包括强化协同治理和监管机制、增强政府数

字化的治理能力，以及完善多元共治的新格局。要总结数字经济发展治理方面的典型经验，坚持对数字经济鼓励、创新、包容、审慎的整体原则，多方参与、协同治理。要有底线思维、弹性平衡思维，分类施策、改进手段、精准有效，提升治理能力。同时，把协同治理作为一个主要手段和方向，在监管中强化问题导向，破除一切不合时宜的思想观念和体制机制弊端，突破利益固化的藩篱，激发全社会的创造力和发展活力。张茉楠指出，中国应加紧构筑数字治理体系，在创新与监管、开放与安全之间，以及在政府、企业和个人之间，完善多元共治模式。

（美欧研究所　闫　畅　张茉楠　整理）

现代物流高质量发展的现状、问题与对策

——第 149 期"经济每月谈"综述

2022 年 2 月 28 日，中国国际经济交流中心（简称"国经中心"）举办第 149 期"经济每月谈"，主题为"现代物流高质量发展"。会议由国经中心副理事长兼秘书长张大卫主持，国经中心总经济师陈文玲，中国物流与采购联合会副会长蔡进，中国检验认证集团总裁李忠榜，顺丰集团助理、CEO 黄赟分别发表演讲。主要观点如下。

一 现代物流发展的现状

（一）现代物流的地位和作用

张大卫指出，现代物流是现代流通的重要组成部分，是供应链的重要物质载体，也是国民经济循环中的关键环节。蔡进指出，现代物流可对国民经济的发展起到支撑作用。李忠榜指出，物流行业是经济的命脉，是融合运输、仓储、货代、信息等产业的复合型服务行业，在支撑国民经济运行、畅通国民经济循环中起到不可替代的作用。黄赟指出，物流供应链决定着一个国家的产业竞争力及其在全球经济活动中的发展定位。

（二）我国现代物流业发展的成就

张大卫指出，我国物流业发展取得积极进展，有效支撑国民经济与

社会发展，改善民生，提升国际竞争力。陈文玲指出，目前我国包括铁路、航运、民航在内的基础设施硬件都取得了长足发展，共建"一带一路"国家基础设施也逐步完善。随着新一代信息技术、通信技术、数字技术的高速发展，我国5G技术占据全球制高点，北斗卫星系统精度和覆盖范围超过GPS定位系统，我国多个海港已实现自动化装卸，有效避免疫情等因素导致的停摆问题，现代物流业发展已走在世界前列。蔡进指出，我国物流业正逐步向高质量发展方向推进，物流效益稳中有升。随着多式联运转型升级、仓储环节资金通畅、管理过程"放管服"改革优化，物流畅通性得到进一步提升。

二　现代物流高质量发展面临的问题

（一）俄乌冲突带来不利影响

陈文玲认为，俄乌冲突不仅是"俄美"间对能源市场的争夺，也是现代流通能力的比拼，将对我国能源物流产生一定不确定性。蔡进指出，俄乌冲突可能导致欧盟国家更向美国靠拢，对我国中欧班列产生消极影响。俄罗斯与欧美互相封闭了领空，跨境物流遇到一定阻碍，对我国现有物流体系带来新的挑战。

（二）基础设施环节尚有不足

张大卫指出，现有的物流基础设施及其功能性发挥仍不充分，不同物流方式间的衔接存在堵点，综合物流枢纽建设仍然滞后。陈文玲指出，目前我国铁路、公路的集运、分拨换装连通性不足，航空受限于航空港的地理位置，无法形成高效的一体化综合交通运输体系。

（三）冷链物流配套设施缺失

陈文玲指出，我国冷链物流缺乏高质量的基础设施和服务体系，影响肉类、果蔬、药品的仓储运输、流通、加工等服务，对我国经济运行产生不利影响。李忠榜指出，目前我国冷链物流质量安全保障程度偏低，冷链物流营收总额占比不高；缺乏成熟强大的第三方冷链物流和供应链管理专业化的市场主体；网络功能不完善，冷链全供应链服务体系仍未解决；专业人才匮乏，操作规范性不足；国际化程度低，出口价格受限；缺乏具有国际竞争力的冷链物流头部企业。

（四）绿色化程度仍待提高

黄赟表示，据不完全统计，顺丰物流一年的碳排放相当于十个大型电厂，非绿色化、节能化的物流在全球不少航空领域会受到一定的运输限制。

（五）现代管理机制尚不健全

陈文玲指出，尽管不同航运形式都具有一定的物流网络体系，但不同形式间的分散管理和组织方式仍无法适应基于现代技术的物流基础设施、现代物流业态和运行方式。蔡进指出，目前我国物流管理未能跟上物流发展的步伐，导致物流出现堵点、循环通畅度偏低，整体运行效率未能达到预期。李忠榜指出，物流行业数据安全的法律法规还处于空白阶段，国家标准、行业标准尚不完善，相应的检验认证机制也无法满足行业发展需求。

三 对策建议

（一）加快数字化基础设施建设

张大卫建议，继续加强公路、铁路等基础设施建设，形成一批成熟强大的综合物流枢纽，打通国内外产业和消费市场。要充分发挥信息技术设施的特点，积极发展中国自己的智慧物流信息系统，将各个产业通过互联网连通起来。陈文玲指出，积极构建更高水平的现代物流基础设施框架，充分利用 5G、北斗卫星系统等先进技术，大力推进数字化、智能化基础设施与新型物流业态相融合，形成可支撑国内大循环的强大物流能力。李忠榜指出，要继续完善网络设备，打通产地"第一公里"到销地"最后一公里"，健全供应链服务体系。发挥数字技术渗透效应和替代效应，构建覆盖冷链物流的全链条体系。

（二）强化国际国内冷链物流建设

陈文玲指出，《"十四五"冷链物流发展规划》已经出台，要根据规划加快冷链物流高质量基础设施建设，完善国家骨干冷链物流网络，确保连通国际国内市场，创新冷链物流服务新模式，采取分时段、无接触等配送方式，确保产销覆盖全国城乡。李忠榜指出，冷链物流是一个资本密集、科技密集、劳动密集、人才密集相叠加的特殊产业，要真正做到"冷"的稳定、"链"的通畅。着力做好冷链物流产业标准化工作，做到标准互通、规则一致，形成涵盖不同运输方式、不同行业的统一标准体系，有效提高整体效率，降低运营成本。努力提升冷链物流检验检测认证和检疫水平，优化流程，构筑疫情外防内控的屏障。加强冷链物流服务专业人才培养，通过产学研相结合的方式满足冷链物流各领域的需求。快速拓展国际冷链物流能力，发挥行业各方优势，打造世界一流的冷链物流国际化企业。

（三）"双碳"背景下，推进现代物流绿色发展

张大卫指出，在新科技革命特别是绿色低碳技术加快发展的前提下，要加大企业绿色化、低碳化转型力度。陈文玲指出，要贯彻落实中央"双碳"目标，加速淘汰落后技术和高耗能的交通设备，扩大清洁能源使用范围，构建绿色物流体系。蔡进认为，物流空驶率的降低、物流车辆的电动化、物流装备的共享化可大量节约能源，推动物流低碳发展。黄赟提出，顺丰集团通过与光伏企业合作，推动电能有效利用，运用自动化智能设备，发挥电动运输优势，提高管理效率，减少能源消耗，为"碳中和"做出贡献。

（四）完善管理机制，加强产业融合

陈文玲指出，发展现代化物流体系要进行组织改革，推进多式联运，构建综合物流集疏运体系。要解决现有部门分散管理、地方利益互相纠葛的问题，融合连接海陆空运输方式，做到一单到底，践行现代物流理念。蔡进认为，物流的组织方式正转向供应链方式，通过将

上下游企业资源整合、优化，提高整体效率。要加强商业环境建设和体制机制改革，深化"放管服"改革，疏通物流"堵点"，畅通循环，降低因政府部门过多干预带来的制度性成本。李忠榜指出，要进一步完善物流产业领域的法规体系，健全物流行业数字安全管理配套制度。

（科研信息部　杨雨舸　綦鲁明　整理）

学习和解读两会精神

——第 150 期"经济每月谈"综述

2022 年 3 月 14 日，中国国际经济交流中心（简称"国经中心"）通过线上视频方式举办第 150 期"经济每月谈"，主题为"学习和解读两会精神"。会议由国经中心常务副理事长、全国政协经济委员会副主任毕井泉主持，国经中心副理事长、全国人大代表韩永文，国经中心副理事长、全国政协经济委员会副主任杨伟民，国经中心副理事长、全国政协委员王一鸣分别发表演讲。

一 2021 年我国经济表现

杨伟民认为，从经济增长情况看，2021 年我国国内生产总值（GDP）实际增长 8.1%、名义 GDP 增长 12.8%。尽管在我国经济发展史上并不算最高的，但 2021 年是我国经济总量增加最多的一年，增加了 13 万亿元，大致相当于 2003 年全年经济总量（13.7 万亿元）。如果按美元计价，2021 年我国 GDP 约 17.7 万亿美元，相当于美国同期的 77%，较 2020 年提高了 6.5 个百分点。同时我国人均 GDP 突破 1.2 万美元，即将迈入高收入国家门槛。在全球疫情蔓延、国内疫情多点散发、国际环境复杂多变、国际大宗商品价格大幅上扬、国内长期积累的结构性矛盾逐渐显现的情况下，我国取得这样的成就十分不易。

我国经济韧性强是取得重大成就的原因之一。一是制造业能力强。我国制造业门类齐全、产业链完整，疫情冲击下仍实现了稳健增长。2021年制造业增加值同比增长9.8%，快于经济增速。制造业占GDP的比重提高了1.1个百分点，与过去占GDP比重持续下行的趋势形成鲜明对比。二是数字经济快速发展。服务业中的信息传输、软件和信息技术服务业与制造业中的计算机、通信和电子设备制造业是数字经济的两大核心，2021年两者分别增长17.2%和15.7%，均快于经济增速，显示出我国数字经济具有较强的活力。三是出口实现高速增长。2021年我国出口（美元计价）增长29.9%，同时出口结构不断优化，工业制成品出口占出口总额的比重达到95%，实现由劳动密集型的低附加值产品出口向工业制成品出口的转变。四是民营经济韧性强。私营企业的工业增加值增长10.2%，快于国有企业和其他企业，且在出口中的份额持续提升，2021年已升至56%，实现了由外资为主向私营企业为主转变。

二 2022年经济增速目标为何设为5.5%左右

韩永文表示，政府工作报告前期征求意见时曾出现过"经济增长5.5%、力争有更高一些增长"的提法，但在正式印发的政府工作报告中最终将经济增长目标确定在5.5%左右，主要有以下考虑。一方面，国际形势发生了新变化。特别是俄乌冲突问题，以及由此引发西方国家对俄罗斯制裁，已不可避免地对全球经济带来较大冲击。另一方面，国内疫情给2022年经济恢复和发展带来较大不确定性。将经济增长目标确定在5.5%左右是结合国内外新形势变化综合考虑的结果。

王一鸣指出，5.5%左右的经济增长预期目标体现了把稳增长放在更加突出位置的要求。政府工作报告中强调要保持经济运行在合理区间，通常认为符合潜在增长水平的区间即为合理区间。从现有研究看，多数成果认为"十四五"时期我国潜在增长水平在5.5%左右。2022年经济增长预期目标与"十四五"规划预期目标相吻合。过去两年我国经济增长平均增速仅为5.1%，低于潜在增长水平，存在负产出缺口，而较低的产能利用率以及物价水平等指标进一步印证了负产出缺口的存在。在此情况下，争取比较合理的中高速增长是经过努力可以实现的目标。

从纵向维度看，要实现到2035年"我国人均GDP达到中等发达国家水平"的目标，"十四五"时期应保持5.5%左右的经济增速。从横向维度看，主要经济体与我国的经济增速差距也在缩小，2021年美国GDP增长了5.7%，与我国经济增速差距明显缩小，而印度经济增速已连续两年超过我国。在全球经济格局调整背景下，我国要把握发展的主动权，应努力实现中高速增长。同时，设定5.5%左右的预期目标也考虑到就业问题，特别是2022年我国就业压力较大，主要体现为两个"最"：一是城镇新增劳动力为近几年最多，达1600万人；二是高校毕业生为历年最多，达1076万人。如果没有5.5%左右的经济增速，则很难实现较为充分的就业。

三　当前我国面临的主要风险和挑战

韩永文认为，一是总需求收缩。我国市场环境总体趋紧，消费和投资恢复较为迟缓，有效需求依然不足。居民人均可支配收入两年平均增速低于疫情前水平，局部疫情时有发生，抑制城市居民消费能力和消费意愿，线下接触性消费恢复不畅。投资内生动力不强，制造业投资后续增长基础不牢，地方土地出让收入减少，资金、用地等要素保障不足，对有效投资形成制约。部分国家经济秩序恢复后，供需缺口收窄，国际市场竞争更加激烈，我国稳出口难度增大。

二是供给存在结构性短缺。当前国内企业生产仍面临要素短缺问题，特别是原材料供应依旧偏紧，关键领域的创新支撑能力不强，缺芯、缺柜、缺工等问题仍然不同程度地存在。俄乌局势令原材料短缺局面进一步激化，表现为能源、农产品及海运价格大幅上涨。

三是成本和价格上涨导致企业生产经营困难。在需求趋紧、供给受限、能源矿产等大宗商品价格高位运行情况下，企业生产经营状况不容乐观，部分中下游制造业，特别是中小微企业、个体工商户消化成本压力的难度增大，应收账款回收难等问题突出。

四是经济金融领域风险有所上升。部分高负债、盲目扩张的企业，特别是房地产企业风险不断暴露，部分中小银行资产质量下降，部分地区金融风险仍在集聚。不少地方经济发展困难增多，基层财政收支矛盾突出，部分地方政府偿债压力加大，保基本民生、保工资、保运转难度依然较大。此外，在生育、养育、教育、医疗、养老、环保等民生领域还有不少短板和弱项，保障粮食安全和能源供应仍面临不少挑战。

五是市场预期不稳。部分市场主体，特别是小微企业和个体工商户生产经营困难，对市场前景存在担忧，稳就业任务更加艰巨。目前疫情多点散发态势有所加重，所涉及省份明显增多，将影响居民和市场主体预期，造成服务业恢复预期进一步减弱。

王一鸣认为，我国面临的三重压力出现边际变化，一是供给冲击总体有所缓和。与2021年第三、四季度相比，能源供给紧张的局面明显改善，电力供应持续稳定，拉闸限电对经济增长的影响得到根本扭转。但供给冲击依然面临不确定性，俄乌冲突不仅引发全球原油、有色金属、粮食等大宗商品价格飙升，还造成航线航路阻断，导致供应再度紧张。

二是需求走弱仍然突出。尽管我国消费持续低迷主要受疫情散发抑制服务消费、被动储蓄以及预防性储蓄提高等短期因素影响，但不应忽视背后的长期性因素，特别是我国人口总量增长迅速放缓。2021年我国新增人口仅48万人，相较于14亿多的总人口近乎零增长。人口总量扩张放缓不仅对当前消费产生影响，对未来消费潜力也将产生很大影响。

三是市场预期有所改善。疫情散发的不确定性对小型企业影响较大，中型和大型企业更多的是受舆论环境影响。随着政策进一步完善，2021年第三、四季度出现的层层加码、"一刀切"等情况有所缓解，市场对未来发展信心有所提振。

四 宏观政策如何发力

政府工作报告强调，2022年要继续做好"六稳""六保"工作，宏观政策有空间、有手段，强化跨周期和逆周期调节，为经济平稳运行提供有力支撑，积极的财政政策要提升效能，更加注重精准可持续，稳健的货币政策要灵活适度，保持流动性合理充裕，就业优先政策要提质加力，政策发力要适当靠前，及时动用政策储备工具，确保经济平稳运行。

财政政策方面，韩永文表示，2022年我国一般公共预算收入的计划是21万亿元左右，与收入相比存在56985亿元的差额，超出财政赤字规模23000多亿元。弥补此部分差额的来源主要有两方面：一是通过调用特定国有金融机构和专营机构历年结存利润上缴来弥补，约有1.65万亿元调入预算中来使用；二是调入预算稳定调节基金，总额约有9000亿元。此外，由于2021年财政增收形势较好以及实际财政支出比计划少近3800亿元，减轻了调整收支矛盾的负担，为2022年财政收支预算安排做好铺垫和准备，2022年可用财力明显增加。

韩永文认为，政府工作报告强调要坚持阶段性措施和制度性安排相结合，一是延续实施支持制造业、小微企业、个体工商户的减税降费政策，提高减免幅度，扩大适用范围。二是对小规模纳税人，主要是年销售额500万元以下、月销售额15万元以下的纳税人，实行阶段性免征增值税。三是延续实施对部分个人所得税的优惠，以及科技企业孵化器、退役士兵就业等税收优惠政策。四是加大研发投入激励力度，对企业投入基础研究实行税收优惠。五是大力改进增值税留抵退税制度，对留抵税额实行大规模退税，退税主要用来支持制造业，全面解决制造业、科研和技术服务、生态环保、电力燃气、交通运输等行业留抵退税问题。此外，还通过进一步清理和降低收费，推动降低企业生产经营成本，加大中央财政对地方转移支付力度等措施来提升积极的财政政策效能。

王一鸣认为，我国财政政策可概括为"支出增大、退减并举、专项持平、财力下沉"。"支出增大"方面，2022 年一般公共预算支出规模 26.7 万亿元，同比增长 8.4%，支出规模较上年扩大 2 万亿元以上，而 2021 年实际支出同比仅增长 0.3%。"退减并举"方面，退税为 2022 年财政政策的一大亮点，明确要优先安排小微企业退税，对小微企业的存量留抵税额 6 月底前一次性全部退还，增量留抵退税额足额退还，留抵退税约 1.5 万亿元。同时，2021 年到期的阶段性减税降费政策继续延期，对小微企业应纳税额 100 万元至 300 万元部分再减半征收所得税，使实际税负由 10% 降至 5%。此外，还加大对研发费用加计扣除政策实施力度，将科技型中小企业加计扣除比例从 75% 提高至 100%。"专项持平"方面，2022 年我国专项债规模与上年持平，均为 3.65 万亿元。与 2021 年不同的是，2022 年专项债不仅要合理扩大使用范围，而且会前置。因此，2022 年上半年专项债的使用比较集中。"财力下沉"方面，2022 年要对地方转移支付增加 1.5 万亿元，规模达到 9.8 万亿元，相当于国家近 50% 的预算收入转移给地方。考虑到部分基层财政困难，转移支付要在更多面向基层基础上，进一步扩大直达资金规模，主要用于基层保基本民生，保工资，保运转。

货币政策方面，王一鸣认为，一是总量充足。政府工作报告明确了货币供应量和社融规模要与名义 GDP 增速基本匹配。除此之外，2022 年还强调了要扩大新增贷款规模，不仅货币要适度放宽，还得宽信用。二是结构优化。加大结构性工具使用，主要是使用再贷款、再贴现等工具来支持小微企业，支持科技创新，支持绿色转型，支持制造业。三是成本降低。政府工作报告中指出要降低实际贷款利率，降低资金成本，扩大普惠金融覆盖面，让广大市场主体切身感受到融资便利度提升和综合融资成本下降。

（宏观经济研究部　邬　琼　整理）

第一季度经济形势分析

——第 151 期"经济每月谈"综述

2022 年 4 月 20 日，中国国际经济交流中心（简称"国经中心"）举办了第 151 期"经济每月谈"，主题是"中国与世界经济形势"。活动由国经中心副理事长韩永文主持，国经中心副理事长、学术委员会主任王一鸣，国经中心副总经济师张永军，中国社会科学院世界经济与政治研究所副所长张斌，平安证券公司首席经济学家钟正生等就 2022 年第一季度经济形势及下一步经济走势发表演讲。主要观点如下。

一 第一季度经济数据好于预期，但环境发生诸多变化

王一鸣认为，2022 年第一季度我国经济开局总体平稳，经济增速好于市场预期，总体保持在合理区间，在国内疫情多点频发和俄乌冲突升级叠加影响下，实现 4.8% 的增速实属不易。基础设施投资反弹带动固定资产投资回升，对第一季度经济增速起到重要支撑作用。2021 年末，中央提前下达新增专项债额度 1.46 万亿元。2022 年初以来，中央预算内投资使用进度加快。2021 年 12 月，中国人民银行下调了金融机构存款准备金率 0.5 个百分点，2022 年 1 月下调利率等政策提前发力，为 2022 年第一季度在内外环境复杂变化的情况下，实现好于预期的增长创造了条件。3 月，国内新一波疫情冲击、俄乌冲突升级等因素，冲

击产业链供应链稳定，影响市场预期。同时，美联储加息和全球通胀攀升，进一步增大全球经济的不确定性，主要指标大幅度放缓，部分指标出现负增长，对第一季度经济增速有明显影响。

韩永文认为，投资增长对稳定第一季度增速的支撑作用更为明显。在疫情对消费和服务业拉动经济增长有限的情况下，2022年第一季度全社会固定资产投资完成了10.48万亿元，超出2019年第一季度3000亿元，大体恢复到疫情前水平。第一季度投资增长9.3%，远高于疫情期间两年复合平均增速，高于2019年6.3%的增长水平，也高于2016~2018年平均增速。投资结构向好，基建投资在2021年高速增长基础上，增长8.5%；民间投资大体保持在2021年同期水平；高技术产业投资增长27.0%，其中高技术制造业投资增长32.7%，对支持产业结构调整发挥积极作用。

张斌认为，2022年第一季度实现4.8%的增速，因经济结构不一样，与疫情前相比，对经济的影响是不一样的。疫情前，消费增长快于资本形成，且服务业增速较快。2022年第一季度4.8%的增速中，工业增速较快，但服务业受损比较严重。1.5万亿市场主体大部分分布在批发零售、住宿、餐饮、交通运输、仓储等服务业及劳动密集型行业，主要为中小微企业和个体工商户，这些行业和市场主体承受更大压力。

钟正生认为，与2022年政府工作报告提出全年目标时的形势相比，当前很多情况发生了较大变化：第一季度增速不到5%，稳就业压力增加；实际财政支持力度（财政赤字）比2021年显著扩大，但市场反应低于预期，报告提出要扩大新增贷款规模，但从3月看，企业主要通过短期贷款和票据来加杠杆，中长期贷款放量不明显，居民贷款需求依然偏弱。受俄乌冲突影响，"双碳"政策更为灵活，对经济的减缩效应弱化，基建投资适度超前，制造业投资总体平稳，民营企业固定资产投资增速偏低，疫情对服务业和消费冲击大于预期。

二 第二季度经济仍然面临较大的下行压力

王一鸣认为，国内新冠疫情叠加俄乌冲突等因素，使国内需求收缩、供给冲击、预期转弱，经济下行压力继续增大。一是国内新冠疫情和俄乌冲突叠加的双重冲击，使第二季度的经济运行面临下行压力。4月以来，新一轮疫情导致上海管控措施收紧，对4月的经济影响较大。若疫情在5月上旬能够得到有效控制，加上宏观政策发力对冲疫情影响，第二季度经济增速大体能回升至5%左右，全年争取实现5.5%的预期目标还是有条件的。二是美联储加息的外溢风险也在逐步显现。美联储加息提速，推高美国国债收益率，降低人民币资产对国际投资者的吸引力，汇率贬值和资本外流压力可能会逐步显现，维护国际收支平稳和人民币汇率稳定将面临更大挑战。三是疫情多点频发造成需求恢复明显放缓，对商品零售、餐饮旅游、交通运输等服务行业影响尤为严重。房地产投资增速仍在回落，制造业投资虽然保持较快增长，但随着外贸出口见顶回落和大宗商品价格高位波动，增长后劲仍显不足。四是生产供给扩张受到新的冲击。疫情后多地强化防控措施，保障物流和供应链畅通的难度明显增大，尤其是上海、深圳、长春始发地货运单量降幅较大。缺芯、缺柜等问题突出，缺芯对汽车和消费电子行业形成较大影响。俄乌冲突造成对外出口货运通道风险上升，国际运力紧张和海运价格抬升，增加我国外贸企业出口成本。五是市场主体预期重新转弱。受内外不确定性因素影响，市场主体特别是小微企业和个体工商户困难加剧，对市场前景更加担忧。民营企业市场预期不稳，投资意愿下降，融资需求收缩，互联网企业出现集中裁员等现象。

张斌认为，要重视对当前经济下行压力的认识。长周期来看，更要重视教育、科研、医疗、商业服务等人力资本密集型产业对经济的带动作用。这些产业多数表现为非标准化、个性化、资产无形化、供求信息不对称等特征，投资风险更大，更难以复制，获得融资也更为困难，监管难度更大。过去十年，人力资本密集型产业的增长远超工业和农业部门的增长，成为经济增长的产业引擎。与此同时，房地产市场出现深度调整，以房地产为主的需求引擎或信贷扩张引擎也遇到问题。产业增长引擎、需求引擎同时受到冲击，是除疫情之外经济面临的两大压力来源。

张永军认为，受俄乌冲突持续、美联储加息等因素影响，一些经济体可能出现经济衰退。俄乌冲突持续冲击石油、天然气、粮食等大宗商品产业链供应链，大宗商品价格高位波动，世界经济复苏依然面临诸多不确定性，我国经济面临较大外部环境压力。

钟正生认为，疫情反弹冲击消费。海外经济体财政货币刺激在退缩，发达经济体对家电等用品需求减弱，机电类产品出口增速下滑。海外通胀压力加剧，削弱了消费者实际购买力，抑制了实际需求。上海等地新一轮疫情造成长三角地区供应链紧张，部分外贸企业生产、交货遭遇困境，订单外流。受俄乌冲突等因素影响，粮食、能源等大宗商品价格上涨，结构性、输入性通胀压力抬升，工业生产者出厂价格指数（PPI）向居民消费价格指数（CPI）传导风险增加。

三　主要应对举措

王一鸣认为，当务之急是稳定宏观经济大盘，力保第二季度经济增速重返 5% 以上，为实现全年经济增长预期目标奠定基础。第一，合理优化疫情防控措施，在阻断病毒跨区域传播情况下，分区分级恢复物流、工厂、商场等正常生产经营秩序，最大限度降低社会成本。纠正和防范地方政府过度防疫，有效保障物流和供应链畅通。第二，加大宏观政策实施力度。继续加快地方政府专项债、预算类投资使用进度，加快项目审批，加强用地、用能、环评等方面保障，尽快形成实物工作量。根据形势发展，可考虑增发特别国债，适当扩大财政赤字规模。加快增值税留抵退税实施进度，合理放松房地产企业融资限制。疫情严重的城市可考虑发放消费券，向低收入群体发放生活补贴。第三，着力稳定产业链和供应链。对受疫情冲击比较大的汽车、半导体、医药等行业，建立供应链白名单制度，尽快完善全国统一通行证制度。第四，进一步加大对中小微企业政策支持力度。落实好已出台的政策，实施好退税减税降费政策，用好普惠小微贷款支持工具，加大对受疫情影响较重的中小微企业和个体工商户的支持力度。第五，调整和完善有收缩效应的政策举措。明确释放鼓励平台经济平稳健康发展的积极信号，尽快为资本设置好红绿灯。按照市场化、法治化、国际化原则，完善相关监管政策，提高透明度。第六，未雨绸缪有效应对外部环境复杂变化。做好预案应对俄乌冲突持续升级。有效应对美联储政策调整，坚持以我为主的货币政策，保持人民币汇率弹性，发挥好汇率调节的稳定器作用。做好跨境资本流动的宏观审慎管理，保持人民币汇率在合理均衡水平上的基本稳定和国际收支平衡。

韩永文认为，随着政府支持政策超前，要保持资金和政策支持的可持续性，避免政府投资断粮，出现资金断链。尽管第一季度固定资产投资项目储备充足，但也要做好项目前期准备工作，关注项目建设资金安排进度，尤其是解决好地方政府配套资金，加快将顺地方政府融资渠道，促进融资平台规范发展并合理注入相应的资本金，有效引导社会资金进入投资领域。进一步细化和完善精准支持政策，支持、引导和鼓励民间投资、高技术产业投资，保持良好可持续的投资态势。

张斌认为，可通过降低利率解决总量问题，降低政府、企业、居民负债成本，提升企业、居民持有资产的估值，扩大需求，提升经济活力。要防止房地产市场过于萧条和资金过度流出，不仅要关注房地产市场的短期流动性问题，还要帮助解决沉淀资产难以出手而利息负担沉重等问题。

钟正生认为，要降低融资综合成本，增加企业贷款的便利性和可能性，免除企业贷款不必要的附加成本，释放 LPR 改革红利。用好结构性工具，包括支农支小再贷款、碳减排支持工具和煤炭清洁高效利用专项再贷款、普惠养老和科技创新再贷款等政策工具，加速政策落地实施。托底房地产，充分满足地产企业开发贷款需求，适度调整房地产相关政策。减轻银行资本压力，适度下调国有大行拨备覆盖率，适度容忍不良贷款，以专项债的方式补充中小银行资本金。加速第二季度财政政策落地，分批推进留抵退税，为市场主体提供流动性支持，加快专项债发行和使用，支持上半年基建投资。

（宏观经济研究部　李　娣　整理）

综合施策促进消费恢复发展

——第 152 期"经济每月谈"综述

2022 年 5 月 17 日，中国国际经济交流中心（简称"国经中心"）举办了第 152 期"经济每月谈"，主题是"综合施策促进消费恢复发展——暨《数字时代城乡新型消费协同发展研究》报告发布会"。会议由国经中心副理事长姜增伟主持，国经中心常务副理事长、执行局主任张晓强，中国社会科学院评价研究院党委书记、院长荆林波，商务部研究院流通与消费研究所所长、消费经济研究中心主任董超，国经中心副总经济师张永军，中国人民大学商学院副教授王强，阿里巴巴集团副总裁、阿里研究院院长高红冰等就消费形势及扩大消费的对策发表演讲。主要观点如下。

一 疫情多点散发对消费市场短期影响较大

张晓强认为，2022 年 1~4 月，我国社会消费品零售总额同比下降 0.2%，经济短期下行压力加大。2021 年我国国内生产总值（GDP）实际增长 8.1%，其中最终消费支出拉动 5.3 个百分点，对 GDP 增长贡献率是 65.4%，是资本形成总额和净出口对 GDP 增长贡献率之和的 2 倍左右。面对当前严峻复杂的形势，党中央提出要扎实稳住经济，努力实现全年经济社会发展的预期目标，既要发挥有效投资的关键作用，更要发挥消费对经济循环的带动牵引作用。当前及今后较长时期，我国高质量发展大势没有变，新动能在不断成长，国民经济会企稳回升。

姜增伟认为，近期国内疫情多点散发叠加乌克兰危机升级，进一步加大我国经济发展面临的不确定性，生产生活和经济活动受到较大影响，对消费恢复发展也造成一定阻碍。4 月我国需求收缩和预期转弱压力加大，消费特别是接触型消费恢复较慢，中小微企业、个体工商户和服务业领域面临较多困难，居民消费能力和消费意愿不足，将加大第二季度经济增长压力。

荆林波认为，投资和消费是扩大内需的两个基本手段。国际金融危机之前，我国外向型经济占比较高，随后我国经济增长更加依靠内需拉动。其中，2000~2010 年有 5 年最终消费支出对 GDP 增长贡献率高于投资，而 2011~2021 年有 9 年最终消费支出对 GDP 增长的贡献率高于投资。受疫情冲击，2020 年消费受到重创，当年对 GDP 增长的贡献率是 -6.8%，拉低 GDP 增长 0.15 个百分点，而资本形成总额对 GDP 的贡献率却高达 81.5%，拉动 GDP 增长 1.79 个百分点。疫情冲击下消费恢复较慢，亟须发挥投资对稳增长的关键作用，加大新老基建、制造业、房地产等领域的有效投资。

董超认为，2022 年疫情的不确定性对消费冲击较大，我国消费回补和恢复增长的压力不小，与美国消费市场规模之间的差距有所拉大，区域消费恢复很不均衡，吉林、天津、上海等地消费恢复滞后。疫情冲击下我国居民风险偏好发生改变，预防性储蓄有所增加，对扩大衣食住行消费较为谨慎。居民收入和财富增长放缓将导致消费后劲不足，输入性通胀压力也将扰动消费市场，抑制粮食和成品油消费。

张永军认为，疫情冲击下家装、家具等消费受影响较大。近年来，房地产投资有所下降，住宅销售额大幅回落，对房地产相关消费冲击较大。长期以来，我国消费率整体偏低，既与城市化发展阶段有关，也跟流动人口占比较高有关。当前，我国灵活就业人口较多，该群体就业不稳定、收入来源不稳定，消费意愿也自然不强。随着疫情防控效果逐步显现，预计 2022 年下半年消费市场活跃度会更高一些。

二 培育新型消费和扩大乡村消费是促进消费的重要手段

王强认为，数字技术推动消费领域深刻变革，加快供需两端转型发展，催生消费新业态新模式，让消费的示范效应、棘轮效应得以更充分发挥，使消费者形成新习惯。随着农村数字基础设施日臻完善和城乡"数字鸿沟"渐趋缩小，城乡消费协同趋势愈发显著，特别是县城与乡村消费市场逐步融为一体。新型消费的加快发展离不开城乡消费的繁荣。调研表明，城乡数字化先行区展现出较为显著的消费示范效应，尤其是在交通通信、教育文化娱乐、医疗保健和居住消费等方面，消费示范性效应更为显著，有效带动了数字化落后区新型消费的快速发展。以山东省曹县为例，数字化发展推动了产销变革和消费协同，带动农户以零工方式参与数字化运营，当地居民的交通通信、教育文化娱乐、医疗保健、居住等服务消费明显增长，消费结构逐步向菏泽等城市靠拢，而且通过示范效应带动周边定陶、东明等县区的电商发展和消费结构升级。

高红冰认为，数字技术和电子商务平台打破了长期割裂的城乡二元结构。推动数字技术与实体经济融合发展，可全面促进共同共生的城乡融合发展。数字化带动城乡融合发展经历三个发展阶段。第一步，以淘宝为代表的线上零售平台把城市消费者与农村商家有效链接起来，实现了农村商品直接卖到城里的供需对接。比如，曹县大集通过网销汉服带动服装产业化集群化发展，利用网络直播带动芦笋这一农产品出口发展。第二步，网销平台催生出许多数字化先行区，加速带动乡村产业特色化、集群化发展，带动电子商务等服务业快速发展，推动产品品牌化和业务标准化，也有效促进当地经济发展、居民增收、返乡创业及文化教育需求增加。如高青县通过数字化带动黑牛产业化过程中缩短供需链条，通过与盒马鲜生合作直接零售，打响了高青纽澜地黑牛这一高端品牌。第三步，数字经济与实体经济深度融合加速了城乡边界模糊和互动增加，推动城乡消费升级协同和农村产业高级化，推动形成城乡统一的消费大市场。例如，中国玫瑰之都平阴县通过电商平台把平阴玫瑰系列产品销往全国，并依据消费者需求开发设计一些新品种，推出更多有特色的品牌商品，满足消费者更多样化的需求。

三　加快促进消费恢复发展的建议

张晓强建议，要深入贯彻落实好党中央、国务院决策部署，统筹做好疫情防控和经济社会发展，努力稳住市场主体，特别是纾困帮扶中小微企业和个体工商户，稳定和扩大高校毕业生等重点群体就业；同时要坚持供给侧结构性改革，推进产业结构优化升级，坚定不移推动新技术、新产业、新业态、新模式发展。

姜增伟建议，要促进城乡网络消费。一是完善城乡融合商业网络。加快完善社区商业功能，大力推进社区商业网点建设和布局优化，丰富流通网络的"毛细血管"，促进消费便利化。优化农村商业网点布局，推进农村商业资源整合，扩大农村单体商业设施规模。二是适应常态化疫情防控需要，科学推广无接触交易服务，加快线上线下消费有机融合，将智能零售服务与智慧供应链服务融入城乡商业体系建设，培育壮大智慧产品和服务等"智慧+"消费。三是加快农村电子商务发展，改造提升农村寄递物流基础设施，深入推进电子商务进农村和农产品出村进城，推动城乡生产与消费有效对接。四是补齐农村流通发展短板。完善农村物流基础设施，加大产地仓储保鲜设施建设力度，加快农产品"最后一公里"物流设施建设，提升农村流通体系数字化发展水平，构建数字化农产品生产、流通和销售体系。加大农村电商和流通复合型人才培养力度。

荆林波建议，要对自发性消费和引致消费比重进行研究，以数字化方式发放消费券，加快促进"智慧消费＋体育康养"，激发疫情下预制菜等"宅家"消费和户外商品消费潜力，挖掘 Z 世代消费群体信贷消费，开发适老产品扩大银发市场消费，用好免税店等促消费政策扩大奢侈品消费，取消二手车限迁政策等汽车消费障碍，扩大节能绿色消费等。

董超建议，短期内加快促进消费回补，激发中高收入群体提前消费、跨期消费，如采取税收减免等措施，促进汽车、家电更新换代消费；采取节假日调补，适时促进假日消费回补；扩大免税店规模，拉动免税消费和奢侈品消费；对餐饮等特困行业的低收入群体发放现金或消费券，对疫情期间封控区居民发放大礼包，扩大政府消费，对灵活就业群体提供保险、担保或工资补贴；丰富消费金融产品，激发信用消费潜力，鼓励企事业单位扩大集团消费，用工会、团建等活动经费直接购置商品发放；通过适度补贴开展家电以旧换新，促进家电消费升级，因地制宜推动家电下乡；实施汽车购置税减免优惠，加大新能源汽车消费支持力度，放宽皮卡车进城、汽车改装等政策限制，发展汽车后市场，加大房车营地建设等。

高红冰建议，加快推动数字技术在城乡之间的广泛应用，充分利用电子商务等平台，加快城乡商品、服务及要素资源双向流动；营造支持县镇及农村发展的包容创新政策环境，加快培育一批具有创新精神的新型企业家群体和有市场竞争力的新型服务商。

王强建议，推动县域城镇发展意义重大，以发展县城带动农村转移人口就近城镇化，加快培育农村新型消费发展，推广"以镇带村"的发展模式；以交通通信网络和农产品物流体系为主，加快城乡数字基础设施建设；以消费需求促进供给变革，鼓励借助数字化手段推动县域特色产业集群化发展；着重结合各类新型数字平台应用，与各平台企业共同推进县域数字技术应用和人才技能培训。

张永军建议，扩大消费要增加适销对路的产品供给，满足城市"宅经济"的需要和农村家用商品供给；加快制定健康、养老、家政、教育培训等服务规范和标准，促进服务消费更快发展。要加快教育、托幼、社保等领域管理体制改革，促进具备条件的流动人口尽快安居，适当降低流动人口和不稳定就业人口的比重，增强居民的收入预期，促进消费恢复平稳增长。

（宏观经济研究部　刘向东　整理）

加快推进城市地下管网建设

——第 153 期"经济每月谈"综述

2022 年 6 月 14 日，中国国际经济交流中心（简称"国经中心"）举办了第 153 期"经济每月谈"，主题是"加快建设地下管网，助力稳定经济大盘"。活动由国经中心常务副理事长毕井泉主持，国经中心"城市地下管网建设研究"课题组组长窦勇发布研究成果，住建部城市建设司二级巡视员曹燕进、国家发改委城市和小城镇改革发展中心副主任沈迟、北京市城市管理委员会管廊处处长崔宣、中国建筑技术集团工程院副院长王玮分别发表演讲。

一　加快推进城市地下管网建设意义重大

毕井泉指出，党中央、国务院高度重视地下管网建设，这是经济发展的需要，更是安全发展的需要。2021 年底召开的中央经济工作会议指出，我国经济面临需求萎缩、供给冲击和预期减弱的三重压力，在疫情多点散发和乌克兰危机冲击下，我国经济增速放缓、矛盾凸显。在当前经济形势下，全面开展城市地下管网建设尤为必要。

窦勇认为，高水平建设城市地下管网，是贯彻落实"以人民为中心"发展理念的重大举措，有利于保障人民群众生命财产安全，用行动践行人民至上的理念；是提升城市治理水平的关键举措，有利于打通城市赖以生存和发展的"血脉"和生命线，夯实现代化城市高质量发展的基础；是打好污染防治攻坚战的重要抓手，有利于补齐城镇污水收集和处理设施短板，从源头上解决水体污染问题，切实推进生态文明建设和生态环境保护；是扩大内需提振经济的重要发力点，有利于以基建投资拉动钢铁、水泥等上下游产业发展，积极应对疫情冲击和经济下行压力，为中国经济持续稳定恢复提供重要支撑；是贯彻落实"双碳"战略部署的先手棋，在碳达峰、碳中和目标实现前，利用好钢铁、水泥产业庞大产能为我国城市基础设施建设贡献力量。

沈迟提出，城市地下管网是城市运行的基本保障，关系到增强城市韧性。一是管网建设是民生问题也是经济问题。要正确看待地下管网建设问题，提高思想认识，考量地方官员主政期间的管网资产增值维护情况。二是城市地下管网建设具有"显性投入、隐性收益"的特点。地下管网建设作为公益性事业，虽然投入较大，但是完善的管网系统可以增强城市韧性，降低外界风险对城市运行的冲击，为城市居民和企业提供更好服务，提升城市价值。

王玮指出，地下综合管廊建设虽然投资数额大，但是建成后使用寿命长，与传统管线直埋相比，全生命周期成本更低。在"双碳"目标的背景下，综合管廊解决了马路拉链问题，减少道路反复开挖，节省材料消耗，降低重复建设维护拆除等环节中能源消耗带来的碳排放，并通过减少管道漏损问题，减少资源损失，增加经济效益。

二　城市地下管网建设进展

曹燕进指出，2015 年以来，住建部会同国家发改委等部门在 25 个城市开展综合管廊试点工作，取得明显成效。一是形成一批可复制、可推广的经验做法。在综合管廊市场协商定价缴费、新老区统筹、管线单位参与建设运营、政府作价参股引入民营企业、确权登记、智慧化运行维护、审批制度改革等方面积攒先进经验。二是减少"马路拉链"问题。三是提高城市地下管线安全运行保障能力。通过综合管廊智能化建设，对入廊管线实施动态监测，管线安全运行维护水平得到提升，防灾应急能力显著增强。四是促进集约高效利用土地资源。综合管廊改变了架空线和管线直埋敷设的用地需求，节省土地空间。五是助力稳投资稳增长调结构。管廊建设为化解钢铁、水泥等过剩产能和消化库存发挥积极作用，推动预制构件生产、机械设备制造等相关产业发展。从试点情况看，中央财政资金的投资拉动效用约达 3.7 倍。

崔宣指出，北京市在推进综合管廊建设和加快城市管网更新改造方面开展大量工作。一是推进地下管线自身结构性隐患治理工作。2005年以来已完成近 2000 公里管线的消除隐患治理，"十三五"期间年均百公里地下管线事故比"十二五"期间下降 83.46%。二是创新建设方式。在传统的随路建设、随地下综合体建设、随地铁建设和独立建设之外，首次实现管廊管线企业共建，协调促成电力公司通过"出资代建、统一施工"方式建设管廊和电力缆线专用舱室。三是综合管廊实现智能化运营。抽样调查的 11 条综合管廊年均运维费用约 70 万元/公里。四是完善政策体系。制定管廊功能建设标准，编制《综合管廊功能建设标准清单》和《综合管廊建设项目投资造价指导清单》，加强综合管廊成本管控。出台有偿使用协商参考标准，为管廊和入廊管线单位协商收费提供参考。制定管廊工程技术要点，创新性提出小型管廊技术标准。

三　城市地下管网存在的问题

毕井泉指出，目前城市地下管网建设仍严重滞后于城市发展。由于管线破损老化、系统不完善，下雨看海、马路拉链、路面塌陷、水体污染等问题不断发生。我国污水处理率不足 60%，中小城市、县城、乡镇的处理水平更低，重要原因是管网建设滞后，污水收集不起来。而管网建设滞后、陈旧管网不能及时改造，主要是缺乏资金来源。

曹燕进认为，我国城市地下管网主要存在五方面问题。一是总量不足、水平不高，不能适应新阶段高质量发展要求。市政基础设施建设起点低、底子薄，虽然随着经济增长逐步发展，但总体上"有多少水、和多少面"，难以支撑新型城镇化发展进程。二是地区间发展不平衡，服务均等化差距大。东部地区设施水平普遍高于中西部地区，城市老城区的市政基础设施水平和服务水平普遍低于新区，县城和建制镇市政基础设施更加薄弱。三是建设管理方式粗放，运行效率不高。市政基础设施存在"重建设、轻管理"问题，管理手段落后，底数不清，碎片化严重。四是投资结构不合理，融资渠道不畅。资金来源较为单一，主要依靠财政资金，由于市政基础设施建设高投资、低收益率、回报期长的特点，社会资金参与积极性不高。五是体制机制有待理顺，缺乏统筹协调。多数城市在机构设置中按行业划分多部门管理，缺乏统筹规划建设管理的协调机制。

崔宣指出，当前综合管廊全生命周期投资回报机制不健全，配套政策不完善，建设资金回收难，企业对综合管廊投资建设运营意愿下降，难以吸引社会投资。一是企业入廊的积极性不高。综合管廊建设投资政策与现行管线投资政策缺乏有效衔接，管线企业入廊难以获得政府补助。二是入廊费用收取困难。有偿使用收费未纳入国家定价目录，定价管理难以落实，培育有偿使用意识难度大。因建设标准不同，入廊费用一般高于直埋成本，顺出机制尚未确定，且部分管线企业设施资产权益诉求未解决，导致企业缴费难。三是管廊资产权属不明确。地下空间权属划分尚无政策依据，管廊空间确权难。

四　主要政策建议

毕井泉指出，要以解决资金问题为突破口推进城市地下管网建设。当前，我国市场资金充裕，要充分发挥市场机制的作用，把资金引导到城市地下管网建设。要落实污染者付费原则，把生产生活对外部环境造成的影响内化为生产成本、消费成本。要统一规划，综合考虑各类管线发展目标，与道路交通、城市轨道交通等规划衔接，改造旧管廊与建设新管廊共同推进。要以改革精神做好城市地下管网的建设、运营、管理工作。要加快地下管网立法工作，将地下管网涉及的不同主体的权利义务以法律形式明确下来。

窦勇提出，要在"双碳"目标实现前，利用好我国钢铁、水泥产能高、价格低的优势，开展大规模管网建设。建立稳定筹资渠道是推进地下管网建设的关键，具体可以分"三步走"，一是建立地下管网建设基金。利用好政府工作报告中提及的 6400 亿元预算内建设投资拨款，提请全国人大批准每年 5000 亿元的专项国债，并提高用水、电力、通信、燃气、取暖等公用事业服务和产品价格。二是向市场发行地下管网专项债券。额度按当年注入的管网建设基金额度的 4 倍控制，按年连续发行。三是逐步将地下管网建设资金转化为管网使用的租金，用于管网公司的还本付息和正常运营维护支出，实现可持续经营。

曹燕进提出，要强化公益性市政基础设施建设运营中政府供给兜底和安全保障的责任。同时，配合有关部门推动深化市政公用事业行业价格机制改革，发挥价格杠杆作用，有序引导社会资本参与市政基础设施投资建设。要在城市新区建设和老旧城区改造中分类施策，因地制宜推进综合管廊建设，加快完成在建的综合管廊，推进已建成的综合管廊尽快达到设计能力并投入运营。

沈迟认为，一是要关注城市基础设施的系统性建设，建设资金应当包含地面设施与地下管网部分，缺少任意一部分都会极大影响整体效果。我国部分污水厂难以运行的原因就是仅有地面厂房而缺乏资金建设地下管网。二是要发挥好地方投融资平台的作用，既要防止地方债务急剧膨胀引发系统性金融风险，又要避免去杠杆"用力过猛"，加剧企业融资困难。可以开展市政基础设施领域的投资信托基金试点，助力地下管线设施建设。三是管网收费是系统可持续运行的保障，提高水价也有利于促进节约用水。

崔宣指出，综合管廊是提升城市韧性和安全发展水平的重要城市基础设施，要规划引领、完善政策、控制成本、政府支持、市场运作，推进综合管廊健康发展。一是完善建设投融资政策。按照综合管廊功能用途实施公共属性分类管理，采取差别化固定资产投资政策，明确建设出资方式。二是完善运营管理政策。制定管廊产权共有政策，推动地下管网廊道化。完善管廊有偿使用制度，定期评估、适时调整，出台有偿使用信用监管、规划保证金和强制收费等政策。以运行安全、经济合理为目标，鼓励管廊运维专业化、一体化。三是优化手续办理（一次办）措施。四是完善保障措施。尽快出台管廊管理条例规章，加强地下空间权属划分，为管廊资产权属交易提供法律依据。

王玮提议，要开展城市地下综合管廊的全生命周期智能化管理，在设计、施工、运维等环节搭建数据库和管理平台，基于数据采集、可视化监控等技术手段，运用人工智能、先进算法等新技术模拟管廊经济成本和效益，避免运行过程中维护不当或过度运维造成浪费。此外，可以建立城市地下综合管廊绩效评价体系，通过实施效果、经济效益、可靠程度、环境影响等指标，对管廊建设进行评价，不断优化管廊运维管理。

（科研信息部　翟羽佳　区域和产业经济研究部　窦　勇　整理）

2022 年上半年经济形势分析

——第 154 期"经济每月谈"综述

2022 年 7 月 18 日，中国国际经济交流中心（简称"国经中心"）通过线上线下相结合的方式举办了第 154 期"经济每月谈"，主题为"上半年经济形势分析"。国经中心常务副理事长、执行局主任张晓强主持会议，国经中心副理事长、湖南省委原常委、原副省长韩永文，国经中心副理事长、财政部原副部长朱光耀，中国社会科学院数量经济与技术经济研究所所长、宏观经济研究智库主任李雪松，华创证券研究所所长助理、首席宏观分析师张瑜，围绕 2022 年上半年经济形势和下半年经济走向发表了看法。有关观点综述如下。

一 我国经济在超预期冲击下实现企稳回升

张晓强表示，2022 年上半年，疫情反弹、乌克兰危机、全球高通胀、美欧紧缩银根等一系列超预期变化，对我国经济社会发展造成冲击。5 月以来，随着国内疫情反弹得到有效控制，以及一系列稳经济措施的出台，我国经济企稳回升，市场价格基本平稳，民生保障有力高效，高质量发展态势持续，社会大局保持稳定。上半年，我国经济增长 2.5%，夏粮再获丰收，工业增加值增长 3.4%，高技术制造业保持强劲活力，服务业逐步恢复，现代服务业增势较好。同时，固定资产投资增长 6.1%，高技术和社会事业领域投资保持较快增长；外贸同比增长 9.4%，出口同比增长 22.0%，实现超预期强劲增长，为拉动经济发挥了积极作用。就业形势有所好转，城镇调查失业率回落，居民收入增长稳定。

韩永文表示，2022 年上半年我国经济经历了三个阶段：1~2 月在 2021 年第四季度快速恢复基础上，实现良好开局，各项经济指标表现积极；2 月下旬突然爆发乌克兰危机，石油、粮食等大宗商品价格大涨，3 月中下旬以后国内疫情明显反弹，4 月经济运行陷入低谷；一系列稳定经济大盘政策实施后，5 月经济形势出现积极变化，很多经济指标出现边际改善。目前，经济正处在快速恢复过程中。第二产业和第三产业复苏较快，6 月制造业采购经理指数（PMI）回升至 50.2%，企业生产经营活动预期指数上升到 55.2%，服务业商务活动指数上升至 54.3%。随着物流改善、生产恢复，前期积压的外贸订单释放，5~6 月出口增长加速回升，显示出我国贸易韧性强、市场适应力强的特点。新动能成长壮大趋势明显。上半年，规模以上高技术制造业增加值同比增长 9.6%，高于规模以上工业增加值 6.2 个百分点，新能源汽车、太阳能电池、移动通信、机电设备等产品产量保持高速增长。

二 全球经济形势依然复杂严峻

朱光耀表示，我国当前经济发展所处的外部环境相当严峻，处在二战后最为严重的系统性危机之中。世界性经济衰退、全球供应链稳定性受到严重冲击、美国货币政策急转弯引发国际债务危机、地缘政治冲突加剧全球能源和粮食危机等多重因素相互叠加、相互交织、相互影响，导致危机程度不断加深。世界银行 6 月将 2022 年全球经济增长预期下调至 2.9%，国际货币基金组织（IMF）明确宣布将在 7 月大幅下调全球经济增长预期，预计为 2.9%。按照国际经济界惯例，全球经济增长低于 3% 就视为处于衰退之中。新冠疫情冲击下，全球供应链稳定性受到损害，美国推行价值观外交，建"小院高墙"，强化集团对抗，在一些关键产品、关键原材料和关键领域实行排他性制度安排，进一步损害全球供应链。美联储对前期美国通胀存在误判。美国6月通胀率高达9.1%，核心通胀率高达5.9%，美联储正在急剧加息，年底基准利率将至少达到3%。美联储超常规的货币政策急转弯导致全球金融市场动荡，债务危机成为现实挑战。地缘政治冲突压力下，国际能源粮食危机正在加剧，近期国际能源署（IEA）负责人明确表示最危险的时候还没有来到。联合国非常担心粮食危机，特别是担忧对最不发达国家人民生命造成的严重威胁。

张瑜表示，美国当前通胀预期处于历史高位，且尚未见顶，第三季度还有继续向上的风险。从通胀宽度（涉及的领域）来看，美国居民消费价格指数（CPI）所有科目中涨幅超过2%的占九成，这与20世纪80年代大滞胀顶峰时期的水平相当。但目前CPI水平仅为大滞胀顶峰时的一半，说明美国本轮通胀更加复杂，影响更深。同时，通胀宽度大将导致预测难度更大。当前，美国通胀预测结果普遍低估，通胀超预期现象频发，对金融市场扰动增大。第三季度，美国通胀仍将会超出经济学家预期，导致美联储加息超出市场预期，对金融市场的冲击将更大。美国加息对经济的影响存在2~3个季度的滞后，预计2022年底或2023年初，美国经济增长会进入下行期。

三 我国经济发展面临诸多困难和挑战

韩永文指出，当前稳增长、稳就业、稳物价、扩需求面临一些新挑战，也存在许多不确定因素。一是疫情与防控约束的影响。目前，国内疫情仍然多点散发，新变异毒株传播力更强，检测难度增大，疫情再度高频发生的风险不可低估。平衡疫情防控、稳定社会秩序、协调经济发展的难度加大，核酸检测常态化、人群隔离等防疫成本增加，都会对经济带来负面溢出效应。二是消费恢复的意愿在增强，但受到市场预期减弱的约束。疫情长时间持续冲击下，居民承受力不断下降，收入预期下降，悲观情绪增加，预防性储蓄增加，借贷消费减少，对消费恢复产生不利影响。三是外需减弱将影响出口增长。全球经济增长持续下行，大概率步入滞胀，发达国家经济可能陷入衰退，海外需求降温将不利于我国出口恢复，出口增长压力将加大，进而拖累经济恢复步伐。四是就业压力较大。疫情持续冲击下，吸纳就业主力的服务业恢复不佳，中小微企业持续承压，难以提供新的就业机会。五是价格上涨预期上升，不确定性因素增加。6月以来，猪肉价格持续上涨，第二季度末生猪存栏下降 1.9%，玉米价格上涨加剧饲料价格上涨，形成助推效应，拉动猪肉价格继续上扬，影响价格总水平。此外，乌克兰危机导致全球大宗商品价格急剧上升，国内中下游企业消化境外通胀输入压力已持续一年多，释放通胀压力的敞口在扩大，我国物价总水平可能面临一些冲击。

李雪松指出，我国经济仍面临需求收缩、供给冲击、预期转弱三重压力，既是一个短期问题，也是中长期挑战。从需求收缩看，国内消费需求疲弱的重要因素是就业压力较大，居民收入受到较大影响。6月，消费倾向较高的青年群体调查失业率达到 19.3%，其中返乡农民工和大学生青年两个群体就业压力很大，是消费需求收缩的主要影响因素。需求收缩的中长期挑战在于，我国总人口增长率 2021 年已下降到万分之 3.4，接近于零增长。根据日本和欧盟经验，当总人口拐点出现时，会出现内需不足，面临消费需求和投资需求"双收缩"的中长期挑战。从供给冲击看，乌克兰危机导致大宗商品价格上涨，疫情反复导致供应链中断，发达经济体特别是美国推动产业链供应链脱钩和科技脱钩。供给冲击对我国上下游企业影响差别很大，中小微企业和下游企业受冲击会更大。从预期转弱看，长期挑战就是全球化逆转，西方发达经济体推动全球化向集团化转变，推动对中国多领域脱钩，对我国企业预期产生负面影响，这个因素可能会长期存在。疫情影响进入

第三年，部分市场主体资产负债表受损明显，使预期转弱态势进一步强化。

四 全力以赴稳住经济大盘

韩永文强调，要积极贯彻落实好中央决策部署，进一步加快落实国务院提出的 6 个方面 33 项措施，抓好增量政策落实工作。一是高效统筹疫情防控和经济发展。认真总结近三年来的经验教训，加强卫生防疫部门与经济管理部门之间的统筹协调，避免政策形成"合成谬误"。二是千方百计提振市场信心。支持有序恢复线下商品零售、餐饮、住宿、文化娱乐、旅游出行等服务消费，地方政府财政补贴向消费端倾斜，推动消费券更多惠及中低收入群体。推进涉企违规收费专项整治行动，开展消费市场环境专项整治行动，为提振消费创造良好环境和市场秩序。三是继续发挥好基建投资的经济稳定器作用。加大政府投资力度，保持投资较高和有效增长。发挥好政府投资拉动社会投资的作用，形成良好预期，引导制造业投资特别是先进高端制造业投资增长，为未来经济社会发展提供更强动力。四是高度重视稳定市场价格。采取措施稳住生猪和猪肉市场价格，适时采取储备调节、供需调节、增加市场供应等措施。做好能源保供稳价工作，释放煤炭先进产能，落实煤炭清洁生产，稳定供煤价格，调度煤电供应。降低银行资金价格，加强现有货币存量向实体经济转化，解决企业信贷资金不足问题。

朱光耀强调，要切实落实党中央、国务院部署，确保"疫情要防住，经济要稳住，发展要安全"，高效统筹疫情防控和经济社会发展。切实落实好稳经济一揽子政策措施，用足用好 8000 亿元政策银行贷款和 3000 亿元投资基金，以及 4000 亿元提前下达的 2023 年财政预算资金，强化地方债券项目执行，尽快转化为实物工作量。把防控地产硬着陆风险放在突出位置，开展"保交楼"情况检查排查，妥善处理烂尾楼及强制停贷问题，加强预售资金监管，加快改革住房预售制度，逐步增加现房交收比例。始终坚持发展是解决我国一切问题的基础和关键，大力推进改革开放，保持经济运行在合理区间，尽最大努力提高全要素生产率，保持中国经济长期健康向前发展。

李雪松强调，要加强需求侧管理，及时谋划增量政策工具，依靠积极财政手段，缓解企业资产负债表受损情况。适时动用财政资源，加快化解房地产市场风险，考虑向资不抵债的房企注资，待风险彻底释放后再行退出。考虑收购一部分市场难以消化的存量住房，转化为保障性住房或市场化长租公寓。我国常住人口城镇化率与户籍人口城镇化率相差 18 个百分点，蕴含大量投资需求和消费需求，有待释放。推动需求结构升级，促进以人为核心的城镇化，推动基本公共服务均等化，加快社会福利、子女入学等与户籍身份脱钩，与常住人口挂钩。

（"国内经济形势跟踪研究"课题组　孙晓涛　整理）

推进高水平对外开放　巩固对外经贸增长态势

——第 155 期"经济每月谈"综述

2022 年 8 月 29 日，中国国际经济交流中心（简称"国经中心"）举办第 155 期"经济每月谈"，主题是"推进高水平对外开放，巩固对外经贸增长态势"。会议由国经中心常务副理事长张晓强主持，国经中心首席研究员张燕生、中国世贸组织研究会副会长霍建国、对外经贸大学国际经济研究院院长桑百川等嘉宾围绕我国高水平对外开放和对外经贸增长态势发表演讲。主要观点如下。

一　当前我国对外经贸形势分析

张晓强表示，2022 年 1~7 月，我国进出口贸易和实际利用外资分别同比增长 10.4% 和 17.3%。其中，我国与共建"一带一路"国家进出口同比增长 19.8%；以新能源汽车为主的汽车出口 159.7 万辆，金额为 271.13 亿美元，同比分别增长了 43.9% 和 54.3%，贸易结构持续改善。在实际利用外资当中，高技术制造业同比增长了 33%，韩国、美国、日本、德国的对华投资同比分别增长 44.5%、36.3%、26.9% 和 23.5%。我国多地签约或开工了一批重大的外资项目，自贸港、自贸试验区的制度型开放试点取得新的成绩。8 月 26 日，中美有关机构就审计监管合作签署了协议，对投资者、上市公司及中美双方都是有利的。

张燕生认为，2022年以来，疫情对长三角地区造成了较大影响，但前7个月，长三角进出口增速仍保持在11.7%，恢复较快。1~7月，东盟是我国第一大贸易伙伴，进出口增速为13.2%；其次是欧盟为8.9%，美国为11.8%，增长最快的是共建"一带一路"国家，增速接近20%。民企进出口增速达15.3%，占比超过50%，这是改革开放40多年来，民企进出口第一次占到一半以上。但外企进出口增速仅为2.7%，占比持续下降到33.8%，需重点关注。一般贸易进出口增速是14.5%，占外贸总额的64.3%，加工贸易增速是3.9%，占比是20.7%。加工贸易是过去40年我国参与国际大循环、嵌入跨国公司供需分工体系的主要形式。2008年起，加工贸易出口被一般贸易出口所超过，这也是外贸改革开放带来的变化。从产品类别看，机电产品出口增速是10.1%，占外贸总额的56.5%。新能源汽车零部件和汽车整车出口的数量和价值都保持快速增长。劳动密集型产品出口增长15.2%，占比为18%。其中，纺织服装、箱包鞋帽、玩具等出口增速为18%。传统劳动密集型产品的智能化、数字化程度已经非常高，尤其是人机交互、数字技术等提升了传统业态出口竞争力。

霍建国认为，上半年我国2.5%的经济增长是"三驾马车"同时推动的结果，外贸为国民经济增长做出突出贡献。历史上，外贸的拉动作用维持在0.6%~0.7%，个别年份是0.1%，但2022年上半年是0.9%。我国稳外资的政策初步见效，原材料价格基本趋稳，物流成本压力有所改善，除国内物流堵点打通外，海运价格也开始回落。此外，美元指数升值和人民币相对贬值，使我国对美国市场出口获利。中美外贸顺差大幅上升。中美贸易摩擦前，2017年我国对美国贸易顺差是4200亿美元，2022年上半年可能达到3700多亿美元，年内可能突破8000亿美元，顺差过高可能对未来中美贸易发展埋下隐患。

二　内外部环境变化对我国外经贸发展态势的影响及面临的主要压力

张晓强认为，我国经济恢复发展的基础还不稳固，下行压力仍然较大，外部环境更趋复杂严峻，全球疫情仍有较大不确定性，乌克兰危机影响超出预期，全球供需循环受到严重干扰，全球通胀压力持续加大。美联储等多个国家央行多次加息缩表，使全球流动性进入紧缩期。世界经济增长势头明显减弱，外部需求增长放缓。不论是世界贸易组织（WTO）还是联合国贸发会议，都预计2022年全球贸易增速将明显低于2021年。企业也反映订单转移现象增多，对我国稳外贸、稳外资形成较大压力。

张燕生认为，据调查的外贸企业反映，2022年外贸业务可能会下跌50%，下半年获得订单将非常困难。主要原因有，一是世界经济下行压力增大，外需萎缩。7月国际货币基金组织（IMF）发布《世界经济展望报告》，预测2022年世界经济增速是3.2%，2023年是2.9%。WTO预测，2022年全球货物贸易量增长约3%，低于IMF预测的全球经济增长率。2022年6月美国通胀率为9.1%，欧元区7月是8.9%，均为40多年来最高。两大经济体为抑制通胀所采取的加息和紧缩政策，将对外贸企业产生非常大的影响。二是疫情反复对全球供应链造成巨大冲击。2022年上半年，疫情对我国长三角、珠三角、京津冀等外贸最发达地区进出口形成较大影响。在疫情严重地方，订单出现向外转移情况。目前，外贸企业遇到的最大问题是没有订单。跟2021年相比，外贸订单、外贸形势差异较大。三是企业转型压力大。多数外资企业，尤其是台港澳企业，处于全球外贸供应链中低端，劳动密集型产业仍占较大比例，成本上升、需求缩紧、新竞争对手增加以及环境变化，给这类企业带来较大冲击和负面影响。

桑百川认为，中国外贸正面临比较严峻的外部环境压力。一是外部不确定性增加。新一轮工业革命加剧世界经济结构变迁，加剧世界经济非均衡发展，也使全球政治格局发生深刻变化。美国走单边主义道路等做法，使全球化遭遇巨大冲击，也使全球产业链、供应链和价值链发生较大变化，加剧世界经济动荡。中美经贸从特朗普时期的全面脱钩，转向拜登时期的选择性脱钩，将对我国周边和国际环境产生深远影响，对我国外经贸持续稳定发展构成较大压力。新冠疫情使全球部分产业链、供应链、价值链中断，边境措施加严，贸易投资自由化遇阻，加剧了单边主义、民粹主义倾向，社会制度竞争更加激烈。全球制造业第一大国的中国和美欧等多数国家防疫政策存在差异，也加大了各国经济政策协调难度，使世界经济变得更加脆弱。另外，地缘政治冲突也增加了全球化的不确定性，加大全球经济治理改善难度。许多国家在国家安全和经济利益名义下，推动全球产业链、供应链和价值链转向区域产业链、供应链和价值链。这对我国外贸稳定性构成严重冲击，对外贸发展带来较大挑战。二是世界市场失灵在加剧。美国等用行政手段去干扰国际经济事务，人为控制国际贸易、投资、金融等活动，限制国际技术交流，使国际贸易、投资、金融、技术市场发生扭曲。单边主义加大世界公共产品供给缺口，全球公共产品供求不平衡矛盾更加严峻。气候与环境、资源、恐怖主义、网络安全等负外部性问题日益严峻。新一轮工业革命中，数字鸿沟在加大，进一步拉大世界贫富差距，公平问题更加严峻。前两年欧美等国家的宽松货币政策和财政政策，导致全球流动性泛滥，国际大宗商品价格上涨，许多国家面临输入性通货膨胀压力。为应对通胀，美国选择加息和缩表的货币政策，助长美元升值，冲击全球金融稳定性，使世界经济面临衰退风险。世界市场失灵加剧，世界经济非均衡发展，我国对外经贸环境变得更加严峻。

桑百川认为，2022年1~7月，我国外贸保持了较快增长，但也存在较多隐患。如为促进贸易便利化，我国先报关出口可免征增值税和个人所得税政策，可能导致虚假出口增加，使真实外贸出口额大打折扣。2021 年，70% 以上国际直接投资流向了发达经济体，我国吸收外商直接投资增速远低于世界平均水平，更低于发达经济体，甚至低于发展中国家平均水平。按人民币来衡量，全国实际使用外资金额按可比口径同比增长 17.3%，用美元来衡量增长 21.5%。1~7 月，高新技术外商投资占比上升到 30%，高技术吸收外商投资增速比较高。但我国对外全行业直接投资同比下降 2%，用美元衡量下降 2.8%，形势不容乐观。

三 推进高水平对外开放，巩固对外经贸增长态势的相关建议

张燕生认为，在全球外需动荡、欧美等构建"去中国化"供应链的形势下，要深入贯彻"疫情要防住、经济要稳住、发展要安全"的要求，保持全年经济社会发展稳定。政府部门、行业协会、企业要形成合力，保订单、保物流、保外贸供应链，外贸企业应抱团取暖，相互支持，共同奋进。做好稳预期、用足政策红利等工作。积极推动基于规则的全球化和基于自然趋势的经济全球化继续前行。把握全球经济重心东移、制造和服务相结合、数字和产业深度融合等趋势，促进外贸供应链转型升级。把握国家构建"双循环"机遇，深耕东亚、东南亚，加强与共建"一带一路"国家合作，与美、欧、日、韩等开展第三方合作，积极推进合作共赢。激发外贸主体发展活力，构建外贸利益共同体、责任共同体、命运共同体。进一步推进贸易投资便利化，改善营商环境。争取在中美战略博弈中做到"挂钩不脱钩"，要坚持做好自己的事情，坚持开放的本质是改革，推动商品、服务、要素、资源等流动型开放上水平，推动规则、规制、管理、标准等制度型开放上标准，推动科学技术、工程数学等创新型开放上层次，为外贸高质量发展营造良好环境。要用好《区域全面经济伙伴关系协定》（RCEP）机遇，推动与东盟、日韩、澳新三个经济圈的合作迈上新台阶，依靠

市场推动外贸企业和周边地区全方位合作，积极应对美国主导的印太战略和印太经济框架。

霍建国认为，要采取有效措施维持中美、中欧、中加、中澳、中日等双边经贸关系保持稳定，深耕东南亚和共建"一带一路"国家市场。稳定民营企业现有帮扶政策，支持民营企业扩大出口。巩固贸易便利化成果，加大对贸易新业态、创新模式等的支持力度。加强外贸企业培训，提升外贸企业拓展市场、稳定客户、保质提效等软实力。坚持推进高水平开放，做好海南自贸区高水平开放试点工作。有针对性地解决外资企业外贸增长困难问题。贯彻落实好优化营商环境改革、统一大市场建设等政策，减少政策执行偏差，确保产业链、供应链韧性可控。

桑百川认为，应通过制度层面的更高水平开放来保障实体经济层面的高水平开放。推进制度改革创新，构建高水平开放型经营体系。通过把多双边协议承诺落实到位的协议开放和自主开放结合起来，提高贸易投资自由化、便利化水平，特别是全面落实外资企业国民待遇，做到既准入又准营，保障不同经济主体公平竞争，建立非歧视性规制体系。在推进国有企业分类改革中，构建竞争中性的规制环境，对标国际经贸规则，规范政府补贴行为。提高政府决策透明度，进一步完善知识产权等法律保护体系，提高环境和劳工权益保护标准，强化监察和执法力度。积极参与全球经济治理体系改革，主张坚持以规则为基础、以共同发展为导向的新型经济全球化。在共商、共建、共享基础上，建立包容性规则体系。针对美国谋求构筑与中国经济脱钩的政治经济外交框架，立足周边参与区域经济合作，深入推进 RCEP 发挥更大效能，构建更高标准自由贸易区网络体系。构筑开放安全屏障，有效化解更高水平开放中的贸易、投资、产业链供应链风险。

（宏观经济研究部　李　娣　整理）

中韩经贸关系三十年回顾与展望

——第 156 期"经济每月谈"综述

2022 年 9 月 16 日，中国国际经济交流中心（简称"国经中心"）举办了第 156 期"经济每月谈"，主题为"中韩经贸关系三十年回顾与展望"。国经中心常务副理事长、执行局主任张晓强主持会议，中国前驻韩国大使邱国洪，山东大学东北亚学院学术委员会主任、中国社会科学院国际学部原主任张蕴岭，国经中心首席研究员张燕生围绕三十年来中韩经贸关系发展历程和未来合作展望发表演讲。主要观点综述如下。

一 中韩经贸关系三十年回顾

张晓强表示，2022 年是中韩建交三十周年，据中国海关统计，30 年间中韩贸易额增长了 70 倍。2021 年中韩贸易额 3624 亿美元，同比增长 27%，其中，韩国对华出口 2140 亿美元，增长 23%，占韩国出口总额的 1/4，我国是韩国最大单一市场。2022 年 1~8 月，中韩贸易额 2460 亿美元，同比增长 7.2%，其中韩国对华出口 1370 亿美元，仍保持约 270 亿美元的贸易顺差。建交 30 年以来，韩国三星、SK、LG、现代等著名企业，在我国电子信息、石油化工、汽车等多个领域开展了大规模投资。2022 年 1~7 月，我国实际使用外资 1240 亿美元，同比增长 21.5%，其中，韩国对华投资增幅高达 44.5%，居主要投资国增速首位。中韩合作推动了我国经济发展和技术进步，同时韩国企业也在我国不断发展的巨大市场中获益，两国乃至东亚地区的产业链发展更是实现了优势互补，合作共赢。

邱国洪认为，互利合作、共同发展是中韩建交 30 年最重要、最亮丽、最实实在在的成果。一是进出口贸易方面，1992 年中韩贸易约 50 亿美元，1994 年为 100 亿美元，2005 年增至 1000 亿美元，2011 年达到 2000 亿美元，2021 年首次突破 3000 亿美元。我国是韩国最大的进出口贸易伙伴国，韩国是我国最大的进口来源国、第三大出口对象国和第三大贸易伙伴，2022 年可能超过日本，成为我国第二大贸易伙伴。二是双向投资方面，从两国建交时的微不足道，发展到当前 1000 多亿美元。韩国对华投资质量相对较高，韩国企业愿意将最先进的生产线放在中国，比如三星将存储器生产线落户西安、LG 将世界上最先进的有机液晶面板生产线落户广州等。与之相比，日本不敢、欧洲不会这样做，美国对此千方百计限制。三是中韩自贸协定于 2015 年生效，是两国经贸关系发展史的里程碑，不仅拉动中韩双边贸易投资显著增长，促进就业和经济振兴，还进一步加强两国经贸关系，促进多边贸易领域和双边合作。四是不断完善的人民币兑韩元直接交易机制，增强了两国抵御国际金融风险的能力，降低了企业交易和货币兑换成本。

张蕴岭指出，中韩经贸关系正飞速发展。一是中韩合作意愿强烈。改革开放后，我国非常重视"四小龙"的成功经验，中韩两国出台一系列政策支持，为 30 年来经贸关系快速发展奠定重要基础。二是中韩经贸具有重要的互补性。改革开放初期，我国凭借低成本劳动力优势和巨大的市场潜力，吸引包括韩国在内的海外企业来华投资。同一时期，韩国政府开始推动企业国际化发展，延伸国内产业链，我国成为其布局国际化的重要目的地。三是中韩经贸模式与时俱进。随着中国的经济发展，市场潜力显现，韩国企业的经营模式逐步由"中国制造后出口国际市场"转变为"中国制造后在中国销售"，持续推动中韩经贸快速增长。

二　中韩经贸关系面临的主要挑战

中韩经贸关系正处于新发展阶段，面临很多挑战。张蕴岭认为，一是结构性差别不断缩小。中国竞争力提高，双方互补程度下降，下一阶段需要重点拓展分工合作领域，实现互利共赢。二是需要更深层次的政策开放。2021年韩国对华贸易顺差不断减少，2022年已连续2个月出现贸易逆差，韩方担忧未来可能改变中韩长期形成的贸易平衡结构。对此，应加快推进第二轮中韩自贸区谈判，加强制度对接，重振企业信心，进一步扩大两国开放度，构建更高层次开放新体制，满足新发展需要。在中美大国博弈的背景下，中韩都十分关注供应链稳定问题，要积极推进两国维护供应链稳定的相关政策对接，做好企业跟进工作。三是中韩关系面临更多不确定性。国际环境日趋复杂，朝鲜半岛、台海、东北亚等问题可能对两国经贸关系发展带来影响。

邱国洪指出，一是中韩贸易规模虽然大，但结构单一。韩国对华出口产品中半导体占比较高，从2015年的20%扩大到2022年上半年的40%，半导体产品升级换代快，且市场价格波动幅度较大，过度依赖半导体会导致两国贸易总额易受产业周期性波动影响。二是以中国为生产基地的传统合作模式发展空间有限，随着我国制造水平提高，两国之间的竞争不断增加，互利互补空间减少，经贸合作需寻找新动力。三是美国阻碍中韩进一步提升经贸合作。对于是否加入以及如何加入美国主导的芯片联盟，韩国的决定将对中韩经贸合作产生新影响。

张燕生提到，当前一些主要国家正试图推动"去中国化"的全球化、"去中国化"的供应链和"去中国化"的亚太合作，我们需要处理好中韩关系，以积极的态度应对百年变局。

三 未来展望与发展建议

单边主义和逆全球化冲击国际经贸合作，未来中韩经贸关系发展中机遇与挑战并存，关键在于要抓住机遇，积极应对挑战。

张晓强指出，中韩应加强应对气候变化合作，共同实现绿色低碳发展。一是 2021 年两国化石能源占一次能源消费比重均为 85%，为应对气候变化，需要努力提高可再生能源、氢能等消费比重，两国企业在相关技术创新、装备发展、产业合作上可实现优势互补。二是中韩的一次能源消费中煤炭占比分别为 55% 和 24%，两国可开展煤炭清洁高效利用的合作。三是随着我国新能源汽车发展，生产和销售的新能源汽车快速增长。2021 年我国销售新能源汽车 360 万辆，占全球新能源汽车销量的 55%。2022 年 1~8 月，我国生产新能源汽车 400 万辆，超过 2021 年全年。两国企业在新能源汽车动力电池领域处于世界领先地位，可强强联合，携手共进，加强绿色能源利用合作。四是开展绿色低碳发展相关政策体制机制等方面的交流学习和经验互鉴，加强全球气候变化的多边机制协调。两国应完善相关法律法规，出台激励政策，加强政府指导支持，发展绿色金融，推动绿色低碳发展。

张晓强指出，无论是 5G 工程技术体系，还是基站建设，中韩两国都走在世界前列，两国在数字经济领域各有优势，合作空间较大。一是我国数字经济规模世界第二，电子商务、移动支付颇具特色和优势，但数字经济发展深度不如韩国、美国。中韩产业界、科技界可互相学习、互相借鉴，共同探讨新技术、新业态、新模式，合作发展。二是可加强工业互联网、智能交通、应对老龄社会、智慧城市、公共设施智能化改造、现代物流等方面的 5G 应用场景合作推广。特别是我国"5G+工业互联网"发展空间巨大且存在一定的紧迫性，韩国工业高度发达，两国企业可携手合作，推动工业互联网发展。三是当前全球数字经济、数字贸易相关的国际规则尚不完善，尤其是在个人信息保护、数字税、数字跨境移动等方面，各国存在较大分歧，未来中韩可在世界贸易组织（WTO）或其他框架下，共同完善数字规则体系，构建公平合理的数字生态环境。

邱国洪强调，中韩需要突破传统思维束缚，开拓合作新领域，培育经贸合作新的增长极。一是中韩应加强政府层面发展战略对接，建立综合性的战略经济对话机制。两国面临的既是经济问题，也是政治问题，还可能上升到国家安全问题。在现有经济磋商机制基础上，应增加外交甚至国防相关对话机制，将可能对经济产生影响的政治、国家安全等问题控制在萌芽状态，避免严重冲击双边关系大局。二是共同打造中韩经贸合作新的增长极。中韩可在新能源汽车、跨境电商、节能环保、生物制药等受美国技术制约相对较少的领域加强合作，形成一个新的、稳定的分工合作局面。三是开拓新的合作领域。利用《区域全面经济伙伴关系协定》（RCEP），中韩企业可合作开拓东南亚、中亚或其他发展中国家市场。四是推动两国中小企业开展创新创业合作，盘活中韩优质企业资源。五是加强中韩两国地方间的对口合作。

张燕生认为，一是面对世界百年变局，要争取中韩"挂钩不脱钩"、合作不对抗、开放不封闭，推进以 RCEP 为代表的区域合作。二是未来30年我国将进入经济高质量发展阶段，开启全面建设社会主义现代化国家新征程，将推动更高层次科学技术、工程数学等创新型开放，推动更高标准规则、规制、管理、标准等制度型开放，推动更高水平商品服务、资源要素等流动型开放，这对加强中韩甚至亚太地区在创新、治理、开放等领域的合作有重要意义。三是当前基于规则的全球化、WTO 等多边经贸规则改革、数字经济新规则构建都陷入了困境，中韩两国在过去合作基础上，可进一步在微观层面合作发展，加强人文交流、民生改善等方面扎实合作。四是中韩在高技术制造业、可再生能源、尖端材料、生物制药、智能物流、电子商务等领域互补合作空间较大，应把握第四次工业革命新机遇，深化两国在互联网、机器人、人工智能、大数据、电子商务、无人驾驶、智慧城市、医疗解决方案等领域合作。五是中韩合作应把握未来全球经济重心东移的新趋势，关注中美之间宏观政策、经济周期、发展策略不同步形势下存在的机遇。六是中韩可加强金融领域合作，完善多层次资本市场体系，推动区域货币合作，全面探索为实体经济转型服务的现代金融新路径。

（"印太战略背景下的中日韩经贸关系研究"课题组

李　娣　整理）

学习贯彻党的二十大精神

——第 157 期"经济每月谈"综述

2022 年 10 月 26 日，中国国际经济交流中心（简称"国经中心"）举办第 157 期"经济每月谈"，主题为"学习贯彻党的二十大精神"。会议由国经中心常务副理事长毕井泉主持，全国政协经济委员会副主任、国经中心副理事长宁吉喆，国经中心副理事长、学术委员会主任王一鸣分别发表演讲。主要观点如下。

一 新时代十年的伟大变革

宁吉喆指出，在以习近平同志为核心的党中央坚强领导下，我们打赢了人类历史上规模最大的脱贫攻坚战，历史性地解决了绝对贫困问题，在中华大地全面建成了小康社会，社会生产力、综合国力、人民生活水平上了一个大台阶，人均国内生产总值、人均预期寿命和劳动年龄人口平均受教育程度三大人类发展指数构成指标也都取得了明显的进展和成绩。十年来，我国经济上水平、政治抓党建、文化讲精神、民生惠群众、生态重保护，人民群众充分享有发展成果，"五位一体"建设取得显著成效。

二 新时代新征程推进中国式现代化

宁吉喆指出，中国式现代化是中国共产党领导的社会主义现代化，既具有各国现代化的共同特征，更具有基于自己国情的中国特色。为中国人民谋幸福、为中华民族谋复兴，是中国共产党人矢志不渝的初心和使命。坚持中国共产党领导，坚持中国特色社会主义，是全面建成社会主义现代化强国的根本保证。

王一鸣指出，以中国式现代化全面推进中华民族伟大复兴，这是中国共产党走向未来的中心任务。中国式现代化是我们党从自身国情出发，对建设社会主义现代化国家进行长期探索实践和创新突破取得的理论和实践成果。理解中国式现代化的中国特色，需要将其放在世界现代化历史进程中去观察。地理大发现特别是西方工业革命后，由于西方率先推进工业革命基础上的现代化，以至于有人把西方化、工业化作为现代化的代名词和同义语。但正如马克思指出的，一个民族的现代化道路与进程完全取决于特定民族处身其中的社会条件和历史环境，现代化的任何普遍性只有通过每一个民族在其社会历史中的具体性，才可能得到现实的展开和特定的完成。在推进现代化过程中，不同国家、不同民族所处的历史方位不同，现代化也应有不同的模式和标准。一个国家或民族选择什么样的现代化模式，归根结底要看其是否符合自身实际，能否解决现代化建设面临的突出问题。中国式现代化是在特定历史条件下展开的，是中国共产党领导的社会主义现代化，它不仅为中国繁荣进步创造了根本前提，而且打破了现代化等同于西方化的思维定式，改变了长期以来西方现代化模式占主导的世界现代化格局，展现了世界现代化模式的多样性，为世界现代化多元发展提供了广阔前景。

王一鸣认为，强调中国式现代化的中国特色，绝不是否认现代化的共同特征和一般规律。从经济视角看，经济现代化意味着社会生产力和经济发展达到先进水平，一般用人均国内生产总值（GDP）水平衡量。邓小平同志提出基本实现现代化时，就把具体目标定在中等发达国家水平上。党的十九届五中全会提出2035年基本实现现代化目标，也明确人均 GDP 达到中等发达国家水平。党的二十大报告在阐释 2035 年基本实现现代化目标时，同样是用人均 GDP 要达到中等发达国家水平。中等发达国家水平是动态的，我们要达到的是 2035 年的中等发达国家水平，这就要确保中国经济以比现在中等发达国家更快的速度增长。现代化的普遍特征是科技现代化，中国 2022 年的全球创新指数排名已升至第 11 位，进入创新型国家行列。2035 年基本实现现代化，要进入创新型国家前列，这就要求我国科技进步速度比现有全球创新指数排名前十位的国家更快。

现代化的本质是人的现代化。人的全面发展也是中国式现代化的重要特征。现代化的物质基础、制度体系都需要现代化的人来建设，现代化的成果也将最终转化为人的素质能力的全面提升，人的全面发展也将为全体人民共同富裕创造重要前提。

王一鸣强调，中国共产党领导是中国式现代化的本质要求。中国式现代化与中国共产党紧密联系在一起，具有历史必然性。从国际现代化进程看，任何大规模的现代化进程都需要特定的社会基础，这往往要通过特定的社会革命才能建立起来，这样的社会革命采取怎样的路径，完全取决于不同民族的社会条件和历史环境。比如英国 1640 年革命、法国 1789 年革命就相当不同。中国式现代化同样需要一场彻底的社会革命为之奠基。中国的历史进程最终将革命的领导权交付给中国共产党。这种特定的历史进程决定了中国式现代化只能由中国共产党领导。历史证明，中国共产党领导的中国式现代化取得了巨大成功。

三　加快构建新发展格局，着力推动高质量发展

宁吉喆指出，高质量发展是全面建设社会主义现代化国家的首要任务，必须完整、准确、全面贯彻新发展理念。报告就加快构建新发展格局、着力推动高质量发展部署了五项重大任务，包括构建高水平社会主义市场经济体制，建设现代化产业体系，全面推进乡村振兴，促

进区域协调发展，推动高水平对外开放。落实这些重大任务，需做好六个"结合"。一是国内循环与国际循环相结合。我国经济发展是以内需为主拉动的，外需也发挥了重要作用。把国内循环和国际循环结合起来，关键是要打通妨碍循环的堵点卡点，特别是要打通阻碍双循环相互促进的关键点，增强国内大循环的内生动力和可靠性，提升国际循环的质量和水平。二是扩大内需与结构优化相结合。在供给侧结构性改革基础上，把调结构与扩内需更好结合。把扩大内需提高到战略高度，既要增加居民收入，提高消费能力；也要加强软硬环境建设，改善消费环境；还要完善消费政策，积极拓展新型消费，并推动部分投资直接或间接转化为消费。三是质量提升与数量增长相结合。质量互变规律是唯物辩证法三大规律之一。我们不能拘泥于数量的简单增长，不能单纯追求 GDP 增速，而要推动高质量发展；同时，要看到经济质量和效益的提升离不开数量的增加和速度的保持。要把保持经济运行在合理区间、保持量的合理增长放在重要位置，为经济实现质的有效提升打下坚实物质基础。四是乡村振兴、城镇建设、区域发展相结合。要坚持农业农村优先发展，坚持城乡融合发展，畅通城乡要素流动。同时要推进以人为核心的新型城镇化。要深入实施区域协调发展战略、区域重大战略、主体功能区战略，构建优势互补、高质量发展的区域经济布局和国土空间体系。五是实体经济、科技创新、现代金融、人力资源相结合。新一轮产业革命、技术革命正在重构经济社会结构，改变生产生活方式，乃至改变军事冲突的手段。要以经济转型为引导，进一步发挥科技转化为生产力的作用，强化人、财、物等生产要素投入，加大科技攻关和开发应用力度，加快数字化、绿色化、高端化转型步伐。六是高水平改革与高水平开放相结合。在高水平改革方面，要构建高水平社会主义市场经济体制。坚持"两个毫不动摇"，既要深化国资国企改革，也要优化民营企业发展环境。构建全国统一大市场，深化要素市场化改革，建设高标准市场体系。在高水平开放方面，继续推进要素型开放，更加重视制度型开放，深度参与全球产业分工和合作，维护多元稳定的国际经济格局和经贸关系。改革推动开放，开放也是改革，要以开放促改革、促发展、促转型。

王一鸣指出，高质量发展是全面建设社会主义现代化国家的首要任务。第一，要实施创新驱动发展战略。这是供给端转变发展方式必须解决的问题。百年未有之大变局最关键的变量是新一轮科技革命，新科技革命正在重塑各国竞争力消长和全球竞争格局，科技创新已经成为大国博弈的主战场。第二，要打好关键核心技术攻坚战。将科技、教育、人才融为一体，形成集成体系，加快建设世界重要人才中心和创新高地。要集聚力量进行科技攻关，实现对关键零部件、元器件、基础材料、基础软件的战略性突破。要从鼓励集成创新转向鼓励原始创新，加强前瞻性部署，创造更多原创性引领性的科技成果。第三，要构建高水平社会主义市场经济体制，创造新的制度红利。坚持社会主义市场经济改革方向，坚持"两个毫不动摇"，坚持发挥市场在资源配置中的决定性作用，更好发挥政府作用。深化要素市场化改革，建设高标准市场体系，完善市场经济的产权保护制度、市场准入制度、公平竞争制度、社会信用制度，进一步优化营商环境。第四，要推进高水平对外开放。构建新发展格局是应对外部环境深刻复杂变化的主动调整。在经济全球化和价值链分工时代，国内循环与国际循环是不可分割的。中国早已深度融入经济全球化和国际分工体系，国内经济循环离不开国际产业链、供应链的协同，产业技术进步也离不开参与国际合作和竞争，封闭起来脱离世界主流，只会拉大与国际先进水平的差距。要进一步推进制度型开放，实行更高水平的贸易投资自由化便利化政策，进一步放宽外资准入限制，扩大开放领域，缩短外商投资准入负面清单，营造市场化法治化国际化营商环境。第五，要推动绿色低碳发展。推进"双碳"工作是破解资源环境约束、实现可持续发展的内在需要，是满足人民群众日益增长的优美生态环境需求、促进入与自然和谐共生的内在需要，是主动担当大国责任、推动构建人类命运共同体的内在需要。要立足以煤为主的能源资源禀赋，坚持"先立后破"，使传统能源逐步退出建立在新能源安全可靠替代的基础上。要加强技术研发和突破，增加新能源消纳能力。创造条件实现能耗"双控"向碳排放总量和强度"双控"转变。要推动能源清洁低碳高效利用，加快建设新型能源体系。要发挥市场机制作用，健全碳排放权市场交易制度。同时，积极参与应对气候变化全球治理。

（科研信息部　杨雨舸　綦鲁明　整理）

加快节能减排 积极应对气候变化

——第 158 期"经济每月谈"综述

2022 年 11 月 30 日，中国国际经济交流中心（简称"国经中心"）举办第 158 期"经济每月谈"，主题为"加快节能减排步伐，应对气候变化造成的损失与损害"。会议由国经中心常务副理事长、执行局主任张晓强主持，国经中心副理事长、学术委员会主任王一鸣，国家应对气候变化战略研究和国际合作中心主任徐华清，北京大学物理学院大气与海洋科学系教授、中国气象学会副理事长胡永云分别发表演讲。主要观点综述如下。

一 全球亟须合作应对气候变化新形势

（一）气候变化已带来严峻且广泛的危害

胡永云指出，受人类活动排放大量温室气体影响，全球平均气温在近一百年内快速升高约 1℃，导致极端灾害频发，1950 年至今全球的极端高温天气、强降水和干旱事件分别增加约 41%、19% 和 12%。极端天气事件致灾性极强，严重威胁经济社会发展和人民生命安全，全球沿海地区都将受到海平面升高的影响，并在不同程度上遭受各类极端天气影响，其中我国是受极端气象灾害事件影响最大的国家，仅 2000 年至 2019 年受灾次数就高达 577 次，其次是美国（467 次）、印度（321

次）、菲律宾（304 次）、印度尼西亚（278 次）等。我国气象灾害占全部自然灾害的 90% 以上，每年造成约 3000 亿元的经济损失，其中暴雨、洪涝造成的经济损失约占 50%。

（二）继续升温将带来不可逆转的影响

胡永云表示，在联合国政府间气候变化专门委员会（IPCC）预测的不同碳排放情形中，到 21 世纪末，保持低排放（不再增加或马上减少二氧化碳排放）可将全球平均升温控制在 2℃以内，高排放（不干预碳排放）将使温度升高约 5℃。不同地区的升温程度存在较大差异，陆地变暖幅度高于海洋，北极地区是全球平均升温幅度的 2 倍以上。在高排放情形中，21 世纪末北极夏天不再有海冰，陆地冰盖也逐渐融化，到 2100 年海平面升高可超过 1.7 米，到 2300 年达到 7~15 米，超过我国广州（6.6 米）、上海（4.5 米）、天津（3.3 米）的海拔高度，同时海洋酸化也将对生态系统造成严重影响。王一鸣指出，根据《科学》杂志发表的研究成果，随着全球气温持续上升，更多的灾难性气候变化将陆续出现，五个危险的气候临界点可能随时被触发，分别是格陵兰岛的冰川崩塌、西南极冰川崩塌、广泛的多年冻土融化、拉布拉多海对流崩溃和热带珊瑚礁大量死亡。如果温度继续升高，人类自身、自然系统、生物多样性都将面临额外的严重风险。徐华清表示，根据 IPCC 发布的第六次评估报告，当前全球 33 亿 ~36 亿人正生活在"极易受到气候变化影响"的环境中，全球变暖必将导致多种气候灾害的频率和强度上升，更多资源和社会系统将达到适应的极限，粮食供应风险加剧，岛屿国家可能面临种族、文化灭绝的风险。

（三）需加大决策行动力度并建立"损失与损害基金"

王一鸣表示，根据国际货币基金组织 2022 年 10 月《全球经济展望》，如果立即开始实施正确的措施，并在未来 8 年内分阶段落实，那么应对气候变化的成本将会很小，而推迟可再生能源转型将大幅增加成本支出。温室气体减排将不可避免地带来短期经济成本，但与减缓气候变化的诸多长期收益相比，这些成本微不足道。徐华清指出，全球已有许多适应气候变化的行动方案，但能否有效落实取决于各国的治理能力和决策行动力度。对发展中国家来说，到2030年适应气候变化的成本约1270亿美元，到2050年将翻番，可能存在较大资金缺口。2022年11月举办的《联合国气候变化框架公约》第二十七次缔约方大会（COP27）首次提出建立"损失与损害基金"，明确气候变化带来不利影响的严重性、范围和频率正不断增加，经济和非经济损失将日益提升，要重点关注发展中国家在适应气候变化行动中的财政问题，尽快形成资金保障机制。

二 我国积极稳妥推进碳达峰碳中和的重点环节

（一）正确认识和把握"双碳"目标

徐华清指出，可以用四个关键词把握"双碳"目标。一是引领。要坚持新发展理念引领，做到"三个坚定不移"，即坚定不移实施应对气候变化的国家战略，坚定不移加大应对气候变化政策与行动力度，坚定不移走生态优先、绿色低碳的高质量发展道路。二是倒逼。聚焦"2030年前碳达峰、2060年前碳中和"目标的时间节点，强化国家战略意图，加快经济转型和发展方式转变，科学把握节奏，尤其是遏制"两高"项目盲目发展。三是带动。发挥有条件地区和重点行业、重点企业率先实现碳达峰的带动作用，逐步实现差异性达峰。四是突破。唯有工业、能源、技术和消费领域实现革命性突破，碳中和目标才可能实现。

（二）把握碳减排与经济增长的平衡

王一鸣表示，过去10年中国在应对全球气候变化中发挥了日益重要的作用，成为应对全球气候变化的积极参与者与重要贡献者。实现"双碳"目标与我国社会主义现代化建设"分两步走"战略安排具有同向性和同步性。一是要保持合理的经济增速以实现2035年人均国内生产总值达到中等发达国家水平的目标。首先要迈过人均国内生产总值2

万美元的台阶，其次通过经济增长质量和经济基本面改善带动汇率提升，努力实现人均国内生产总值达到 3.5 万～4 万美元水平。二是要保持必要的减碳力度以实现碳达峰后稳中有降的目标。2020 年我国能源领域二氧化碳排放量为 99 亿吨，占全球排放总量的 30% 左右。近十年，我国碳排放已进入平台期但仍有上升，减碳压力较大，应保持战略定力。三是在减碳和稳增长目标双重约束条件下寻求最优的路径，最重要的是推动技术进步、产业结构调整和发展零碳能源，在有效减碳的同时为经济增长注入新动力。徐华清指出，在现有的经济结构和技术条件下，温室气体减排将不可避免地压缩经济增长空间，结构转型和技术突破是实现经济社会发展与应对气候变化协调发展的关键。

（三）应对更严格的国际绿色贸易规则

张晓强表示，2021 年欧洲议会通过碳边境调节机制（CBAM）提案，对水泥、电力、化肥、钢铁、铝五大类别征收进口关税。2022 年 6 月修订扩大 CBAM 适用范围，并将于 2027 年正式实施。CBAM 的出台表明了包括欧盟在内的世界各国对控制碳排放、合力应对气候变化的坚定态度，但同时也对中国及其他发展中国家产生不利影响。作为一种不公平的单边贸易保护行为，实施 CBAM 不仅违反 WTO 规则，也不符合《联合国气候变化框架公约》以及《巴黎协定》有关"共同但有区别的责任原则"基本要求，并将加大发达国家与发展中国家的收入差距。为应对具有歧视性和不公平性的国际绿色贸易规则，国内学者提出四方面建议：一是对欧盟等经济体对等征收进口产品的碳边境调节税；二是建立标准化的碳排放核算体系；三是加大绿色低碳转型力度，推动煤炭等化石能源清洁高效利用，并加快绿色能源发展，优化能源结构，实现节能减排；四是推动建立全球化的碳排放交易市场，完善国内碳市场，将 CBAM 涉及的行业纳入碳定价机制，引导企业降低碳排放，同时探索建立碳排放权跨境交易机制，将绿色能源比例较高国家的排放优势以碳票的形式交易到碳排放量较高的国家，实现碳排放成本全球平均化。

三　我国推进碳达峰碳中和的重点任务

（一）加快推进能源绿色低碳转型

王一鸣指出，推进碳达峰碳中和要以能源绿色低碳转型为核心。一是处理好能源绿色低碳转型与能源发展、能源安全的关系，短期内充分利用既有能源供应能力，确保市场供需平衡，应对市场价格波动等风险，同时提高零碳能源供给能力，提升能源安全保障水平，确保化石能源逐步退出建立在可再生能源安全可靠替代基础之上。二是加快规划建设新型能源体系，以风电、光伏发电、生物质能发电为主要能源，构建源网荷储多能互补的零碳能源格局，推动能源体系的系统性转变，大幅度提高能源利用效率。除了供给端增加新型零碳能源外，还要在消费端进行系统重构，促使能源消费向高度电气化、数字化和智能化的绿色低碳模式转型。

（二）尽早实现煤炭消费达峰

徐华清表示，我国煤电和煤炭消费量正面临巨大压力和挑战，截至 2022 年 10 月底，累计新增核准煤电项目 6400 万千瓦，是 2021 年全年的 3 倍以上，前三季度煤炭消费比重不降反升，提高 0.4 个百分点，是近十年的首次。当前最重要的是严控煤电项目和煤炭消费增长，推动煤炭消费尽早达峰，以确保如期实现碳达峰、最大限度降低社会经济代价。应加快煤炭减量步伐，在"十四五"时期严控煤炭消费增长，在"十五五"时期逐步实现煤炭消费量下降。此外，我国石油消费将在"十五五"时期进入峰值平台期。

（三）强化绿色金融支持力度

王一鸣表示，近年来，我国绿色金融快速发展，对支持节能减排发挥了重要作用。央行碳减排支持工具引导金融机构向清洁能源、节能减排、碳减排技术等领域的企业提供贷款。国内绿色债券业务活跃，2022 年上半年发行规模已达 1.37 万亿元，居世界第二位，绿色债券的期限种类日益丰富，最长期限达到 20 年。未来，绿色金融除了在绿色贷款、绿色债券等方面加大资金支持外，还应在以下三方面完善制度建设。一是进一步完善绿色金融标准，逐步形成"国内统一、国际接轨"的绿色金融标准体系，可通过开展试验区先行先试、国际合作等方式不断完善。二是提升环境信息披露水平，无论是碳减排支持工具、绿色债券发行，还是上市金融机构，都要披露环境信息，提高披露质量，这也有利于吸引境外绿色投资。三是创新金融市场产品，绿色投资的资金需求量较大，仅依靠政府和金融机构难以完全承担，还需通过创新金融产品来激活更多的市场资金。

（科研信息部　翟羽佳 整理）

智库报告
选编

推动高质量发展

控疫情、稳预期，稳定宏观经济大盘

——一季度经济形势分析和政策建议

2022 年第一季度，我国经济增长 4.8%，开局总体平稳。但 3 月以来，受国内疫情多点频发和俄乌冲突升级的叠加影响，主要经济指标大幅回落，经济下行压力陡然增大。当前，稳定经济增长关键是控疫情，重点是稳预期。要采取更加有效的措施，最大限度减少疫情对经济社会发展的影响，加快启动实施一揽子扩大内需的政策，多措并举疏通产业链供应链，更有效地稳定市场预期，努力实现全年经济增长预期目标。

一　3 月以来我国经济下行压力陡然增大

2022 年 3 月以来，主要经济指标大幅回落，部分指标出现负增长。社会消费品零售总额由 1~2 月增长 6.7% 转为 3 月下降 3.5%，回落 10.2 个百分点；服务业生产指数由 1~2 月增长 4.2% 转为 3 月下降 0.9%，回落 5.1 个百分点；货运量由 1~2 月增长 4% 转为 3 月下降 1.9%，回落 5.9 个百分点；快递业务量由 1~2 月增长 19.6% 转为 3 月下降 2.5%，回落 22.1 个百分点。这些指标由正转负并大幅回落，主要原因是新一波疫情点多面广频发，特别是作为我国经济、金融和物流航运中心的上海，疫情形势趋紧和防控措施加严，不仅直接影响上海经济，还通过产业链供应链扩散影响到长三角和外溢到全国其他地区。同时，俄乌冲突升级、美联储加息和全球通胀攀升，进一步增大全球经济滞涨风险，冲击全球供应链并影响到市场预期，也对 3 月经济回落有重要影响。

从目前态势看，第二季度经济将面临更大下行压力。例如，4 月上旬全国日均发电量同比下降 3.41%，成品油销量同比下降 27.63%。如果疫情在 5 月上旬得到有效控制，疫情影响面控制在现有范围之内，5 月中旬后全面放松防控措施并加大宏观政策力度，第二季度经济增速有望达到 4.5% 以上。如果 5 月疫情仍得不到有效控制，主要经济指标继续回落，第二季度经济增速破"4"的风险大幅上升，实现全年 5.5% 左右的预期增长目标将更为困难。

二　当前经济运行面临的新形势新挑战

当前，外部环境超出预期，国内新一波疫情加剧需求收缩、供给冲击、预期转弱的三大压力，风险挑战更趋严峻。

（一）俄乌冲突加剧我国外部环境复杂性

俄乌冲突对全球经济造成剧烈冲击，拖累全球经济复苏进程。世界银行和国际货币基金组织 4 月将 2022 年全球增长预期分别从 1 月的 4.1% 和 4.4% 下调至 3.2% 和 3.6%。全球经济放缓和市场需求收缩将使我国外部需求持续趋弱。俄乌冲突推升国际油价、粮价、有色金属价格，正在并将继续增大我国输入性通胀压力。俄乌冲突推动西方形成反俄政治、经济、军事联盟，并把我国划入支持俄罗斯的阵营，使我国与俄经贸合作面临美国次级制裁和长臂管辖的风险。全球政治经济集团化、阵营化，还将使我国外部环境更趋严峻，受西方国家围堵的压力进一步增大。

（二）美联储加息增大我国资本外流压力

2022 年 3 月 16 日，美联储加息 25 个基点。随着 3 月美国居民消费价格指数（CPI）达到 8.5%，并创下 40 年以来新高，美联储转鹰态势更趋明显，5 月加息 50 个基点已成定局，叠加启动缩表进程，将进一步推高美元指数和美国国债收益率。我国市场资金外流已有相当规模，2~3 月境外投资者已经从我国债券市场撤出 1600 多亿元资金。随着美联储加息节奏加快和力度加大，我国将面临更大的汇率贬值和资本外流压力。值得指出的是，美国还可能以香港为突破口，做空香港金融市场，动摇内地市场信心。

（三）疫情多点频发造成需求恢复明显放缓

此轮疫情传播速度快、波及范围广，已扩散至除西藏之外的 30 个省份，对商品零售、餐饮旅游、交通运输等行业造成严重冲击。3 月我国商品零售、餐饮收入分别下降 6.5% 和 8.9%，全国营运性客运量下降 43.5%。房地产投资增速继续回落，第一季度房地产新开工面积和土地购置面积分别下降 17.5% 和 41.8%，预示着后期房地产投资仍将继续探底。

（四）工业生产和供应链受到新的冲击

3 月以来，多地强化防控措施，物流和供应链严重受阻。上海和长春是我国重要的汽车制造和零部件供应中心，供应链受阻导致多地汽车生产企业停工停产。3 月，我国汽车产量同比下降 4.9%，预计 4 月降幅将明显增大。俄乌冲突造成国际运力重趋紧张和海运价格抬升，将增大我国外贸企业出口运营成本。

（五）市场主体预期重新转弱

受内外不确定性因素影响，市场主体特别是小微企业和个体工商户生产经营更加困难，用工和原料成本大幅上升，对市场前景担忧加剧。3 月，小型企业制造业采购经理人指数（PMI）降至 46.5，自 2021 年 5 月以来连续 11 个月低于临界点。大中型企业预期不稳，缺乏投资意愿，近期互联网平台公司出现集中裁员现象，据不完全统计，平均裁员比例在 20%~40%。

三 控疫情、稳预期是稳定宏观经济大盘的当务之急

当前，采取更有针对性的政策举措，控疫情、稳预期是稳定宏观经济大盘、实现全年经济增长目标的重要前提。

（一）最大限度减少疫情对经济社会发展的影响

疫情是影响当前经济运行的主要因素，精准的疫情防控是稳定经济增长的关键。要按照2022年3月17日习近平总书记在中央政治局常委会会议上讲话精神，努力用最小的代价实现最大的防控效果。在坚持"动态清零"前提下，优化完善防控措施，不断提升分区分级差异化精准防控水平，使防控工作更有针对性。疫情防控既要防止"放松防控"的情绪，又要避免"过度防控"的倾向，特别是要纠正和防范地方政府"层层加码"的做法，实现更加科学精准的防控。建议将现有国务院联防联控机制调整为统筹疫情防控与经济社会发展联动机制，加强部门协调和全国一盘棋，最大限度减少疫情对经济社会发展的影响。

（二）积极扩大国内有效需求

加快制定出台一揽子扩大内需的政策举措，适当提高中央财政赤字率，发行长期建设国债，重点用于支持"十四五"重大项目和现代化基础设施体系建设。以联网、补网、强链为重点，加强交通、能源、水利等网络型基础设施建设，提升网络效应。加快建设综合立体交通网络主骨架。发展分布式智能电网，建设一批新型绿色低碳能源基地，加快完善油气管网。加快构建国家水网主骨架和大动脉。布局建设新一代超算、云计算、人工智能平台、宽带基础网络等设施。加强综合枢纽及集疏运体系建设，推进城市群交通一体化，建设便捷高效的城际铁路网，有序推进城市地下管廊建设。加强建设项目用地、用能等方面保障，尽快形成实物工作量。要促进消费持续恢复，稳定和扩大汽车等大宗消费，培育壮大新型消费，鼓励地方开展绿色智能家电下乡和以旧换新，对一些疫情比较严重的城市，可向低收入群体发放消

费券或直接发放现金补贴。

（三）多措并举加快畅通物流和供应链

把国务院全国保障物流畅通促进产业链供应链稳定电视电话会议精神落到实处，对受疫情冲击较大的汽车、集成电路、消费电子、装备制造、农用物资、食品、医药等重点产业和外贸企业，建立白名单制度，足量发放使用全国统一的通行证，核酸检测结果 48 小时内全国互认，保障物流畅通和重点行业供应链稳定运行。维护农业供应链安全，保障农资供给和价格稳定，防范国际粮价上升对我国的冲击。

（四）采取措施有效稳定市场预期

继续加大对小微企业和个体工商户的政策支持，落实好已出台的退税减税降费和缓缴社保费用的政策。用好结构性货币政策工具，促进小微企业融资增量扩面降价。鼓励更多龙头企业增加对供应链上下游企业采购订单，引导企业抱团取暖。适度放松有收缩效应的监管政策，明确释放鼓励平台经济健康发展的积极信号，稳妥推进并尽快完成大型平台公司的整改工作。尽快为资本设置好"红绿灯"，按照市场化、法治化、国际化原则完善监管政策和标准，提高透明度。适度放松房地产行业银行贷款集中度管理与开发商资产负债表"三道红线"，促进房地产市场恢复和平稳健康发展。

（五）有效应对外部环境复杂变化

跟踪研究俄乌冲突进程及对我国影响，做好应对美西方国家转嫁矛盾和对我国"捆绑制裁"的预案。针对美联储加息节奏加快，坚持"以我为主"的货币政策，保持人民币汇率弹性，提高人民币对美元贬值的容忍度。做好跨境资本流动的宏观审慎管理，保持国际收支平衡，为国内经济稳定运行营造良好环境。

（"国内经济形势跟踪研究"课题组
执笔：王一鸣　刘向东　孙晓涛　邬　琼　刘小鸽）

推动经济运行尽快回归正常轨道

——上半年经济形势分析和政策建议

2022年上半年，在经历了较大幅度的波动后，随着5月底稳住经济一揽子政策措施落地，我国经济加快恢复，但经济恢复的基础仍不稳固，面临多方面挑战。下半年，在做好疫情防控的同时，要实施好稳住经济的一揽子政策措施，根据形势变化和需要，适时出台增量政策，推动经济运行回归正常轨道，同时协同推进宏观调节和深化改革，激发市场主体活力和内生动力，培育经济发展新动能，争取2022年我国经济发展达到较好水平。

一 我国经济已呈现加快恢复态势

2022年上半年我国经济经历了较大幅度的起伏波动。1~2月，主要经济指标明显回升，实现良好开局。3~5月，受新一波疫情大范围多点散发、上海等中心城市加严管控措施、乌克兰危机带来的外部环境变化等因素影响，经济下行压力陡然增大。5月下旬以来，随着疫情防控取得成效和稳住经济一揽子政策措施加快落地，经济呈现逐渐恢复态势，部分指标边际改善。5月，工业增加值增速由负转正，由4月下降2.9%转为增长0.7%；外贸出口大幅反弹，同比增长16.9%，较4月增速大幅回升13个百分点；前5个月基建投资增长6.7%，较前4个月加快 0.2 个百分点。从数据看，6 月上旬，起重机总工时指数和产业园区活跃度指数都呈现环比强劲回升、同比降幅明显收窄的趋势。总体上看，我国经济虽已进入恢复阶段，但经济恢复的基础不稳固，仍面临挑战。

高效统筹疫情防控和经济社会发展，为经济恢复创造了条件。面对新一轮疫情冲击，各地按照党中央"疫情要防住、经济要稳住、发展要安全"的总要求，动态调整优化防控措施，避免"一刀切"和"层层加码"，防控措施更加精准科学。与此同时，国务院出台扎实稳住经济一揽子政策措施，着力稳增长稳市场主体保就业，有关部门和地方迅速出台配套政策，靠前发力、适当加力，推动复工达产，打通堵点卡点，提振市场信心，最大限度减少疫情对经济社会发展的影响，推动经济企稳回升并回归正常轨道。

初步预测，第二季度经济增长 1.3% 左右，上半年国内生产总值同比增长 2.9%。第二季度对全年经济形成较大的缺口，需要下半年快速拉升来填补。如果按照年初 5.5% 左右的预期增长目标，全年名义国内生产总值（GDP）需达到 125.5 万亿元，下半年经济增速需达到 7.8% 才能实现增长目标。如果全年经济增长 5.0%，则下半年经济增速需达到 6.8%。由此可见，推动经济回归正常轨道仍需付出艰巨努力。

二　当前经济运行面临的风险挑战

当前，我国经济发展环境的复杂性、严峻性、不确定性上升，经济持续稳定恢复面临的风险挑战增多。

（一）经济恢复受到疫情不确定性制约

奥密克戎毒株变异快，隐蔽性高，传播力强，清零难度大，增大了疫情变化的不确定性。微观主体决策更趋短期化，投资更加谨慎，居民家庭消费更趋谨慎。持续两年多的疫情消耗了大量储备，使部分企业资产负债表受损，市场主体的承受力进一步减弱。越来越多的国家取消或放松限制，使我国防控疫情输入的压力增大，在常态化防控条件下推动经济恢复的成本上升。

（二）需求不足的矛盾更趋突出

需求恢复持续滞后于生产恢复。消费需求恢复乏力，耐用消费品降幅较大。投资回升动力不足。制造业投资前期增势较为强劲，但随着能源、原材料、用工成本上升和订单减少，增速出现回调。房地产投资持续回落，降幅继续扩大。基建投资在地方政府专项债发行进度加快的支撑下保持较快增长，但仍受到项目储备、地方财政收支压力和清理隐性债务等方面约束。由于消费需求不足，产成品库存已接近6万亿元，对经济恢复的制约持续增大。

（三）经济恢复的动力发生变化

2020年我国经济在经历第一季度负增长后，第二季度迅速转正，除了强有力的政策支持外，还得益于数字经济的逆势上扬、房地产行业的拉动，以及疫情率先得到控制后出口的强劲增长。而本轮疫情冲击下，经济恢复动力已发生变化，平台经济增势减弱，房地产持续低迷，出口扩张空间收窄，亟须培育新的增长点，增强经济恢复动力。

（四）重点群体就业难度增大

疫情冲击下，企业扩招的意愿下降，增加裁员的情况增多。5月城镇调查失业率环比虽略有改善，但31个城市调查失业率仍高达6.9%。重点群体就业更加困难，16~24岁人口调查失业率达到18.4%，创有该项统计以来的新高。16~24岁群体比其他年龄段消费支出更为活跃，这一群体失业率提高，不仅会对消费需求形成短期影响，还可能导致更长期的劳动参与率下降。

（五）结构性通胀压力上升

我国加强粮食生产和能源保供，为稳定物价创造了条件。加之消费需求不足，需求拉动的通胀效应不强，但成本推动的通胀压力仍然较大。受前期宽松货币政策和乌克兰危机、疫情冲击等因素影响，全球能源、粮食等大宗商品价格大幅上涨，对我国的输入性影响持续增大。6 月居民消费价格指数（CPI）上涨 2.5%，涨幅比上月扩大 0.4 个百分点。随着生猪价格进入上升周期，原材料价格高位运行，一旦消费有所恢复，叠加工业生产者出厂价格指数（PPI）向 CPI 传导，通胀压力将持续上升。

（六）主要经济体收紧政策对我国外溢效应增大

当前全球通胀水平持续攀升，5 月美国 CPI 同比上涨 8.6%，创 40 年来新高；6 月欧元区调和消费者物价指数（HICP）同比上涨 8.6%，创有记录以来新高。在超预期通胀的背景下，美联储等主要经济体央行加大加息力度和缩表节奏，并通过利差和资本流动等渠道对我国经济形成外溢影响，我国宏观政策调节空间将在一定程度上受到挤压。

三　推动经济持续稳定恢复的对策建议

推动经济持续稳定恢复，既要加大宏观调节力度，出台增量政策举措，也要坚持深化改革，激发市场活力和内生动力，培育新动能，增强发展后劲。

（一）推动已出台的宏观政策落地见效

抓住当前有利时机，把稳住经济的一揽子政策措施落实到位。根据形势变化和需要，加快研究新的政策储备，适时出台增量政策。考虑到 2022 年的地方政府专项债 8 月底前基本使用完毕，建议把 2023 年的地方政府专项债额度提前到 2022 年第四季度发行。如下半年供需缺口扩大，经济恢复动力不足，可考虑适当上调赤字率。若不能调整预算，可考虑增发不计入赤字的特别国债，并加大货币政策配合力度，推出扩大投资和促进消费的政策方案。

（二）发挥投资对经济恢复关键性作用

当前，增加有效投资仍是加快经济恢复的关键举措，要加大对基础设施投资项目的支持力度，用好新增政策性银行 8000 亿元信贷额度，推进国开行和农发行联合设立 3000 亿元投资基金，用于基础设施项目资本金投资。推动有关部门建立重点建设项目清单，促进商业银行和政策性银行择优选择并加快资金注入。研究出台支持制造业数字化智能化技术改造投资的政策举措。鼓励企业用足用好研发费用加计扣除政策，加大技术研发投入。

（三）增强消费对经济恢复的基础性作用

落实落细促消费政策举措，阶段性减征部分乘用车购置税，支持新能源汽车消费和充电桩建设。引导商贸流通企业、电商平台等向农村延伸，推动品牌品质消费进农村。通过政府贴息等政策举措，鼓励金融机构开展消费信贷业务，更好满足消费升级需求。鼓励有条件的地方向中低收入群体发放消费券，进一步拉动居民消费。

（四）推出提振市场信心的政策和改革举措

研究出台支持平台经济、民营经济持续健康发展的政策措施，加快平台经济专项整改向常态化监管转变，尽快完成并出台"红绿灯"设置方案，给市场主体以明确预期。鼓励平台企业参与国家重大科技创新项目。在农村土地制度改革、基础产业领域放宽准入、规则规制等制度型开放领域，出台一批有利于稳增长和提振市场信心的政策和改革举措。

（五）有效应对美联储等政策调整的外溢效应

坚持"以我为主"的货币政策，坚持不搞"大水漫灌"，把握好总量政策工具实施力度，更好发挥结构性政策工具作用。在继续降低企业融资成本的同时，保持足够政策空间以有效应对全球利率上行压力。密切关注美联储政策调整力度和节奏，完善跨境资本流动宏观审慎监管，建立健全预测预警和响应机制。保持人民币汇率弹性，发挥好汇率调节的稳定器作用。

（"国内经济形势跟踪研究"课题组

执笔：王一鸣　刘向东　孙晓涛　邬　琼　刘小鸽）

推动经济增长回归正常轨道

——关于 2023 年经济工作思路的建议

2023 年是"十四五"规划承前启后的关键一年。推动经济增长回归正常轨道，力争恢复到 5.5% 左右的潜在增长水平，应是制定经济工作思路的重要出发点。要注重短期逆周期调节与中长期跨周期发展相结合，促进经济持续稳定恢复与深化改革开放相结合，深化供给侧结构性改革与加强需求侧管理相结合，保市场主体与释放消费者潜力相结合，把握好多重目标间的动态平衡。

一 经济延续恢复态势但尚未回归正常轨道

2022 年以来，我国有效统筹疫情防控和经济社会发展，经济总体延续恢复态势，特别是进入下半年以来，随着稳经济一揽子政策和接续政策落地见效，主要经济指标持续改善，但经济恢复势头总体偏弱，需求收缩、供给冲击、预期转弱的三重压力仍未根本缓解，经济增长尚未回归正常轨道。初步预测，第三季度经济增长 4% 左右，全年有望实现 3.5%~4% 的增速。

疫情以来，中国经济持续面临较大下行压力，2020 年和 2021 年两年平均增长 5.1%。如果 2022 年实现 4% 左右的增速，则意味着仍未达到过去两年的平均增长水平，更是低于"十四五"时期 5.5% 左右的潜在增长水平。从短期看，当前经济运行面临多方面矛盾和问题，但最大的问题还是低增长风险。经济增长不回归正常轨道，其他各种矛盾和问题就很难缓解，各类风险就会进一步暴露。从中长期看，如果经济增长持续偏离正常轨道，还可能给经济内生增长机制造成结构性损伤，如资产负债表严重受损后微观主体行为方式发生变化，以及潜在增长水平的持续下降。

2023 年是"十四五"规划承前启后的关键一年。推动经济增长回归正常轨道，力争恢复到 5.5% 左右的潜在增长水平，应是制定经济工作思路的重要出发点。推动经济增长回归正常轨道，在党的二十大后营造良好发展局面，才能为实现更高质量、更有效率、更加公平、更可持续、更为安全的发展创造条件，也才能确保实现"十四五"规划目标。这不仅有重要经济意义，更有重大政治意义。

二 影响 2023 年经济发展的主要因素

2023 年全球经济衰退风险上升，外部环境的复杂性、严峻性、不确定性增大。我国经济回归正常轨道既要应对需求收缩、供给冲击、预期转弱的压力，也面临周期性、结构性、体制性因素交互影响带来的新变化和新挑战。

（一）外部环境更趋复杂严峻

乌克兰危机的演进仍面临不确定性，全球粮食和能源危机难以根本缓解，主要经济体衰退风险明显上升。在超预期通胀背景下，美联储等主要经济体央行持续收紧货币政策，将增大人民币贬值和资本外流压力，挤压我国货币政策的自主空间。

（二）疫情仍是影响经济运行的重要因素

过去近三年经济的波动起伏，背后都有疫情的影子，经济增长曲线与疫情变化高度相关。随着防控措施更加精准有效，疫情对经济的影响将趋于减缓，但不确定性仍难以完全消除。而越来越多的国家放松或取消疫情管控，防疫政策不同步带来的"孤岛效应"或使我国在全球经济竞争中处于不利地位。

（三）逆周期调节政策空间缩小

2022年逆周期调节政策力度空前，通过中国人民银行上缴1.1万亿元近年结存利润和专营机构依法上缴结存利润等，财政支出规模比2021年扩大2万亿元以上，退税减税降费力度也超过以往。2023年若要保持2022年的政策支出力度，将面临较大的资金缺口。与此同时，继续依靠发行专项债扩大基础设施投资，也将受到投资效率下降、政策边际效应减弱，以及地方项目储备和财政配套能力不足等方面制约。

（四）经济恢复后续动能不强

前期支撑经济恢复的外贸出口、房地产、新经济等动能明显减弱。2022年上半年货物和服务净出口对经济增长贡献率为35.8%，减缓了内需收缩的影响。2023年全球经济增长放缓，国际市场需求收缩，净出口对经济增长的拉动可能大幅下降。2022年房地产投资、销售面积、新开工面积均大幅回落，互联网平台等新经济出现多年来少有的缩水现象，若2023年难有明显改观，将持续拖累经济增长。

（五）人口结构变化的负面约束增强

2021年我国人口净增长48万人，2022年人口可能出现负增长，人口峰值可能将提前出现。人口总量减少和老龄化进程加快，使疫情以来居民消费需求不足的矛盾更趋突出，需求侧变化对经济的影响将持续扩大，可能使实际增长水平低于潜在增长率趋于常态化。

（六）深化改革激活内生动力更加紧迫

改革开放是中国创造高速增长奇迹的根本动力。经过40多年的改革，容易改的前期已经改了，推进深层次改革面临既得利益格局羁绊。而要增强市场主体信心，激活经济发展内生动力，推进市场化改革的重要性和紧迫性更趋凸显。

三 2023年经济工作思路和政策建议

2023年经济工作要以习近平新时代中国特色社会主义思想为指导，全面贯彻落实党的二十大精神，坚持以经济建设为中心，坚持发展是硬道理，坚持"两个毫不动摇"，坚持稳中求进工作总基调，有效实施宏观经济政策，更大力度推进改革开放，推动经济增长回归正常轨道，力争恢复至潜在增长水平，为实现"十四五"规划目标奠定更加坚实的基础。

一是短期逆周期调节与中长期跨周期发展相结合。加大宏观政策实施力度，既要看短期政策效应，也要关注中长期效果，既要加强逆周期调节，也要预留跨周期发展的政策空间，既要促进经济稳定恢复，也要着力培育增长新引擎，加快新旧动能转换，实现短期经济恢复和中长期高质量发展的动态平衡。

二是促进经济持续稳定恢复与深化改革开放相结合。推动经济增长回归合理区间，宏观政策既要有力有效，也不能透支未来，加重后期的债务负担，更不能回归传统增长模式，这就要求加大改革开放力度，通过市场化改革释放潜力、激发活力，增强经济发展的内生动力。

三是深化供给侧结构性改革与加强需求侧管理相结合。在坚持供给侧结构性改革为主线、推动经济高质量发展的同时，要充分考虑人口提前达峰和人口老龄化加快带来的需求侧变化，以及需求侧变化对经济增长的制约，加大需求侧管理力度，构建扩大国内有效需求的体制机制。

四是保市场主体与释放消费者潜力相结合。在当前经济下行压力增大的背景下，保护市场主体对实现稳增长、稳就业的目标十分重要，但在经济循环中消费既是起点也是终点，要把保1.6亿户市场主体与释放4.6亿户家庭的消费潜力结合起来，使其相互促进、相得益彰，有效畅通国民经济循环。

2023 年，在宏观政策上，要紧紧围绕推动经济增长回归正常轨道这个目标，抓住疫情防控、宏观调节、动能转换、深化改革等关键点，把握好多重目标间的动态平衡。

第一，调整优化疫情防控政策。根据病毒变异情况，适时调整优化疫情防控政策，把握防疫措施调整的力度和节奏，逐步与国际接轨，适时有序开放境内外人员往来，营造有利于保持外贸稳定增长和吸引境外投资的有利环境，牢牢把握在国际竞争中的主动权。

第二，加强和完善逆周期调节。积极的财政政策要增强效能，提高效率，注重可持续。稳健的货币政策要灵活适度，完善传导机制，服务实体经济。2023 年政府投资包括地方政府专项债投资要在继续加强基础设施投资的同时，充分考虑传统基础设施存量规模较大、投资边际效益下降，以及人口老龄化和农业转移人口市民化带来的需求变化，增加廉租房、教育、医疗、养老、幼育、科研等社会设施建设投资，更好满足人民群众对美好生活的向往。

第三，加强和改善需求侧管理。针对国内需求不足的突出矛盾，进一步实施扩大内需战略，提升传统消费，培育新型消费，发展服务消费，推动消费变革和消费结构升级，调整优化消费、储蓄、投资等方面制度性安排。加快农业转移人口市民化，增加廉租房和基本公共服务供给，释放近 3 亿农业转移人口的消费潜力。

第四，培育经济增长新引擎。抓住新一轮科技革命和产业变革的历史机遇，推动制造业数字化、智能化、绿色化转型，培育发展"智能工厂"和"5G+工业互联网"等新型制造模式，做强做优光伏、风电和动力电池等产业链供应链，加快发展新能源汽车，鼓励新技术、新业态、新模式发展，增强新动能对传统动能衰竭的替代作用。

第五，持续推进市场化改革。面对新发展阶段的新形势新挑战、长期积累的体制机制矛盾，以及经济增速放缓后风险的"水落石出"，坚持用改革创新办法解决前进中的问题，推动房地产业和地方融资平台转型，推进地方财税体制、市场监管体制、制度型开放领域深化改革，出台一批有利于稳增长和提振市场信心的改革举措，健全宏观调控有度、市场机制有效、微观主体有活力的体制机制。

第六，有效应对外部环境的复杂变化。保持人民币汇率的充分弹性，提高人民币汇率双向浮动的容忍度。密切跟踪美联储政策动向，加强跨境资金流动监测。稳慎推进人民币国际化步伐，扩大人民币在跨境贸易投资中的使用比重，加强与友好国家的货币互换合作，更好发挥香港的离岸人民币市场作用。同时，要继续做好粮食安全、能源安全和保障产业链供应链稳定等工作。

（"国内经济形势跟踪研究"课题组

执笔：王一鸣　刘向东　孙晓涛　邬　琼　刘小鸽）

继续优化疫情防控措施　做好 2023 年
经济工作的建议

2023 年是党的二十大后全面开始社会主义现代化强国建设的第一年。根据病毒变化进一步优化疫情防控措施，对克服疫情影响、做好 2023 年经济工作非常重要。

落实习近平总书记提出的"疫情要防住、经济要稳住、发展要安全"的重要指示，目前突出的短板是经济发展。2022 年 10 月以来，各地疫情再度告急，经济指标全面回落。10 月全国工业增加值和服务业生产指数同比分别增长 5.5% 和 0.1%，比 9 月低 1.3 个和 1.2 个百分点；社会商品零售总额、固定资产投资和货物出口同比增长分别为 －0.5%、4.3% 和 7.0%，比 9 月低 3.0 个、2.4 个和 3.7 个百分点。1~10 月，全国规模以上工业企业利润同比下降 3%，其中外商及港澳台商投资企业、私营企业分别下降 7.6% 和 8.1%；全国财政收入下降 4.5%，公共预算支出增长 6.4%。财政收支缺口进一步扩大。进入 11 月，压力更大。疫情防控影响最大的旅游、餐饮、航空运输业从业人员生活艰难，部分地区因封控时间较长引发的次生灾害影响增大，防疫人员与被封控群众的冲突时有发生，因防控层层加码引发的社会不稳定因素增多。另外，需要高度警惕的是，产业链转移伴随着资金、技术和人才外流，部分中小微企业的破产，社会失业率上升，更叠加了社会不稳定因素。

中央"疫情防控二十条"出台后，社会反应积极，股市应声上涨，但同时疫情有所发展，尤其是北京、广州这两个经济核心地区防控形势愈加严峻。按照现行疫情防控的要求进行大规模封控和普遍核酸检测，最终一定能控制住这一波疫情。但是，付出代价会越来越大。按照近两年的规律，从疫情大规模出现到感染者彻底清零，一般持续时间约为两个月，这样就可能持续到 2023 年春节前，而且与高校学生放假和职工（农民工）回家过春节团聚的春运高峰重合。冬春时节疫情防控难度更大，对经济社会发展的冲击也更大。

当前社会普遍关心的问题，是否有必要花这么大的代价来控制大多数感染者没有症状、极小概率会引发肺炎和死亡的疫情？是否有可能不再进行大规模核酸检测，不再采取严厉的封控措施，以更小的代价恢复正常的生产生活秩序？

首先，新冠病毒致病性越来越弱。新加坡最新数据表明，奥密克戎毒株致病率不到流感病毒的一半。国内外大量数据显示，现在流行的奥密克戎毒株，绝大多数感染者属于无症状或轻症，无须治疗。新冠病毒感染与流行性感冒一样属自限性疾病，一般情况下多喝水、多睡觉 5~7 天即可痊愈。

其次，疫苗是降低重症和死亡率的有效手段。由于接种疫苗，大部分人体内会产生抗体，这也是现在多数人感染后没有症状的原因之一。根据新加坡 2022 年 9 月 1 日至 10 月 15 日数据，接种疫苗的感染者病死率为 0.021%，未接种疫苗的感染者病死率为 0.062%，均低于流感病毒 0.1% 的病死率。从香港感染者情况分析，灭活疫苗和核酸疫苗完成接种后均具有良好的预防重症和死亡的作用。我国生产的灭活疫苗和蛋白重组疫苗接种已超过 34 亿人次，核酸疫苗也完成了技术审评待批，部分疫苗已升级为针对奥密克戎毒株的二价疫苗，还有多个针对新冠病毒感染和治疗的中和抗体药物具备批准上市条件，这些抗体可用于短期高风险暴露预防和使用。

最后，国际社会已经普遍走出疫情的影响。现在国际上基本已经取消入境隔离措施。日本6月、中国香港7月、新加坡和中国台湾10月均取消了入境隔离限制，改为3~5天的居家监测。卡塔尔足球世界杯比赛，几万人聚集在场馆，几乎没有任何防控措施，这对国内群众的视觉冲击很大。继续目前这种全面核酸检测和严格封控的做法，很难得到群众的理解、配合和支持。

党的二十大之后，全党工作中心应转到现代化国家建设上来，不能因疫情防控影响现代化建设步伐。要全面理解总书记提出的"人民至上、生命至上"的要求。疫情发生已经持续三年，要充分考虑病毒变异、疫苗接种后的重症、死亡率下降已低于季节性流感所带来的影响这一现实情况，科学评估各地区层层加码对人民生活的影响、对国家财政收支的影响、对经济社会发展的影响、对国家对外交流的影响，认真总结和吸取国际社会抗击疫情和恢复正常生产生活秩序经验，进一步完善我们的防控政策，以最小的代价战胜疫情，促进经济复苏，争取中国式现代化建设开好头、起好步。提出以下建议。

（1）调整新冠疫情管理分类。2020年疫情初期，新冠病毒引发的肺炎患者多，死亡率高，把新冠病毒引发肺炎定为乙类传染病按甲类管理，是完全必要的，对我们尽快扑灭疫情、实现动态清零发挥了重要作用。目前流行的奥密克戎毒株，几乎不攻击下呼吸道，一般也不会引发肺炎。建议把"新冠病毒肺炎传染病"改为"新冠病毒传染病"，取消"肺炎"两个字，不再按甲类传染病管理，回归乙类传染病管理，由卫生、疾控部门按照常规继续做好疫情防控工作，各级党委和政府把注意力集中到现代化国家建设上来。如果将来病毒出现致病性更强的变异，再适时调整回按甲类传染病管理。

（2）继续做好疫苗接种工作。接种疫苗是抗击疫情、减少重症和死亡的最有效手段。当前重点是做好风险人群的疫苗接种工作。此前因种种原因没有接种的，要分类评估，尽可能动员接种。有基础性疾病的人群，咨询相关专科医生后接种。没有完成接种的，要尽快完成接种。疫苗接种超过六个月的，倡导接种第四针。

（3）推广居家自我检测。取消集中核酸检测，改为必要时居家自我检测，减少病毒传播机会。抗原检测结果阳性的，及时报告社区，社区医院和疾控中心的医务人员给予必要的指导，实行居家自我隔离；呼吸有困难或血氧过低的，由社区医疗卫生机构负责送医院就医。不再统计和公布无症状感染者。逐步取消方舱集中隔离模式。

（4）取消入境隔离限制。改为入境人员居住地五天自我监测，每天向居住地所在社区报告检测结果。居住地自我监测期间不外出、不会客。各地不得对外来人员采取其他限制性措施。

（5）关注重点人群。对有基础性疾病的人群、孕妇、儿童、老年人、残疾人等，要进行摸排登记，落实疫苗接种、疫情防控、社区照护等措施，对困难家庭给予必要的补贴。

（6）优化分级诊疗。各级医疗机构要落实好分级诊疗，确保医疗有序，正常就医有保障，防止出现医疗挤兑。医疗机构不接受新冠轻症患者住院治疗。

（7）做好高校和大型厂矿疫情防控工作。高校和大型企业人员密集，不具备感染者居家隔离条件。可以研究划出部分宿舍和车间用于轻症感染者的集中休息和治疗，当地卫生、疾控部门派出必要的医务人员进行指导。

（8）加强新冠病毒和疫苗的科普宣传工作。要广泛宣传奥密克戎毒株致病率低、重症率低的特点，宣传疫苗对减少重症和死亡的作用，宣传新冠病毒属自限性疾病、死亡率已经低于流感等，客观解读因新冠感染诱发基础性疾病患者死亡的病例，打消群众的恐惧心理，取得广大群众对疫情防控的支持。

从近期流行的新冠病毒毒株和实际感染情况看，采取上述措施，不会导致医疗资源挤兑和因感染新冠出现死亡人数大幅度增加的风险，有利于为中国式现代化建设开好局、起好步创造必要的条件。

（"生物医药产业创新与政策研究"课题组

执笔：毕井泉　陈文玲　张焕波　颜少君）

完善优化疫情防控措施　高效统筹
疫情防控和经济社会发展

2022 年 4 月 29 日、5 月 5 日习近平总书记先后主持中共中央政治局会议和政治局常务委员会会议,分析当前新冠疫情防控形势,研究部署抓紧抓实疫情防控重点工作。各部门、各级政府必须自觉在思想上政治上行动上同党中央保持高度一致,以时不我待的精神、分秒必争的行动抓实抓细疫情防控各项工作,高效统筹疫情防控和经济社会发展。

一　认真总结并继续用好中国的制度优势和宝贵经验

新型冠状病毒肺炎是近百年来人类遭遇的影响范围最广的全球性大流行病,对全世界是一次严重危机和严峻考验。2020 年疫情发生后,中国率先成功分离出新型冠状病毒毒株,率先公布新型冠状病毒基因组序列,率先成功研发新冠疫苗,率先恢复正常的生产生活秩序。中国抗疫为经济社会发展赢得了战略主动与重大机遇,取得的成果令世界惊叹。据国际货币基金组织评估数据,截至 2021 年 9 月,中国抗击新冠疫情支出和收入损失占 GDP 比例为 4.8%,而美国、英国分别为25.5%、19.3%。中国为维护地区和世界公共卫生安全做出了重要贡献。

中国抗击疫情的基本经验:一是习近平总书记亲自指挥、亲自部署，统揽全局、果断决策，为中国人民抗击疫情坚定了信心、凝聚了力量、指明了方向；二是充分发挥制度优势，建立中央统一指挥、统一协调、统一调度，各地方各方面各负其责、协调配合，集中统一、上下协同、运行高效的指挥体系；三是把人民生命安全和身体健康放在第一位，采取最全面最严格最彻底的防控措施，有效阻断病毒传播链条；四是 14 亿中国人民坚韧奉献、团结协作，构筑起同心战疫的坚固防线，打赢了疫情防控的总体战、阻击战；五是充分发挥中国制造业优势，尽己所能向国际社会提供防疫物资，提供人道主义援助，向各国提供了 22 亿剂疫苗，有力支持了有关国家抗击疫情。

在疫情肆虐的情况下，成功举办北京冬奥会和冬残奥会，91 个国家和地区近 3000 名运动员同场竞技，近 70 个国家、地区和国际组织的约 170 位官方代表出席盛会。在赛会举办期间，对众多外国运动员和参会人员实行全过程封闭管理，没有发生聚集性感染，创造了世界抗疫史上的奇迹。

二 充分认识奥密克戎毒株新特点和世界抗击疫情的变化趋势

要高度重视疫情对人民生命健康和经济社会带来的影响。根据有关统计，截至 2022 年 5 月 16 日，全球累计确诊新冠肺炎 5.19 亿例，累计死亡病例 627.23 万人。美国是累计确诊和死亡病例最多的国家，累计确诊超 8420.94 万例，死亡超 102.66 万人，分别占全球约 16.22% 和 16.37%。印度和巴西累计确诊分别超 4312.16 万例和 3068.21 万例，死亡分别为 52.42 万人和 66.49 万人。这三个国家合计确诊和死亡病例数占比均达到全球的 1/3 以上。

截至 2022 年 5 月 14 日，中国 31 个省（区、市）和新疆生产建设兵团报告新冠肺炎累计确诊病例已达 221804 例，累计死亡病例 5209 例，其中第一波疫情（截至 2020 年 5 月 31 日）确诊病例 83017 例，死亡病例 4634 例。

全球新冠疫情仍在发展变化。继德尔塔毒株之后，奥密克戎毒株迅速成为传播的主要毒株。目前，全球95%确诊病例感染的都是奥密克戎，其高传染性和隐蔽性提升了疫情防控难度。奥密克戎毒株具有以下主要特点。一是致死率下降。从全球看，新冠病毒感染确诊病例累计病死率为1.2%，我国第一波疫情病死率为5.6%。从奥密克戎毒株成为传播主体以来，全球病死率明显下降，我国新增死亡率也下降到0.3%，上海这一波疫情仅为0.092%，香港为0.765%。上海死亡病例平均年龄81岁，香港死亡病例平均年龄86岁，且普遍患有基础性疾病，大多与未接种疫苗密切相关。二是传染速度快。若德尔塔病毒感染者传染人数为2~3人，奥密克戎病毒感染者传染人数则高达8~10人。在出现社区传播的地方，病例数呈几何级数增加。2022年1月19日，著名权威医学杂志《柳叶刀》（The Lancet）发表文章称，在奥密克戎病毒出现后的2个月内，全球1亿多人感染奥密克戎病毒，比德尔塔病毒的传播率高出10倍。三是隐匿性强。奥密克戎感染的症状不典型，基本不攻击肺部，与其他病毒引起的上呼吸道感染症状相似，缺乏特异性表现，临床鉴别诊断难度比较大。很多人感染后自身无症状，但已开始传播病毒，感染他人。这些都给流调和防控工作带来极大困难。

疫苗接种减轻了感染者症状。大部分感染者表现为轻症和无症状，专家们认为与普遍接种疫苗有很大关系。据统计，截至2022年5月14日，我国接种疫苗已经达到33.61亿剂，接种二针疫苗人群占比接近90%。

从全球疫情防控的趋势看，疫情最终走向还存在很大不确定性。由于奥密克戎毒株总体变得比较温和，加之疫苗和抗病毒药物的使用，感染达到一定规模后出现群体免疫效应，大部分国家放松了疫情管控。2月初以来，全球超过60%的国家和地区放宽出境游，75%以上的国家和地区放开入境限制。5月11日，世界卫生组织（WHO）官员认为，考虑病毒的行为和对未来变异体的预期判断，现在的目标是努力降低传播速度，降低重症和死亡人数。我国从自身国情出发制定并实施"动态清零"政策，因时因势对防控措施进行调整，目标是最大限度保障人民生命健康，同时以良好的防控成效保障经济社会持续健康稳定发展。

三 坚持"动态清零"总方针不动摇，与时俱进地调整和优化具体防控措施

我国疫情防控存在三个短板，一是医疗条件不均衡，农村医疗条件较差；二是老年人和患有基础性疾病人群基数大；三是老人、儿童和基础性疾病患者接种疫苗比例相对较低。针对上述短板和奥密克戎的新特点，按照 4 月 29 日中央政治局会议和 5 月 5 日中央政治局常务委员会会议精神，坚持"动态清零"总方针不动摇，根据病毒新变化、疫情新情况，因时因势优化完善防控措施。提出以下建议。

一是优化防控与救治方案，实行更为精准的动态清零。要继续坚持早发现、早报告、早隔离、早治疗，务必把新冠疫情控制在萌芽阶段。在高度重视对城市疫情防控的同时，要切实增强农村防控体系与能力。对初期没有控制住、隐匿性传播面大的地方，实行轻症和无症状感染者居家隔离，不具备居家隔离条件的实行集中隔离，重症患者送医院救治。

二是大力推广自我检测 + 核酸检测，减少全员核酸检测造成的交叉感染。对目前出现疫情的城市居民，大力推广新冠自测抗原试剂，实行居家自我检测。对自测阳性的感染者，要求其及时向所在社区报告，由社区医生给予指导，并立即进行核酸检测。

三是对老年人、儿童、有基础性疾病的患者，抓紧普遍接种疫苗。特别是强化老年人疫苗接种，尽可能全程接种。继续开发疗效更好的疫苗和抗新冠药物，做好长期应对疫情的技术和药物储备。

四是改变对新冠病毒感染实行乙类传染病、甲类管理的做法，将

新冠病毒感染回归乙类传染病管理。疫情初期，将新冠病毒感染纳入乙类传染病、采取甲类管理的措施，是非常必要、完全正确的。根据奥密克戎新特点，建议将疫情由统称"新冠肺炎疫情"改为"新冠疫情"，不再作为甲类传染病管理，把抗击疫情的工作重点放在减少重症率和病死率上，利用"动态清零"留给我们的时间窗口，做好相关准备工作。

五是尽快恢复正常生产生活秩序。要全面落实党中央作出的疫情要防住、经济要稳住、发展要安全的要求，创造条件尽快复工、复产、复商、复市、复学，将疫情对经济社会的影响降到最低。要加快落实党中央、国务院已经确定的各项政策，防止某些地方"层层加码"的做法，纠正不加区分的封路、封城、封村。确保物流通道畅通，防止产业链供应链断裂造成的经济瘫痪。

六是努力实现全年经济增长目标。建议适当提高中央财政赤字率，发行长期国债，重点用于支持现代化基础设施建设、农村及城市公共卫生与疫情防控以及救济困难群众和中小微企业纾困。要坚持全国一盘棋，确保疫情平稳可控，努力实现全年经济社会预期目标，以良好的经济社会发展态势和精神风貌，迎接党的二十大胜利召开。

（中国国际经济交流中心课题组

执笔：毕井泉　张晓强　陈文玲）

关于允许入境人员进行面对面
商务洽谈的建议

2021 年 12 月 21 日，中国国际经济交流中心（简称"国经中心"）和日本经济团体联合会共同举办第七轮中日企业家和前高官对话视频会议，中日企业家呼吁尽快开辟特殊通道，便利双方企业面对面进行商务洽谈。

新冠疫情大流行，对全球经济社会生活造成巨大冲击。我国是全球最早控制住疫情、恢复正常经济社会秩序的国家，是有效防止疫情反弹、实现"动态清零"的国家，也是最早研究生产新冠病毒疫苗的国家之一。当前新冠病毒频繁变异，疫情起伏反复，形势依然严峻。继续坚持"外防输入、内防反弹"总策略和"动态清零"总方针，继续对入境人员实行"14 天 +7 天"的隔离措施十分必要。同时，也要高度重视疫情防控给经济持续恢复带来的困难，特别是对人员往来的不利影响。

习近平总书记在亚太经合组织领导人非正式会议、上海合作组织成员国元首理事会第二十一次会议、亚太经合组织工商领导人峰会等多边会议上指出，要采取有效措施确保人员健康安全有序往来，持续推进贸易和投资自由化便利化。为促进双边人员往来、支持复工复产，在严格做好疫情防控前提下，我国与美、德、日、韩等多个国家建立了便利双边商务、技术等必要人员往来的"快捷通道"。据统计，自2020年3月至今，有2万多名境外人员通过"快捷通道"入境，其中仅发现极个别阳性病例。

按照党中央做出的统筹疫情防控和经济社会发展的要求，为尽量减少疫情防控对经济社会发展的影响，国经中心组织相关部门和专家进行了讨论，建议按照科学精准的原则，逐步恢复与境外人员的商务交流。首先选择具体地点先行先试，允许入境人员与境内人员进行"面对面"商务洽谈。具体建议如下。

第一，认真总结北京冬奥会封闭式管理经验，在严格落实疫情防控措施前提下，允许在独立酒店或特定区域，有偿提供国际商务交流的会议服务。

第二，会议服务提供方负责为用户提供完善便利的软硬件设备。基本要求是：①入境通道和境内通道分开，境内境外商务人员分别从不同通道进入会议室；②会议室采用玻璃幕墙封闭隔开，双方采取面对面、用麦克风的方式进行交流对话；③落实防疫工作要求，确保用户商务交流活动安全可控；④提供入境商务人员自由活动的公共服务区域。

第三，严格做好境外远端防控。①编制专门针对入境商务人员的疫情管理手册，并翻译成多种语言版本，通过官方网站公开发布，便利来华商务人员提前了解我国防疫具体要求、相关措施和申请程序；②境外商务人员入境前应严格做好境外远端防控，依程序填写申请入境后遵循中国防疫管理规定的承诺书；③严格落实口岸入境、检疫、核酸检测、转运分流等闭环管理措施；④入住酒店和商务交流期间，服从防疫管理规定，洽谈结束后可以随时乘航班、包机离境或入住隔离酒店。

第四，境内参加会谈的商务人员应全程做好个人防护，严格限制中高风险地区及所在县（市、区、旗）人员参加商务交流。洽谈结束后，对境内参加会谈人员就地集中医学观察7天。

第五，加强风险管控和应急管理。入境商业团体中若出现阳性病例，应立即启动风险评估研判处置机制，将患者送至指定医院隔离医治或出境治疗，对其他成员强化监测，必要时可推迟或暂停商务交流。

第六，落实监管责任。强化属地、部门、单位、个人"四方责任"，压实商务交流活动发起方、主办方和服务提供方的责任。在国务院联防联控机制下设立负责国际商务往来工作的专班，外交部负责商务谈判活动的申请受理，国家卫生健康委、海关总署等部门依职责做好会议酒店、口岸等场所的防控指导和监管，省、地、市级人民政府负责本地防控措施的具体落实。

第七，先行试点逐步推开。建议在天津、上海、南京、广州、深圳、海南等国际交往较多的地方进行试点。取得经验后，在全国推广。

在采取上述防控措施的前提下，有序放开境内外商务人员开展洽谈交流活动，风险总体可控，不会影响到国内疫情防控大局。若上述建议可行，今后可扩大到其他领域。

（毕井泉　陈文玲　刘向东　逯新红）

完善新冠疫苗研发接种工作的几点建议

根据目前疫情发展和防控态势，必须坚定不移地落实2022年3月17日中央政治局常委会会议精神，在坚持"动态清零"总方针的前提下，进一步筑牢新冠疫苗抵御病毒侵害、降低死亡率的防线，重点是发挥疫苗减少重症患者数量、防止医疗资源挤兑的作用，做好高风险人群接种工作。为此，提出以下几点建议。

一　进一步增强对国产疫苗的信心

三年来的国内外抗疫实践证明，接种疫苗仍然是预防新冠病毒感染、减少重症和死亡的重要手段。2022年3月22日，香港大学公布了香港特区使用科兴公司灭活疫苗和复星公司复必泰核酸疫苗在真实世界的研究结果。特区政府只采购了这两种疫苗。在接种三针的情况下，科兴灭活疫苗和复星复必泰核酸疫苗对预防重症、危重症及死亡的有效率均在98%以上。接种两针科兴灭活疫苗对预防重症、危重症的有效率，20~60岁的为91.7%，60岁及以上的为72.2%；对预防死亡的有效率，20~60岁的为94%，60岁及以上的为77.4%。复星复必泰核酸疫苗有效率略高于科兴灭活疫苗。总体上看，国产灭活疫苗对预防奥密克戎毒株是有效的。

二　统计并公布感染者疫苗接种情况

我国已经基本实现普遍接种疫苗。向社会披露病毒感染者以往疫苗接种情况，做好相关数据统计分析工作，对于评价疫苗保护感染、减少感染者重症和死亡的作用，对于提高疫苗研发水平、完善疫情防控措施，对于提高全社会接种疫苗预防疾病的认识、普及科学知识、提高科学素养，都具有十分重要的意义。因此，有必要建立新冠病毒感染者疫苗接种情况信息发布制度。医疗或疾控机构发现核酸检测阳性患者时，应仔细询问并登记感染者疫苗接种品种及时间等情况，及时报同级疾控中心汇总。疾控中心在公布患者病毒感染的同时，公布其疫苗接种情况。各级疾控部门应当对感染者疫苗接种情况定期分析，并向社会公开发布。

三　尽快完成疫苗正式批准上市程序

现在上市的新冠疫苗均属于有条件批准上市，按照相关规定，企业应当在一年内完成三期临床试验报正式批准。疫苗生产者需要对三期临床试验情况以及真实世界情况进行总结，向国家药监局药品审评中心报送疫苗安全性、有效性数据，以便履行正式批准程序。对于时间短、数据积累不足以支持正式批准的，相关企业应当进行阶段性评估，报国家药监局发布阶段性评估报告。

四　持续开展疫苗有效性研究

疫苗生产者要加强疫苗对变种毒株有效性的研究，要委托疾控中心专家选取一定数量接种者（不少于三期临床试验接种者人数），持续监测接种者体内抗体（如每周一次）情况。对于没有产生抗体的接种者，要提出补救办法或改种其他疫苗的建议；已经产生抗体的接种者，要跟踪抗体衰减情况，提出接种加强针后继续接种疫苗的间隔时间建议，并报请国家药监局药品审评中心补充写入药品说明书。

鼓励新冠疫苗企业研究异源疫苗序贯接种的效果，提出接种方案，在申请上市时一并报批；已经批准上市，但没有开展此项研究的，要限时补充研究并报研究结果。各级疾控部门要为企业开展异源序贯接种创造必要的条件。已经上市的疫苗企业，要支持相关企业开展异源接种研究。

上述两项工作，建议请国家药监局提出具体工作方案，并部署相关企业尽快启动研究及相关工作。

五　鼓励更好效果的新冠疫苗研发上市

国家药监局继续设立新冠疫苗专班，加强对新冠疫苗研发生产企业的指导，对于采用新工艺、新技术研发生产的疫苗，要早介入、早沟通，继续实行滚动申报、随到随审的做法，鼓励保护效果更好、副作用更小的疫苗上市。

灭活疫苗和核酸疫苗各有其优势。灭活疫苗安全性高于核酸疫苗，但核酸疫苗起效快，总体上的有效性要略高于灭活疫苗。复星公司与德国公司合作研发、享有中国地区权益的核酸疫苗，应择机批准上市。

六　高度重视老年人和儿童疫苗接种工作

老年人和儿童属新冠病毒高风险人群，应该优先接种。对老年人尚未注射疫苗的，要组织尽快实现普遍接种；已经接种灭活疫苗或其他疫苗的，应该按照接种规定，继续接种第二针、第三针，以提高重症保护率。请国家卫生健康委会同药监局组织专家提出同源或异源接种推荐方案，供接种者选择。

少年儿童接种疫苗方案，请国家卫生健康委、国家药监局组织儿科专家论证，由教育、卫生部门组织尽快实现普遍接种。

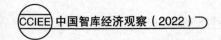

七　做好特殊人群接种工作

对于患有肿瘤、罕见病、免疫系统疾病以及其他慢性疾病患者，由国家卫生健康委、国家药监局组织相关专业医生提出新冠疫苗接种方案，能够接种的尽量接种。

（毕井泉）

国际政治经济秩序发生根本变革的关键时刻 中国成功实现 2022 年社会经济发展 目标具有极其重大的战略意义

俄罗斯在乌克兰进行的特别军事行动持续开展。美西方竭尽全力支持乌克兰，在不出兵直接与俄军对抗的前提下，包括提供资金、武器的各种手法。同时，持续对俄罗斯进行制裁，包括将俄罗斯的主要金融机构踢出国际资金清算系统（SWIFT）；冻结俄罗斯在西方的金融资产，包括央行资产和黄金储备；暂停对俄罗斯的最惠国待遇；中止国际货币基金组织和世界银行同俄罗斯的项目合作等。面对美西方的制裁，俄罗斯坚定推进在乌克兰实施的军事行动，并在经济上对美西方进行反击，包括启动俄罗斯退出世界贸易组织立法程序，对不友好国家购买俄罗斯能源要求以卢布支付等。尽管西方七国口头上表示拒绝，但俄罗斯态度强硬，如果不接受卢布结算，将停止油气供应。预计欧洲国家为本国的民生需求所迫，最终不得不有所妥协，从而使美西方对俄罗斯的金融制裁被打开缺口。普京总统明确表示，俄罗斯在乌克兰行动的目的，就是要推动形成合理的新的国际秩序。

尽管俄罗斯在乌克兰特殊军事行动的最终目标实现与否存在不确定性，但迄今为止，俄罗斯同美西方剧烈对抗的深度与广度，表明二战以后形成的全球政治经济秩序正受到重大冲击。

作为二战后经济秩序的布雷顿森林体系，从广义上讲，就是作为联合国特别机构的三个国际经济支柱，即国际货币基金组织、世界银行、世界贸易组织，其功能和影响力已经并正在受到沉重打击。俄罗斯已经启动退出世界贸易组织的立法程序，而历史上俄罗斯从来都轻视国际货币基金组织和世界银行的作用。二战后，苏联拒绝参加国际货币基金组织和世界银行，历来对其政策都有很大的猜疑，直到1992年苏联解体之后，俄罗斯才参加这两个机构。

俄罗斯在乌克兰的军事行动进展相对缓慢。但要看到，2014年俄罗斯合并克里米亚，在遭受美制裁的8年时间里，俄罗斯为反制美西方制裁，维护国家主权，做了较长时间的制度、技术等方面的准备。在军事改革的同时，在经济制度安排上，特别是外汇储备的积累、能源资源的进一步开发、粮食生产的保证，使俄罗斯作为一个幅员辽阔、资源充足的大国，其经济特征具有强烈的战时经济的韧性。正因如此，随着时间的推延，尽管俄罗斯遭受美西方制裁和军事行动的损失，但俄罗斯战时经济的韧性正在明显发挥出来。在这场博弈中，美西方阵营从最开始的铁板一块、气势汹汹，正在出现分化。欧洲一些国家从自身利益出发，特别是能源需求的压力正在凸显，而俄罗斯要求不友好国家以卢布支付能源购买，使其处于极为尴尬境地。美国则由于过去多年页岩油的开发，成为石油和天然气的出口国，试图利用这场危机彻底绑架欧洲。但由于石油的定价是全球性的，美国国内油价的高企对拜登政府形成了新的压力。

与此同时，美国和西方一些国家，把矛头对准中国，以要求中国谴责俄罗斯、站在所谓历史正确的一边为由，并以中国将失去美欧的50万亿美元市场、将中国同世界金融市场隔绝为威胁，压迫中国放弃公正的立场。还试图以中国可能向俄罗斯提供军援和芯片支持为由，对中国开展全面制裁。对于美西方一些国家包藏祸心的企图，我们必须有清醒认识，有效应对。中国作为爱好和平的国家和联合国安理会常任理事国，始终采取负责任的态度，劝和促谈，光明磊落。我们要在坚定捍卫国家利益的同时，推进和平进程。尽管如此，就世界格局而言，我们必须清醒地看到，这场战争及其影响已经使和平与发展的时代主题受到冲击，二战以后形成的国际秩序正遭到严重破坏。世界正在发生巨变，中国发展的外部环境正在发生巨大变化，在以习近平同志为核心的党中央坚强领导下，我们保持战略定力、准确识变、精准应变极为重要。

第一，面对这场突如其来的全球性挑战，中国保持自身的经济发展就变得极为重要。我们实现 2022 年的经济社会发展目标，特别是实现 5.5% 左右的经济增长，具有极其重要的战略意义。中国经济已经是一个 17.7 万亿美元的庞大经济体，保持可持续的增长自身就是一个世界经济发展和稳定的力量、全球和平的力量。就这个意义而言，2022 年的中国经济增长比以往任何一年都更具有战略意义，一定要坚定不移地按照党中央、国务院确定的发展目标，坚持稳字当头、稳中求进，始终把发展作为党执政兴国的第一要务，坚持以经济建设为中心，聚精会神搞建设，一心一意谋发展。凡是有利于增长的政策措施都要及时出台，并认真和全面地加以贯彻和执行；凡是不利于稳定增长的措施，都坚决不能推出。要形成全党的合力、全国的合力，保证 2022 年中国经济的可持续发展。使中国在全球乱局之中成为"稳定之锚"。

第二，要全方位地加强同俄罗斯、金砖国家合作，保持包括美国、欧洲和日本等西方国家的政策沟通。既要通过正式的外交渠道，也要尽可能地通过多种方式，进行沟通协调，了解对方的真实意图和政策考虑，供党中央和国务院决策。

第三，加强同国际货币基金组织、世界银行、世界贸易组织等多边国际机构的沟通与协调。要敦促这些机构认真履行作为多边机构的职责，发挥建设性作用。欧盟委员会主席冯德莱恩已经明确要求，暂停俄罗斯在国际货币基金组织和世界银行的席位。对此，我们应该从维护多边主义原则和多边机构运作的角度，加以斡旋，防止事态的恶化，并推动国际货币基金组织和世界银行恢复在俄罗斯和白俄罗斯的正常运作，同时推动所有国际金融机构恢复在俄罗斯和白俄罗斯的正常运作。二十国集团（G20）是当今世界最主要的宏观经济沟通平台，包括俄罗斯在内的 19 个国家和欧盟是 G20 的重要成员，应坚定支持 G20 2022 年的主席国印度尼西亚办好会议，坚持 G20 全球主要经济平台的定位，有效发挥 G20 所有成员的作用，在历史发展的关键时刻，推动全球经济的稳定和发展。同时，我们内部要认真评估在乌克兰战后形成新的国际格局下，如何推进多边主义合作的问题。

第四，建议联合金砖国家和发展中国家，认真研究并反思此次美西方动辄使用制裁手段，包括对被制裁国家央行外汇储备、黄金储备进行冻结的恶劣做法和影响，做好系统性应对的储备政策与方案研究。因为此先例一开，世界再没有一片净土，主权豁免的含义完全丧失，私人资产神圣不可侵犯更成了无稽之谈。强权政治代替了一切，国际社会应该思考形成一个新的制度框架的问题。

第五，关于 SWIFT 问题。这次美西方对俄制裁，将俄银行剔出 SWIFT，被视作释放金融核弹，对俄罗斯的金融和经济产生了重大负面影响。与俄罗斯相比，我们的经济和金融，体量是其十倍以上，同国际市场特别是国际金融市场的融合度更是远远高于俄罗斯，美国一些人已经以此为由对中国进行威胁。我们要认真研判可行的应对措施，包括人民币交易。对事关国家重大利益问题，分析一定要实事求是。一旦美西方隔断我们与 SWIFT 的联系，我们的替代措施能发挥何等效力，中国的经济和金融受到何等影响，一定要实事求是地研判。我们在金融领域的应对措施必须全面综合有效，尽可能地完善。

第六，芯片是数字经济发展的核心和关键基础。芯片生产的 80% 集中在东亚地区，但是美国利用技术强权，以全球所有芯片生产均含有美国技术为由，试图对芯片的运用在全球实现全面的长臂管辖。我们在加快技术突破的同时，要研究利用我们已掌握的核心技术，进行有针对性的反制，尽管不能形成完全对等的平衡，但要争取短期内形成可行的反击工具。中国目前的芯片技术发展，特别是华为等企业已经具备相当基础，要敢于运用专利等权利对等反制。同时，应抓紧研究俄罗斯对美国就芯片和软件进行全面制裁的反制做法，如在一定期限内放开软件知识产权的政策保护措施的效力和影响。

第七，维护现有国际规则。美西方国家中止俄罗斯的最惠国待遇是对世贸组织规则的颠覆性破坏，严重破坏了世贸组织赖以生存的规则基础。世贸组织作为多边贸易体系的核心，其生命力和吸引力在于，所有世贸组织成员自动获得彼此之间的双边最惠国待遇。美西方国家以制裁为由，未经世贸组织允许，悍然取消俄罗斯的双边最惠国待遇，是对多边贸易规则的根本性破坏。值得特别警惕的是，美国国会一些反华议员趁机鼓噪取消中国的最惠国待遇，试图从根本上破坏中美经贸关系。要强化对美经济界的工作，深化双边经济关系，力争在国际政治和经济关系发生剧烈变化的动荡期，中美经济关系不偏离正常的发展轨道。

（朱光耀）

当前经济运行情况分析与建议

2022 年 3 月以来，受新冠疫情多点散发和聚集性反弹，叠加俄乌冲突、美联储加息缩表抗通胀等带来的溢出影响，我国经济下行压力明显。此轮疫情主要集中在东南沿海和北京等经济活跃度高、国际经济联系密切、人员往来频繁的重点城市和区域，对经济社会造成新的冲击。近期，党中央、国务院对稳住经济大盘出台了重大政策措施，各地区、各部门应在贯彻落实"动态清零"总方针下，高效统筹疫情防控与经济发展，全力落实各项任务，有力有序推动经济恢复和重振，将全年经济增长稳定在合理区间，以优异成绩迎接党的二十大胜利召开。

一　此轮疫情对我国经济社会造成短期冲击

（一）4 月多项宏观经济指标大幅度下滑

一是 4 月月度主要经济指标皆为负数。规模以上工业增加值同比下降 2.9%（环比下降 7.08%）；服务业生产指数同比下滑 6.1%；固定资产投资（不含农户）同比增长约 1%，但环比下滑 0.69%；社会商品零售总额同比回落 11.1%。二是宏观调控主要指标皆为逆向。4 月城镇调查失业率为 6.1%，1~4 月平均为 5.7%，超出 5.5% 的预期；居民消费价格指数（CPI）月度上涨 2.1%，上月为 1.5%，呈加快上涨趋势；4 月末国家外汇储备 31197 亿美元，较 3 月末下降 683 亿美元，人民币对美元贬值，进出口总额接近零增长（0.2%）。

（二）三重压力进一步加大

一是需求进一步萎缩。1~4 月社会消费品零售总额同比下降 0.2%，其中 4 月同比下降 11.1%，降幅较 3 月扩大 7.6 个百分点。受疫情防控影响，4 月餐饮业收入 2609 亿元，同比下降 22.7%，创下 2020 年 5 月以来的最大降幅。二是供给冲击加大。4 月制造业采购经理人指数（PMI）下降至 47.4%，比 3 月降低 2.1 个百分点；非制造业商务活动指数下降至 41.9%，比 3 月降低 6.5 个百分点。五大支柱产业中，汽车制造业增速 4 月下降 31.8%，汽车产量下降 43.5%。化学原料和制品制造企业、化学纤维制造业分别下降 0.6% 和 4.1%，通用设备制造业、专用设备制造业分别下降 15.8% 和 5.5%。房地产开发投资 1~4 月下降 2.7%。三是预期进一步减弱。

（三）社会融资大幅收缩

4 月社会融资规模增量为 9102 亿元，比上年同期少 9468 亿元，是 2020 年 3 月以来的单月最低，反映了社会投资意愿降低。本次社融数据较差，主要体现在贷款数据。4 月人民币贷款增加 6454 亿元，同比少增 8231 亿元。住户贷款减少 2170 亿元，同比少增 7453 亿元。其中，住房贷款减少 605 亿元，同比少增 4022 亿元；不含住房贷款的消费贷款减少 1044 亿元，同比少增 1861 亿元。

（四）就业压力进一步加大

4 月全国城镇调查失业率升至 6.1%，创 2020 年 3 月以来新高。其中，16~24 岁人口失业率达 18.2%，外来户籍人口失业率升至 18.2%。2022 年需要在城镇就业的新成长劳动力近 1600 万人，仅高校毕业生就达 1076 万人，高校毕业生人数创历史新高。

（五）涉疫区域产业链、供应链受到冲击

4 月中国物流业景气指数降至 43.8%，创疫情以来新低；供应商配

送时间指数为 2020 年 3 月以来的低点。中国欧盟商会报告《中国新冠疫情防控政策和俄乌战争对欧洲在华企业的影响》显示，23% 的受访企业考虑将现有或计划中的对华投资转移至其他市场；中国美国商会和上海美国商会就疫情对在华美企调查显示，反映"供应链受阻"的企业数量比例达 86%。受疫情封闭影响，63% 的在沪日资制造企业处于停工状态，91% 的企业开工率在三成以下，月度产量大大缩减。

（六）中小微企业普遍生存艰难

受企业资金周转困难，叠加要素短缺、原材料成本上涨等因素，中小微制造业企业承压较大。中、小型企业 4 月 PMI 分别为 47.5% 和 45.6%，均比上月下降 1.0 个百分点，自 2021 年 5 月以来持续 12 个月低于临界点。以餐饮、旅游为主的服务业企业及其关联企业受到的冲击最大。2021 年全国倒闭注销的餐饮企业达 88 万家，2022 年 1 月 1 日至 3 月 1 日，又有 8.58 万家餐饮相关企业吊注销。疫情严重地区的服务业小微企业和个体工商户面临严峻的生存危机。

二 高效统筹疫情防控和经济社会发展，全力稳住中国经济发展大盘

总体看，2022 年这波疫情对经济影响是短期的、局部的，中国经济长期向好的基本面没有变。必须尽全力把这一波疫情冲击造成的损失补回来，确保全年经济运行在合理区间。各地区、各部门应学习贯彻习近平总书记在中央政治局会议上关于第一季度经济形势的重要讲话和在中央财经委第十一次会议上的重要讲话精神，坚决贯彻落实国务院印发的《扎实稳住经济的一揽子政策措施》部署，高效统筹疫情防控和经济社会发展，充分发挥我国既有优势，进一步统一思想、鼓足干劲、争分夺秒，尽快扭转被动局面。

（一）高效统筹疫情防控和经济社会发展

当前我国经济面临的形势严峻，稳住经济发展大盘，不仅是经济问

题，也是最大的政治问题。应优化疫情防控政策和做法，实行更为精准的"动态清零"，坚持早发现、早报告、早隔离、早治疗，把新冠疫情控制在萌芽阶段。对老年人、儿童和有基础性疾病的患者，抓紧普遍接种疫苗。继续开发疗效更好的治疗药物和疫苗，做好长期应对疫情的技术和药物储备。尽快恢复正常生产生活秩序，切实解决抗击疫情中的形式主义等问题，将防疫对经济社会造成的损失减到最小。加大督导检查力度，对疫情防控措施层层加码、简单实行"一刀切"劝返、违规设置防疫检查点、擅自阻断运输通道的问题，必须加快整改。

（二）着力扩大国内需求

加快释放消费需求。大力促进汽车特别是新能源汽车消费，支持汽车租赁业态发展。抓紧规划建设一批集仓储、分拣、加工、包装等功能于一体的城郊大仓基地，优化配置社区生活消费服务综合体。加大对餐饮、旅游、演出场所、影院、书店、健身场馆等扶持力度，助力线下服务业尽快恢复发展。积极扩大投资需求。建议适当提高中央财政赤字率，发行长期国债，重点用于支持铁路大通道、轨道交通网络、航空枢纽、港口、能源、内河航道、水利、地下综合管廊等基础设施建设，加快重点项目开工建设，推动集成电路、新能源汽车等一批重大产业项目加快落地，在项目审批、要素保障等方面加大支持力度。加快中心城区成片旧区改造和城中村改造，推进保障性租赁住房建设，促进房地产开发投资健康发展。鼓励和吸引更多社会资本参与铁路、新型基础设施等一批重大项目，鼓励民间投资以新型基础设施等为重点，通过综合开发模式参与重点项目建设。

（三）全力稳定产业链供应链

加强补链、固链和强链工作，梳理供应链"断点"，确保产业链不断链和自主可控。疏通短板和"卡点"，聚焦"卡脖子"的重点领域进行重点部署。根治大而不强"痛点"，抓紧提质增效、加速转型赋能，提升产业链国际竞争力，夯实制造强国根基。加快推广使用全国统一互认的通行证，提升跨省运输中转站运行效率，推广无接触物流方式，提高货运通行效率。严格实施港口、机场防疫生产保障措施，优化提货方式和口岸检疫流程，保障产业链供应链和航运物流有序运转。切实做好稳外资稳外贸工作，帮助重点外资企业解决复工复产的困难，保障重大外资项目顺利推进，稳定外资企业发展预期。加快落实外贸支持政策，强化外贸企业政策性金融支持。更好发挥外贸外资专项资金引导作用，对产业链供应链重点外资项目给予支持。

（四）把保市场主体作为保就业和保民生的关键

认真落实国务院出台的《扎实稳住经济一揽子政策措施》，当前要特别抓好通过保市场主体来保就业和保民生工作。全面落实各项助企纾困政策，优化政策实施流程，抓好跟踪督导，确保政策受益主体应享尽享、应享快享，切实为市场主体减负，稳住市场主体，稳定就业岗位。加大对于重点领域薄弱环节的财税金融支持力度，对因受疫情影响停止营业而出现无收入或者入不敷出的中小微企业，应加大财政、信贷纾困力度，及时落实税收减免、贷款供应和到期贷款展期等政策支持。落实好增值税留抵退税、阶段性降低失业工伤保险费率、阶段性社保费缓缴政策，加大政府采购支持中小企业力度。降低融资担保费率，鼓励金融机构合理让利中小微企业，鼓励金融机构实施延期还本付息，引导金融机构深化助企服务。

（五）抓实民生兜底保障工作

城中村、老旧小区封控等要因地制宜，老人、儿童、行动不便人员转运隔离等要分类施策，把工作做得更细致、更人性化。要密切关注疫情对市场供求的影响，做好居民生活必需品保供调度，落实"米袋子"省长责任制和"菜篮子"市长负责制，保障主副食品供应。多渠道挖掘就业潜力，因人制宜、综合施策、建立台账、实名登记，突出做好高校毕业生、农民工等重点群体就业工作，统筹解决好城镇困难人员、退役军人、残疾人等群体就业问题。防范化解劳动关系风险隐患，加强失业人员兜底保障，落实好失业保险制度，做好家庭困难人员社会救助，及时把生活困难人员纳入临时救助、低保等兜底保障范围。鼓励有条件的国有企业新增就业岗位，支持有空余编制的事业单位适度增加人员招聘名额，积极通过政府购买方式开发社区公益性岗位。

（陈文玲　张焕波）

稳就业的核心是稳市场主体的信心

就业是民生之本。党的十八大以来，以习近平同志为核心的党中央高度重视就业工作，始终把促进就业工作摆在优先位置。2012年至今，我国城镇新增就业年均超过1300万人，城镇调查失业率保持在较低水平。就业规模显著扩大、就业结构不断优化、就业质量稳步提升，在14亿多人口的大国实现了比较充分的就业，成为民生改善、经济发展的重要支撑。

2022年以来，我国就业形势仍然保持总体稳定。但随着就业规模不断扩大，经济运行面临的不确定性增多，稳就业保就业面临不少挑战。据国家统计局统计，2022年7月城镇调查失业率为5.4%，其中16~24岁人口的失业率为19.9%。失业率高企的原因如下。

新冠疫情冲击的影响。疫情多点散发，造成供应链中断，影响餐饮、旅游、民航交通运输等行业的正常经营，中小企业首当其冲。占就业70%的中小企业不景气，就业自然难以增加。

影响就业的非疫情因素。主要是2021年中央经济工作会议指出的需求收缩、供给冲击、预期减弱。对互联网行业反垄断、禁止课外教育培训机构从事义务教育学科培训、仿制药招标采购和新药谈判价格都是必要的，但对行业发展影响很大。这些行业均不同程度裁员，自然难以吸引新毕业的大学生就业。房地产市场萎缩和价格下跌，也是影响就业的重要因素。既有房地产企业自身的盲目扩张带来的债务问题，也有商品房预售制度设计的缺陷，还有有关方面监管的缺失。

习近平总书记指出，市场主体是我国经济活动的主要参与者、就业机会的主要提供者、技术进步的主要推动者。稳市场主体的信心是稳就业的关键。中央经济工作会议提出要防止"合成谬误"，建议深入分析、认真总结，改进对经济工作的管理，在纠偏的同时尽量防止对经济发展造成重大负面冲击。为全面落实中央提出的疫情要防住、经济要稳住、发展要安全的要求，提出以下建议。

一　根据病种毒株变化完善疫情防控措施

高效统筹疫情防控和经济社会发展，坚决认真落实党中央确定的新冠疫情防控政策，把疫情防控对经济发展的影响降到最小。做好高风险人群疫苗接种工作，主要是老年人、有基础性疾病的患者和儿童疫苗接种工作，尽快完成全程免疫接种。把疫情防控重点放在做好预防重症和降低死亡率上，以社区为单位，对高风险人群登记造册，制定预案，落实疫情防控措施和责任，发生感染及时送医救治。

二　改进平台经济的常态化监管

鼓励互联网平台企业竞争，控制平台企业单一市场份额，超过一定比例造成垄断的强制拆分。限制互联网平台企业收取电商的费用率，以保护中小企业权益，避免平台企业过度盘剥。消费者点击平台销售的商品，按点击数量排序，禁止竞价排名。

平台经济最大的问题是卖假售假，既侵害商标权、专利权所有者的利益，严重损害消费者权益，也是推进创新型国家建设和实现高质量发展的最大障碍。建议修订相关法律，改变假冒伪劣产品经营者按后果、动机、销售额论罪的规定，对假冒伪劣产品的运输者、发货者、销售者，平台企业和电商，按行为承担刑事责任。

研究把打击食品药品、侵犯知识产权犯罪作为中央事权，防止地方保护和利益冲突，提高执法的严肃性。

三　扩大小学教师队伍

小学教育特别是一、二年级的教育，对培养孩子学习兴趣和学习习惯至关重要。为了使小学老师能够照顾好学生，应当降低小学一二年级班级员额，增加小学教师数量，提高小学教师待遇，所需经费通过减少对非义务教育学校的财政拨款解决。同时，提高非义务教育学生学费标准，由社会、家庭、政府共同负担非义务教育成本。落实非义务教育贫困家庭学生减免学费、勤工俭学等政策，保障贫困家庭孩子正常接受教育。鼓励社会教育培训机构依法开展业务。

四　允许医院销售"集采"未中标的药品

鼓励企业研发新药，鼓励企业创造品牌，鼓励医药市场的质量竞争。允许患者购买和使用品牌药，超出同类药品医保报销部分由患者自己支付。允许患者使用创新药，超出治疗同类疾病药品的医保报销部分，由患者自己支付。医疗机构采购药监部门批准上市的创新药，不受医院用药目录限制，让更多的创新药有进入市场销售的机会，以利于满足患者需要、鼓励创新、增加就业，稳定投资者的市场预期。开展对"集采"中标药品与原研药质量疗效一致的核查，对通过一致性评价后未经批准更改原料辅料的按生产假药罪查处。严肃查处医药采购销售中的行贿受贿行为。

五　增加发行国债购买烂尾楼定向出租给农民工

建议增加发行专项国债，并向政策性金融机构融资，购买陷入流动性危机的房地产企业停工楼盘，改造为廉租住房，定向出租给进城满三年以上的已婚农民工，让更多的农村留守妇女、留守儿童进入城市实现家庭团聚。这样，既可以为房地产市场复苏注入流动性，增加房地产领域就业，又可以推动进城农民市民化，为解决城乡二元结构的深层次体制问题积累经验。

研究完善商品房预售制度，禁止开发商以土地使用权质押取得贷款，土地出让金推迟到房屋竣工时结算。业主交纳的预付款，在房屋竣工时由监管账户划转给开发商。这样，可以抑制房地产开发商的盲目扩张，抑制地方政府盲目出让土地的短期行为，引导房地产业健康发展。

六 大规模开展城市地下管网建设

借鉴 20 世纪八九十年代加快电力、交通基础设施建设的经验，实行电力、供水、供热、燃气、电信加价，加价收入全额用于建立地下管网建设基金，并向社会融资开展地下管网建设。在地下管网建设达到一定规模后，将加价资金转为"入廊"企业向管网企业缴纳的租金，用于补偿管网企业运营成本，支付社会融资的利息和本金。大规模开展地下管网建设可以大量增加就业，还可以拉动钢材、水泥等需求，增加这些产业的就业。

七 恢复投资者的信心

保护投资人的权益是发展经济、增加就业的前提。各级政府要认真梳理历史遗留问题，落实政府对投资人的承诺。诚信社会建设应当从各级政府新官要理旧账开始做起。对投资人形成的固定资产，实行征用的补偿标准由必要补偿改为充分补偿，把投资人损失的预期收益计算在内。这样可以倒逼基层政府谨慎决策、科学决策，提高公信力。

（毕井泉）

关于尽快构建我国全球领先
零碳金融体系的建议

2020 年习近平主席在第 75 届联合国大会郑重宣布，中国将力争在 2060 年实现碳中和，宣示了我国向零碳经济转型的发展战略，也必然推动金融业逐步走向零碳金融。我们要充分认识碳中和的重要战略意义、碳中和转型的潜在金融风险和巨大金融机遇，以及国际零碳金融竞争的压力与国际合作的动力，利用制度优势和我国绿色金融经验，抓住历史机遇，参与国际竞争与合作，实现整个金融体系的换道超车，构建世界领先的中国零碳金融体系，助力实现中国和世界的碳中和目标。

一 金融是推动碳中和的主要抓手

从国际经验看，金融业是推动碳中和转型的主要抓手。第一，金融将在碳中和转型过程中为规模巨大、借款期较长、风险和不确定性较高的碳中和资金需求进行融资。第二，金融将通过信息披露和融资导向推进和指引经济结构向零碳和低碳转型，并推动零碳产业的发展。第三，金融是推动零碳科技创新最主要的力量之一。第四，碳中和转型将重新定义资产价格，重塑国家、产业、企业和居民的资产负债表，金融将在这一进程中管理碳中和转型的金融风险。第五，金融导向将引导居民消费向零碳和低碳转型。金融业也将在上述过程中实现向零碳金融的系统转型。

二 零碳金融的国际竞争已经开始

欧洲先于美国早在 20 世纪 90 年代就意识到，碳中和是工业革命以来最为重要的生产方式和生活方式的"范式变更"，是重塑欧洲经济竞争力的最后机遇，而零碳金融是推动碳中和的最主要抓手。欧洲开始制定整体战略，并通过立法，包括政府财政补贴政策、跨境碳调节税（税收），制定机构监管框架和披露政策，收集基础数据和搭建模型，构建泛欧碳交易市场，成立政府的零碳银行、公共专项基金和各地试点，广泛进行国际交流。如今，欧洲已初步形成零碳金融的政策、监管和市场体系，力图占据零碳金融的制高点。例如，欧洲推动金融稳定委员会（FSB）成立气候相关财务信息披露工作组（TCFD），已获得多家金融机构（从 2018 年的 513 家到 2021 年 10 月的 2616 家）支持，这些机构承诺按照 TCFD 框架进行气候相关的风险披露，涉及的资产管理规模超过 194 万亿美元，管理资产市值超 25 万亿美元。国际会计准则理事会的"名人小组"已经公布要在现有"国际会计准则"外公布"国际可持续发展准则"，今后金融和非金融企业都要按这两个准则做报表和估值。香港联交所已要求所有在香港上市公司 2025 年按 TCFD 框架进行披露。在银行净零排放方面，欧洲银行已成立净零排放联盟，23 个国家 41 家银行参加，联盟要求银行在运营、贷款、投资组合方面在 2050 年达到净零排放，形成市场压力，我国暂无银行参加。

三 我国绿色金融发展已在全球具有领先优势

我国有绿色金融发展的丰富经验。从 2005 年开始，我国利用制度优势和国家战略规划，循序渐进地发展适合国情的绿色金融体系。国家指导性文件先行，监管机构指导与规范性、专业性文件紧密跟进，统计和基础信息建设全面落实，考核和激励机制不断融合，中央和地方多层次试点，并在实践中不断总结经验，不断优化提升，建立了全球领先的绿色金融政策体系。在政策指引下，我国构建了符合国情的"绿色信贷为核心、绿色债券为主要辅力"的融资体系，我国绿色融资规模迅速领先世界。截至 2021 年 6 月末，绿色信贷存量已达 13.5 万亿元，规模居世界首位，我国绿色债券存量超过 1.1 万亿元，居世界第 2 位。同时，我国绿色企业股权融资规模也在逐步扩大。

四 实现从绿色金融到零碳金融的艰难跨越

绿色金融向零碳金融转型是一项巨大的、艰难的全面挑战。我国绿色金融主要定位在污染防治和对"两高一剩"产业的治理，而零碳金融要支持全社会经济和生活的零碳转型。

绿色金融只占金融体系的较小部分。截至 2020 年末，我国绿色信贷存量仅占人民币贷款比重的 6.97%。由于绿色投资规模太小，绿色信贷在绿色金融产品存量中占 90%，远超人民币贷款存量在社会融资存量规模中所占比重（60.25%）。绿色信贷中，国有银行和政策银行资金占比 87%。2020 年，我国债券市场共计发行债券 57.3 万亿元，其中绿色债券发行规模占比仅为 0.41%。

我国零碳融资缺口较大。根据清华大学气候变化研究院预测，按实现《巴黎协议》2℃到 1.5℃目标导向转型，2020~2050 年我国能源系统需新增投资规模为 100 万亿~138 万亿元。按国际可再生能源署（IRENA）估算，2021 年 3 月到 2050 年之前，全球可再生能源投资需求将达到 131 万亿美元，中国所需投资规模将达到 283 万亿元。

高碳存量资产转型艰巨。截至 2020 年末，我国金融资产为 284.83 万亿元，仅六大高碳工业的资产就高达 91.13 万亿元，国有商业银行的高碳制造业贷款占公司贷款的 53.87%。管理高额的高碳资产转型风险是极其艰巨的金融挑战。

此外，我国还存在绿色金融市场发展不均衡、产品不够丰富、市场深度不够等问题。

五　构建全球领先的零碳金融体系的建议

我国可以充分借鉴在绿色金融发展中积累的丰富经验，不断加强与国际领先零碳金融经济体的沟通交流，利用现存绿色金融市场的规模和生态以及政策和市场相结合的体制优势，以碳中和战略为核心，不断改革和完善金融市场，不断提升绿色金融数字化基础设施建设水平，打造高标准、系统化、生态化、数字化、世界领先的零碳金融中心。

（一）顶层设计构建零碳金融基础设施框架

第一，建立全国统一、国际接轨的绿色金融工具目录及统计口径，为发展零碳金融奠定执行标准基础。第二，建立符合国际零碳标准的行为标准。第三，选择上海浦东新区或临港新区建立我国第一个区域性金融机构和非金融机构的环境与社会风险信息披露机制。第四，构建市场化零碳认定标准及平台，通过第三方认证机构制定零碳认定与评估方法，为金融机构开展零碳金融业务提供有力支撑。

（二）创新与碳中和一致的结构性货币政策

在中国人民银行宏观货币政策、金融稳定政策、市场操作政策和压力测试等工具中都需要引入对冲气候变化和碳中和转型风险的结构性政策，增加推动经济零碳转型的结构性政策。如设立"零碳专项再贷款""碳中和专项贷款流动性窗口"等，在再贷款政策中引入零碳工具以支持碳中和融资，把环境、社会和治理（ESG）因素纳入合格资产的筛选标准，支持碳中和融资和碳中和转型，引导市场资金更多的投资零碳债券。可启用"零碳资产"和"零碳利率"工具，鼓励零碳投资，甚至包括零碳量化宽松（QE）等。

（三）创新财政支持零碳金融工具

构建零碳金融需要财政政策支持金融业转型，以有效带动企业投资的参与，扩大投资规模和拉长期限，分担投资风险。多国已制定了财政支持零碳金融转型和发展政策，积极试点运用预算、税收、贴息等财政工具引导资金流向碳中和转型，成立多种政府和社会资本合作（PPP）专项基金支持零碳金融发展。要尽早建立财政支持零碳金融可持续发展的战略和政策框架，提供清晰和长期的政策信号，稳定市场预期。

（四）构建与零碳一致的资本管理和风险管理的监管框架

气候变化和碳中和转型风险会对《巴塞尔协议》的三大支柱产生不同的影响。第一支柱的最低资本要求要考虑调整高碳资产和绿色资产的不同风险的权重，在第二支柱外部监管下，要鼓励开展气候变化和碳中和相关的压力测试，在第三支柱的市场约束中，强化气候相关的信息披露。我国需要创新"新巴塞尔可持续发展资本管理原则"（BISIII-ESG）：第一，尽快推出新的中国碳中和基础的绿色分类标准；第二，在资本充足率中加入绿色支持，调低绿色资产的风险权重的指引；第三，合理、渐进地提高高碳资产的风险权重和资本金要求；第四，出台逆周期的资本缓冲指引，按碳标准计提银行缓冲资本；第五，在计算业务所需要的稳定资产时，矫正金融资产的风险权重；第六，允许金融机构将碳排放纳入绿色信贷抵押品的范围，扩大以碳排放权等环境权益以及未来收益作为抵押品的创新金融模式，有效盘活企业的碳资产。

（五）利用已有绿色市场机制构建零碳金融市场生态

构建一个以"低碳信贷机制"为核心，"低碳标准化投资机制"与"低碳非标准化投资机制"（均包括"低碳债权""低碳股权"等投资类型）并进的复合型低碳金融生态体系，形成零碳投融资体系、碳金融交易体系、零碳金融服务体系。特别是要构建和碳交易相一致的碳金融衍生产品交易市场。

（六）继续推动地方零碳金融试点

2017 年以来，我国六省（区）九地相继获批绿色金融改革试验区，为全国绿色金融体系的构建提供了诸多可复制、可推广的模式及经验。这些错位试点特色鲜明。例如湖州与衢州依据自身优越的自然生态禀赋与生态文明建设成绩成为绿色金融易于生根的优良培养基地与发展壮大的传播器，将重点目标确立为绿色融资规模较快增长、"两高一剩"行业融资逐年下降，同时分别将绿色产业创新升级、传统产业绿色改造转型作为两地试点的不同侧重点。广州试验区强调金融支持战略性支柱产业绿色发展的主要任务，紧邻港澳的独特优势又使其更多肩负了探索绿色直接融资、绿色金融国际合作的模式。江西赣江新区是国家级新区，修复生态环境的历史包袱轻，试点方案聚焦于金融支持绿色产业发展和支柱产业绿色转型升级，特别是光电信息、生物医药、智能装备、新能源与新材料、有机硅、现代轻纺等六大高新技术产业发展。截至 2020 年末，六省（区）九地试验区绿色贷款余额达 2368.3 亿元，占全部贷款余额比重 15.1%；绿色债券余额 1350 亿元，占全部绿色债券余额比重 16%，衢州绿色信贷占比达到 35.03%。此外，若干拓宽绿色融资的新兴产品及服务在试点示范的影响下迅速涌现，股权、保险、基金、票据、资产证券化、融资租赁、环境权益抵质押等在绿色融资领域生根落地。

（七）打造数字化零碳金融基础设施

瑞士于 2021 年 4 月启动了绿色金融科技行动，旨在成为绿色数字金融全球枢纽。欧盟正在推动法规建设，力求使所有企业的可持续发展报告实现数字化，并建立"欧洲单一进入"数字平台，收集欧洲所有公司的财务和可持续发展数据。部分中央银行已开始与 ESG 数据供应商合作，努力建立全球企业 TCFD 信息披露的自动索引系统，加速本国及国际可持续金融数字化进程。上海可利用科技优势，加大数字技术在零碳金融领域的应用程度，借助金融科技推动信息披露共享和绿色金融数据统计，搭建统一的信息发布、实时更新的数据统计和分层查询平台。

（八）深度参与国际零碳金融建设合作与竞争

随着零碳金融领域国际实践的不断深入，国际社会的合作共识在不断增加，合作边界也随之拓展。第一，推动上海成为国际零碳债券中心。在规模提升、产品创新、产品披露标准制定、优惠政策等方面推动我国零碳及内容市场建设。同时，进一步加强国际交流合作，推动构建并不断完善全球零碳债券市场的治理架构。第二，在信息披露基础方法国际趋同层面发挥更大作用。鉴于目前各国采用的绿色可持续金融定义和计量方法存在明显不一致，应推动提高国际各类可持续投资计量方法之间的可比性、兼容性和一致性。第三，提高不同绿色认定及评估方法间的可比性、兼容性和透明度。第四，积极同国际组织和欧美等国的多边双边交流合作，推动各方利益相关者进行数据衔接、产品交流、资金流动。第五，进一步推动"一带一路"零碳金融发展。增加对新兴经济国家和发展中国家零碳金融能力建设的支持，加强与共建"一带一路"国家在绿色基建、绿色能源、绿色金融等领域的合作。

（朱　民）

贯彻党的二十大精神 推动生物
医药产业高质量发展

党的二十大明确了推进健康中国建设的目标任务，提出"人民健康是民族昌盛和国家强盛的重要标志""把保障人民健康放在优先发展的战略地位，完善人民健康促进政策""深化医药卫生体制改革""促进多层次医疗保障有序衔接"等。这些新思想、新要求为医药健康产业发展指明了方向。医药健康产业既是国民经济的重要组成部分，也是推进健康中国建设的重要内容。推动该产业高质量发展，对增进民生福祉、实现中国式现代化、共建人类卫生健康共同体具有重要意义。

一 实现生物医药产业高质量发展必需的几个要件

（一）必须依靠创新

人类战胜疾病离不开科学发展和技术创新，处于医药健康产业前沿的生物医药更是如此。它是全球新一轮科技变革中科技含量最高、创新最为密集、投资最为活跃的领域。过去十年，我国在生物医药创新领域取得重大成果，批准上市新药数量占全球15%左右，本土企业在研新药数量占全球33%，在中国开展新药临床试验有5500多项。生物医药的创新，已经成为我国进入创新型国家的重要标志。

（二）必须依靠原创性科学发现

我国近年来批准上市的创新药大部分属于跟随式、引进式创新，新靶点、新化合物、新作用机理的原创性新药不多。非常需要当年屠呦呦发现青蒿素，张亭栋、王振义发现三氧化二砷和全反式维甲酸治疗白血病，李文辉发现乙肝病毒进入人体细胞靶点这样原创性的科学发现。以原创性科学发现为基础的研究开发，会诞生出更多的原创性治疗药物。

（三）必须保证持续的资金投入

创新药的研发投入巨大并连续不断。2008年起我国设立新药创制重大专项，中央财政累计投入200多亿元。改革药品审评审批制度以来，生物医药创新成为风险投资的热点，加之香港联交所18A板块和内地科创板的推出，近年来社会资本投入生物医药和医疗器械研发近1.5万亿元。但由于市场预期减弱，近年来社会资金投入有所减少，很多生物医药创新企业难以为继。

（四）必须充分尊重知识产权

药物创新的本质特征是药物的发明专利和对某种适应征安全性、有效性的临床试验结论。申请到中国上市、拥有自己发明专利或授权使用专利的创新药是"全球新"的新药，都应享有同样的专利期保护、专利期延长、数据保护等权利。专利和数据保护的本质是授予专利发明人市场专有权利，这是驱动发明创造、风险资金投入的原动力。

（五）必须能保证药物可及

成功获批上市的创新药如没有患者的使用就没有任何价值，科学家、企业也就失去了研发、生产的动力。要依托医疗机构，保证患者自主选择使用创新药的权利。同时，要创新药品定价方式，采用磋商定价、按疗效定价等灵活方式来达成供需两端的有效衔接。

（六）必须推动医保改革

加快建立多层次医疗保障体系，是党的二十大提出的一项重要任务。体系建设可分担基本医疗保障资金不足的困难，也是鼓励生物医药创新、实现高质量发展的重要途径。医疗保险要着眼于保大病，更好地发挥医疗保障的社会共济作用，把"保大病"，防止因病返贫、因病致贫作为首要任务。

（七）推进医药卫生体制改革

习近平总书记在党的二十大报告中提出，要"深化医药卫生体制改革""促进医保、医疗、医药协同发展和治理"。近年来，通过推进分级诊疗、总结三明医改经验等方式，医改取得了一些成效。要以医药分离为目标，继续推进医疗服务价格改革，改变医疗机构人员部分工资性支出来源于药品、耗材、检查检验结余的以药补医的体制机制。这既有利于改善医生从业状况，也有利于药品回归正常属性。

二　实现生物医药产业高质量发展的建议

（一）鼓励原创性研发且临床价值更优的药物上市

新药研发应以为患者提供更有临床价值的治疗选择为最高目标。要从审评审批、临床使用、医保支付多方面，鼓励原创性、临床价值更优的创新药上市和使用，鼓励从中医药宝库中发现具有高价值的原创性成果。对于已有治疗手段的病症，要鼓励新药研发企业开发更有临床价值的新药。

（二）提高监管水平和效率

要从临床试验伦理审查、人类遗传资源审查、审评审批、现场检查、产品检验各环节对标国际标准，找出差距，完善政策，提高效率和透明度，为科学家和企业提供更加高效、更可预见的服务。要鼓励各国药物研发企业和科学家来中国创新，鼓励新药第一个在中国上市。要通过提高监管效率，降低研发成本，提高医药研发的国际竞争力。要研究按药品文号收取年度监管费，迫使多年不生产的僵尸文号退出市场。

（三）保证患者对最好治疗药物的充分选择权

所有批准上市的新药，应鼓励医疗机构及时采购，不受医院用药数量限制。现在每年批准上市的新药只有几十种，不会对医疗机构用药数量的增加构成大的压力。限制医院用药数量，在当时历史背景下有其必要性。在药品审评审批制度改革后，按新标准批准上市的药品安全性、有效性、质量可控性发生了根本性变化，限制医院用药数量的政策应做出必要的调整。

（四）稳定创新药市场预期

稳定市场预期对于新药持续研发至关重要。创新药价格形成机制直接影响企业的市场预期。新药研发是"九死一生"的事业，风险高、沉没成本大。如何定价才能收回成本，企业最有发言权。要允许企业自主定价，根据市场情况动态调整。对于患者的支付能力，可参照现有标准疗法用药价格支付，超出部分由患者或商业保险支付。还可研究把现行的谈判价格、固定报销比例的做法改为与价格谈判结果挂钩的灵活报销比例，合意的谈判结果，按规定比例支付；不合意的谈判结果，降低医保支付比例。

（五）发展商业医疗保险

建立多层次医疗保障制度的关键是划清基本医疗保险和商业医疗保险的边界，明确商业医疗保险的市场范围，便于保险公司精算，推出有明确承保范围的商业保险产品，便于消费者投保，也便于社会监督。建议基本医疗和非基本医疗按以下标准划分：主治医师（副主任医师）的诊疗费、手术费，普通病房的住院费，治疗疾病的仿制药费用、标准治疗药品费用，在本地定点医疗机构治疗费用属于基本医疗保障，由基本医保按规定支付；专家诊疗费和手术费、非普通病房住院费、原研药费用和非标准治疗用药费用、到非指定医疗机构的治疗费用，超出基本医疗支付数额部分，由商业医保或个人支付。要明确商业医疗保险收支平衡、略有结余的原则，鼓励商业医疗保险公司之间的竞争，提高理赔效率，给投保人提供优质的医疗保障服务。

（六）改革医疗机构的补偿机制

要按照"总量控制、结构调整"原则，在不增加社会医药费总负担前提下，逐步理顺医疗服务价格，实现医疗服务价格对医务人员工资性支出全覆盖。推进全国统一、医疗机构和医保机构共享的电子病历、电子处方制度，促进合理用药，实现检查检验结果共享，从而大大减少医生的重复劳动，提高诊疗效率，减少处方差错，提高基层医生诊疗水平。

（七）扩大生物医药领域的国际合作

要进一步扩大生物医药领域的制度性开放，更多地参与国际人用药品注册技术协调会（ICH）药物研发指导原则的制定，更多地采用国际指导原则。要加强国际社会公共卫生和医药信息交流。新冠疫情发生后，我国第一时间向国际社会通报疫情、共享病毒基因序列等信息，第一时间公布诊疗方案和防控方案，对各国抗击疫情和疫苗研发争取了宝贵的时间。中国研发的新冠疫苗为很多国家抗击疫情做出了贡献。中国研发出的抗癌药物美价廉，可以惠及亚太和"一带一路"发展中国家的患者。要加强与各国监管部门、企业、科学家和医生的交流合作，共同努力，推进人类健康事业的发展和进步。

（"生物医药产业创新与政策研究"课题组

指导：毕井泉　执笔：陈文玲　王福强　张焕波　窦　勇）

以大湾区腹地支持破解香港发展困局
提升国家竞争力与亲和力

　　粤港澳大湾区是制度多样化与创新的沃土。香港有完整的基于港币的离岸市场制度体系，是人民币最大的离岸市场，内地拥有人民币在岸市场体系。两套体系类似海水与河水的关系，大湾区是两者之间的衔接带，两套体系可以在两地深度合作区内并行、叠加。香港应该在国际舞台扮演更重要的角色。内地巨大的市场空间和政府执行力，既可以帮助香港解决其社会问题（如住房与就业），又可以推动香港离岸经济扩容，还可以推动大湾区建设世界级城市群并迅速国际化。

　　香港作为离岸自由港，是中美在金融、科技和人才竞争方面有效的、不可完全替代的前沿。香港有非常完整的与内地不同的监管体系，特别是港币体系。凭借这些优势可以将其打造成国家稳固的国际金融中心和连接内外循环的重要平台。货币是监管的媒介，以港币为基础签署的合同、注册成立的公司，受香港的监管体系监管，并不受美国监管。港币与美元挂钩只是一个货币定价机制，是香港主动选择的结果，且在历史发展进程中是可以改变的。经过几次经济危机冲击后的市场检验，香港的企业与金融机构是有竞争力的，香港的货币与商业体系具有国际竞争力、亲和力。这也是国家软实力的核心资产，要充分利用好。

港币体系对人民币国际化非常重要。港币的实体资产基本是在香港和内地，但其金融资产，包括房地产贷款、股票、债券等，已形成了一个完整的港币金融产品市场体系，对风险管理极其重要。货币除具有价值尺度、价值储藏、交换媒介等传统功能外，还有一个非常重要但被忽略的功能即监管的媒介。以港币为监管媒介的金融体系与商业体系，对国家外循环发展具有不可替代的特殊价值，我们要在"一国两制"下，进一步完善被全球接受的香港法律制度、商业体系、监管体系，让其服务于国家构建新发展格局，特别是畅通外循环战略。

近年香港股市集资体量超过上海、深圳两个交易所之和，超过美国所有的交易所之和。可以说香港是创造及存放中国离岸金融资产的最佳平台。美国限制中概股上市导致很多中概股首先选择回流香港，这些企业和投资者对离岸形态中国金融资产的需求非常旺盛。目前，我国缺乏安全的离岸资产存放地，而最安全的离岸资产存放地就是香港。但香港除了股票市场之外，债券市场规模太小，因为香港政府既无内债又无外债（长年积累的财政盈余最高时达到两年八个月的财政预算）。港币债券市场很小，没有流动性，导致内地房地产企业到香港发美元债。美元债不仅利率非常高，且规避国内的监管，而香港对美元债基本没有监管。

大湾区在解决内外循环的衔接方面，受欧盟一体化思路影响太深。欧盟体制内各国监管互认是在不同国家都用欧元的条件下进行的，但在粤港澳之间是无法实行监管互认的。目前的监管互认，只是允许香港企业在内地重新按人民币注册经营，受内地监管体系监管。这种模式不利于发挥香港的制度优势。香港和内地是两套完全不同的体系，就像不同的电压系统，需要的是衔接器、转换器，而不是简单的对接联通。粤港之间的协同发展，必须在"一国两制"的前提下，在离岸经济体和在岸经济体严格区分下才能进行。

香港作为国际金融中心，对国家非常重要，但其内部发展面临严峻的结构性困局。金融业特别是股票市场的发展，带动了房地产市场，但高房价导致产业空洞化以及社会收入不平等。在没有进行转移支付之前，香港贫困人口的官方数据是 26%（每月人均家庭收入低于 5000 港币）。这些深层次社会问题，再加上美西方敌对势力及其支持的"港独"分子干扰，导致 2019 年的动乱。为解决这些矛盾，香港特首提出开发深圳河以南 300 平方公里的香港北部都会区（相当于香港的 1/3 陆地面积），目前重点建设与深圳接壤的河套科创基地，促进深港合作，按规划可住 250 万人口。香港贫困人口近 200 万，在填海成本高昂、土地短缺的背景下，未来北部都会区很可能需要盖大量廉租房，主要是为低收入群体提供和改善居住供给。这将出现北部都会区聚集较多低收入群体的情况。从国际经验来看，贫困人口长期集聚会产生社会问题。解决香港问题最根本的办法，是发挥大湾区巨大腹地的作用，给香港可利用的腹地（但不是简单的飞地），帮助香港解决其自身无法解决的内部结构性矛盾，在大湾区的支持下把香港推向国际。这样一方面可以使香港国际金融中心变得更完整、更有竞争力和亲和力，另一方面可以使香港有足够的内地腹地作支撑。

从制度创新和顶层政策设计角度考虑，需要让香港的体制跟内地的体制在粤港澳大湾区，即在深圳、珠海、南沙等香港周边城市并行、叠加、衔接。并行的含义就是允许两套体系在同一个地理空间同时运作，形成叠加效应，有叠加才能真正衔接（你中有我、我中有你）。叠加的机制是将监管思路从传统的行政区划、物理区划为基础的监管体制，转化为对市场主体的精准监管体制。数字技术已经可以做到精准监管，对每个人、每个企业可以采取不同的监管方法。应允许香港符合资格的机构，如学校、医院、银行、福利机构等，在深圳、珠海、南沙的粤港深度合作试验区内，完全按照香港的监管、香港的体制、香港的货币体系运作。将香港的制度体系延伸到整个粤港澳大湾区内，作为内地的"内外循环衔接带"。香港企业的税收可以部分归香港，实现香港与内地共享发展收益。内地城市还可以获得房租、当地人员的就业以及由香港企业带来的国际化商业生态环境（吸引外企与国际人才的关键）。如果这个政策设计思路能够落地，可有效改变香港和大湾区的经济结构、产业结构和创新布局，吸引很多跨国公司落户大湾区"内外循环衔接带"，带动香港和大湾区各个产业的复兴。

如果香港居民在深圳、珠海、南沙可以得到在香港享受的一切服务，又可以住在内地任何地方，他们生活与工作的选择空间将大大改善，才会感受到祖国好，增加对国家的归属感和责任感，主动融入国家发展大局。香港的贫困问题可逐步间接地"化整为零"，被大湾区巨大的腹地所消化，从根本上破解香港长期积累的深层次结构性矛盾。

（韩永文　肖　耿）

将宁波舟山海域海岛作为国家经略
海洋实践先行区的建议

习近平总书记高度重视蓝色国土空间保护和开发，先后提出了"海洋强国"战略、"21世纪海上丝绸之路"、"蓝色伙伴关系"等重大战略主张，体现了放眼全球、统筹陆海的战略眼光。向海图强、逐梦深蓝，将国土空间开发从以陆地为主向更广的海洋拓展，是我国重大发展战略方向。宁波舟山海域海岛地理区位独特，各类资源富集，涉海条件良好，具备率先深度耕耘蓝色空间的基础能力。将该区域作为国家经略海洋实践先行区（简称"先行区"），先期进行蓝色空间开发压力测试，可为中国从浅蓝走向深蓝提供战略支撑。

一 设置国家经略海洋实践先行区的重要意义

（一）落实国家重大发展战略的重要举措

习近平总书记高度重视宁波舟山区域发展，先后35次到宁波、14次到舟山考察调研，强调要从国家层面来研究宁波舟山开发开放问题，努力将宁波舟山打造成世界一流强港"硬核"力量，建设成为国家战略物资储备中转基地；要深入实施"科技兴海"战略，全面推进海洋生态文明建设，推动海陆联动一体化发展。这为区域高位谋划提供了理论指引和行动指南，也是延伸我国未来国土空间开发的战略方向。

（二）支撑"海洋强国"战略的关键支点

海洋是人类生存的第二空间，是国际战略竞争的聚焦点、制高点、新场域，是支撑中华民族伟大复兴的战略新空间。"海洋强国"战略要求提升海洋资源开发能力、保护海洋生态环境、发展海洋科学技术、维护国家海洋权益，需要择机择地进行先期探索。宁波舟山的地理区位、产业基础、发展潜力、自然本底具备向海图强先行先试的基础条件。

（三）长期有效保障国家战略资源安全的迫切需要

统筹发展和安全，强化国家经济安全保障，确保能源资源、粮食安全是国之大者。在国际形势严峻特别是俄乌冲突加剧的背景下，确保这些重大战略有效实施的重要性进一步凸显。宁波舟山拥有世界一流强港，是国家大宗商品储运、中转基地，是国家能源储备基地，区域经济实力强、协调发展潜力大，将有效保障国家战略落地。

（四）策应构建"双循环"新发展格局的有力支撑

新发展格局要求国际国内互促共济，需要构建连接内外双向开放的关键枢纽。宁波舟山具有开放传统，是我国重要海上开放门户，其港口货物吞吐量已连续 13 年位居全球第一。发挥好宁波舟山在腹地辐射、全球链接、战略资源配置等方面的战略优势，将有力策应国家构建新发展格局。

（五）高质量建设"共同富裕示范区"的内在要求

高质量建设共同富裕示范区是党中央交给浙江的重要任务，要求浙江实现陆海域均衡发展、同兴共富。作为特殊类型区域，海岛发展需要国家高位加持。该区域有国家第一大群岛，如果能在蓝色国土上率先实现共同富裕，将为类似区域提供典型示范。

二 总体发展思路与战略定位

围绕服务国家发展战略需要，以宁波舟山海域、海岛、海岸线及沿海重点区块为规划范围，以探索蓝色国土空间高质量发展为主题，以实现海洋经济跨越式发展为主线，以"一岛一功能"为基本布局，建设国家经略海洋实践先行区，在陆海统筹、海洋经济、海洋合作等方面先行探索，将其建设成为国家战略重要支撑点和长三角一体化新增长极。

按照这个总体发展思路，明确先行区如下的战略定位。

全球战略资源配置新枢纽。围绕统筹发展和安全，夯实大宗商品全球配置能力，增强重要战略物资国际话语权。从初级产品保供稳价入手，扩大油气、金属矿等大宗商品储备门类，将甬舟区域建设成为支撑国家未来高质量发展的安全锚、稳定器。

国家海洋经济创新活力区。壮大大宗商品、港航物流、临港石化新材料产业集群，做大做强海洋战略性新兴产业，创设海洋生物经济先导区，建设现代海洋产业体系，大力发展海洋科创，将先行区建设成为全国海岛高质量发展实践高地。

蓝色空间可持续发展探索区。落实"双碳"战略，探索"蓝色＋绿色"发展模式，发展海洋能等绿色能源，建设"蓝碳经济"发展高地。大力建设"海洋生态岛"，持续推进海洋生态保护，建设首个海洋国家公园和国家海洋文化启蒙基地，培育提升国民海洋意识和海洋思维。

民生幸福蓝色样板区。全面对标共同富裕示范区建设要求，以海促陆、以陆兴海、陆海联动，持续提升海岛生活品质，大幅改善城乡人居环境，加快补齐海岛民生短板，稳步增加居民收入，努力实现"群岛共兴城乡共富"，为国家特殊类型区域发展提供典型示范。

"蓝色伙伴关系"合作新平台。推动"一带一路"海洋合作，争做双（多）边海洋合作主载体，加强与沿线国家在海洋科技、蓝色经济、海洋文化等领域全方位合作。弘扬"里斯本丸事件"精神，积极开展海洋外交，推动国际次区域合作，携手探索海洋治理模式新路径。

三 重点任务与重点建设布局

（一）建设全球大宗商品资源配置基地

聚焦油气、大宗农产品、关键矿产品等领域，构建储运基地、交易中心、供应链体系"三位一体"的大宗商品资源配置体系。强化油气储运基地布局，设立国家铁矿石交易中心，建设大宗商品供应链体系。

（二）以洋山区域合作开发为重点深化浙沪协作

浙沪联合组建开发主体，整体开发小洋山南北两侧，系统推进大、小洋山一体化发展。加快建设前湾沪浙合作发展区，推动沪甬区域市场一体化，健全沪甬金融合作长效机制，深化沪甬人才资源合作。

（三）构建面向未来的现代化海洋产业体系

聚力打造"2+3+N"现代海洋产业体系，增强海洋产业全球竞争力、影响力。包括：绿色石化及化工新材料、港航物流服务业两大万亿级产业；海洋清洁能源、海洋资源利用、深海空天装备三大千亿级未来产业；以海洋数字经济、海洋旅游等为代表的"N"个特色产业。重点建设高能级海洋科创平台，提升海洋科创能力，突破涉海关键核心技术，健全海洋科创生态体系。

（四）构建畅通高效的海域海岛交通网络

加快构建"一港三联四通道五网络"综合交通格局。加快提升港口硬核实力，巩固世界第一大港地位，完善海铁、江海、海河三大多式联运集疏运体系，完善四向通道提升辐射能力，构筑甬舟一体的内部多式交通互联网络。

（五）打造制度型开放为引领的自由贸易港（岛）

强化向海开放合作，探索分步走建设以大宗商品为特色的自由贸易港（岛），第一步探索创建海关监管特殊区域，第二步升级建设中国特色自由贸易港。推动大宗商品领域重大改革，放松资质配额及储备管控。主动搭建"片对片"涉海开放合作平台。

（六）实现蓝色空间可持续发展

弘扬蓝色信念，坚持绿色发展，建立蓝色碳汇生态功能区，探索建立全国首个"蓝碳银行"，高标准推进海洋生态保护与修复，构建海洋生态产品价值核算和实现体系。

四　相关政策建议

（一）将"国家经略海洋实践先行区"上升为国家战略

现有国家重大区域战略均以陆域为主，缺少针对海域的发展平台。为适应向海图强的时代需求，建议将先行区作为国家首个蓝色国土空间开发的综合性平台，承担海洋生态保护、海洋经济发展和海洋权益维护等探索任务。

（二）给予涉海事务发展综合授权

涉海事务管理权限主要在中央与省两级，地方权限相对较少。建议在中央改革顶层设计和战略部署下，给予先行区涉海事务发展的综合授权，以清单式批量申请授权方式，在海岛海域开发保护、大宗商品储运、海岛交通基建、海洋科创等领域先行先试。

（三）支持先行区落地做实重大改革、重大政策、重大平台、重大项目

"四个重大"是支撑先行区取得实效的关键，建议中央、浙江省对先行区的发展平台、产业项目，在立项审批、要素保障、协调推动等方面给予重点支持。为推动"四个重大"落实做实，建议建立由国家发改委牵头，各相关部委及浙沪参加的联席会议机制，机制化协调解决具体实施问题。

（四）强化要素保障

建议对大宗商品储运、海洋国际合作、高端石化炼化等重大项目涉及的用岛、用海、能耗等指标给予绿色通道保障，引导政策性低息贷款支持海岛基建，支持多元资金参与海洋开发；鼓励在境内外发行海洋经济开发债券；推动大宗商品储备体制、能源贸易资质和配额等改革落地见效。

（五）尽快启动规划研究和编制工作

启动编制先行区总体规划和专项规划，合理确定产业发展、海岛生

态、战略留白等空间和功能。尽快推动既定项目建设，先期夯实先行区发展根基。

（"宁波舟山海域海岛发展战略研究"课题组

执笔：王福强）

把强化深港生物科创合作作为提升
香港竞争力的重要路径

受国内外形势变化、大国竞争博弈、世纪疫情肆虐等多重因素影响，香港传统竞争优势面临严峻挑战。2022年是香港回归25周年，香港要实现由乱及治、由治及兴、由兴及盛，既需要中央强有力的支持，也需要从粤港澳大湾区协同发展的视角，深化深港双城联动发展。生物科创领域是深港的共同关切和优势互补点，也是再造香港新优势，推动向知识经济转型的重要抓手。建议以更大政策力度支持深港生物科创合作。

一　背景情况

（一）香港传统优势亟待巩固而新优势尚未形成

香港依托"三中心一枢纽"的传统优势成为亚洲"国际大都会"。但因全球发展格局演变、国际城市竞争及自身问题制约，其传统优势领域相对衰落，特别是国际贸易中心、航运中心作用萎缩。近年提出建设国际创新科技中心、中外文化艺术交流中心等愿景，尚未形成有体量的生产力。

（二）以生物科创为代表的知识经济是香港未来发展方向

香港产业结构中制造业等空心化，急需发展高附加值知识经济，适当提高制造业比重。生物科创技术含量高、学科跨度大、行业渗透力强，是国际竞争焦点，也是香港重点培育的产业方向。

（三）香港具有发展生物科创的坚实基础

生物科创是香港的优势领域，基础科研全球领先，有两所该领域世界百强大学，9所与生物医药有关的国家重点实验室，集聚了大批世界顶尖学者，有亚太地区最大的生物科技融资中心。在医药研发、医疗服务方面与国际接轨，是理想的国际化临床试验中心。

（四）香港有开展合作的刚性需求

除了基础科研，生物科创发展还需要强大的中试体系、制造能力和市场需求。香港这些方面相对较弱，急需与深圳形成产业链协同。深圳产业基础和转化能力强，适应生物技术数字化、智能化趋势，正推动"生物技术（BT）+信息技术（IT）+人工智能（AI）"深度融合发展。深港可互补合作，协同建成与生物科技相适应的高附加值生产体系。

（五）双方合作已取得初步成效

作为深港合作的重点领域，双方已联合建设科创载体（如港大深圳医院、港中文深圳医院等）、设置科技资助计划、申请科研项目。近期，双方正在推动深港毗邻区域协同发展，将生物科创合作作为首要内容。为支持大湾区生物科创发展，国家还在此设立了药品、器械审评分中心。

二　重大意义

（一）为香港再出发注入新动能

生物科创是香港各界认可的产业方向，是香港基础研究、深圳应用研究和制造环节优势互补的重要领域。双方合作能破解香港产业空心化，为后续发展注入新动能，并能创造更多高质量就业和向上流动机会，助力维持香港长期繁荣稳定。

（二）为国家生物科创发展试制度

生物科创是国际科技竞争的焦点领域，我国整体处于国际第二梯队。要想加速赶超，需在科创体系建设、监管体制改革等方面借鉴国际经验。以深港合作为契机，利用异质制度进行压力测试，可探索该领域高质量发展的政策体系。

（三）为深港合作走深走实开好局

习近平总书记要求"做好深港合作这篇大文章"。深港合作内涵丰富，要取得实效需要小切口、大纵深，生物科创是双方共同关切。携手共建河套深港科技创新合作区，协同建设北部都会区，生物科创领域都是主战场。以此为突破口，形成产业链条的跨界融合之势，便于深港合作走深走实。

（四）支撑大湾区国际科技创新中心建设

开放创新是建设"科技强国"的必由之路。香港有发达的国际科研网络、顶尖的科研人才、优良的科研环境和完善的配套服务，是开放创新的首选对象。双方开展合作，能合理配置创新资源，提升成果转化率，培育形成"生物湾区"，打造全球生物经济创新高地。

三 问题与困难

（一）现行投资和审批规定制约

基因检测和诊疗是香港的强项，但目前国家规定境外投资者（包括香港）不能投资人体干细胞、基因诊断与治疗技术开发和应用。深港两地伦理审查流程和结果不互认，延长了临床试验所需的审批时间。临床试验涉及遗传资源、遗传信息出境，报批流程过长，影响跨境临床试验的效率。

（二）跨境科研要素流动不畅

生物科研和临床实践对人才要求较高。双方对专业资质没有完全互认，香港人才来深工作困难。合作所涉生物材料、药品设备、实验动物等出入境流程烦琐，国家尚未在深港口岸设立出入境公共服务平台。电子病历、临床数据跨境流动存在障碍，不利于深港发挥"BT+IT+AI"优势后发赶超。

（三）生物医药产品跨境生产困难

生物制品制造流程复杂，允许分段生产和跨境生产是国际通行规则。深港若能如此，则可在此配置高附加值的生物医药制造环节，实现两地协作生产，支持香港再工业化。但我国目前的规定不支持分段生产。且只允许独立法人作为"上市许可持有人"，跨国公司的分公司不是适格主体，限制跨国药企在深港集聚发展。

（四）药品监管体系存在不适

围绕化学药建立的监管体系无法适应生物医药时代的监管要求，急需在治疗技术规范、产品标准和评估指标等方面进行探索。大湾区药品、器械审评中心没有获得必要的业务授权，无法有效发挥支撑作用。原研药价格高昂，需要探索市场化支付方案。药物临床试验机构资源紧缺，急需探索临床试验业务新模式。

四　政策建议

香港提升整体竞争力需要与深圳协同。作为中国特色社会主义先行示范区，深圳的重要任务是为改革进行压力测试。建议以深港生物科创合作为契机，将深圳作为国家生物科创体制改革试点，给予一揽子支持政策。

（一）探索监管模式创新

给予药品、器械审评分中心充分授权，允许其开展创新药品医械全周期介入工作，承担药品上市前的现场检查，先行探索生物药审评审批标准。下放科技部遗传办审批职权，允许广东省卫生厅、科技厅组织审批，与伦理审查同步进行。支持深港联合成立伦理审查委员会，深港医院互认审查结果。试行药品查验权限下放，停止查验收费，允许具备资格的中介机构承担查验任务。调整罕见病药物进口查验模式，同一审批批次的，允许一次查验、分次进口。

（二）支持市场主体集聚发展

试点跨国公司分支机构作为上市药品的许可持有人，允许其发起临床试验，吸引跨国药企在深港集聚；支持深圳开展生物制品跨境生产和分段生产试点；允许由中国籍香港永久居民担任法人或主要股东的、在河套区注册的香港生物科技企业直接进入内地市场。

（三）推动科创要素便捷流动

支持深圳加快制定认可香港生物医药专才职称的标准及要求，便利其跨境主持科研及临床试验项目。支持深港开展医疗数据跨境安全流动试点，加快推进电子病历互通，探索建立以患者为中心的风控体系。支持在深圳设立生物材料出入境公共服务平台，编制"白名单"，便利生物材料进出境。

（四）支持构建承担基础科研的国家级平台

一是在此建设"中国版 NIH（美国国家卫生研究院）"。整合香港"生命健康创新科研中心""深圳医学院""深圳生物医药产业促进中心"等组织功能，建设开放创新的跨境大型生物科技研究机构，进行跨学科颠覆性技术研究，成为国际化、高能级、新机制的国家卫生研究院。二是共同启动国际大科学计划。选择合成生物学、类脑研究等重大科技前沿领域，邀请顶级科学家、科研主体和知名药企参加，共同启动面向全球的大科学计划，成为吸聚全球顶级科学家的磁力场。三是共同举办国际科学论坛。采用"国际学术论坛 + 产业论坛"的形式，邀请学界、商界、政界各类精英在此进行思想碰撞，使深港成为世界级生物科创信息交流中心。四是设立由中央发起、深港参与的深港合作发展基金，专项支持包括生物科创在内的深港合作项目。

（五）开展创新药使用试点

支持深圳试点国内注册上市的创新药无条件列入医院采购范围，不受医院用药目录限制。支持创新药定价机制调整，引入经济学评估，依据评估结果确定医保报销比例。探索建立合理付费体系，通过成本分担机制，由政府、保险公司和患者共同分担费用。尊重市场规律，让企业在定价上有自主决定权，自主承担风险。

（"深港生物科创合作问题研究"课题组

执笔：王福强　蔡芷菁）

全面深化预算制度改革的问题及建议

财政预算制度体现国家的战略和政策，反映政府的活动范围和方向，是推进国家治理体系和治理能力现代化的重要支撑，是政府宏观调控的重要手段。当前，我国预算制度改革进入深水区、攻坚期，深化预算制度改革应立足新发展阶段，贯彻新发展理念，注重改革的系统性、整体性和协调性，推动政府现代治理能力与效能持续提升。

一 预算制度改革成效及存在的问题

政府预算管理是一项系统工程，涉及"基础信息管理、项目库管理、预算编制、预算批复、预算调整和调剂、预算执行、会计核算、决算和报告管理"等八个主要环节，还涉及预算管理流程与资产管理、债务管理、绩效管理等业务的衔接，必须以系统化思维建立健全预算管理的内在机制。

2014 年以来，我国财税领域改革多点突破，不断向纵深推进。现代预算制度主体框架基本确立，新预算法颁布施行。在推进预算公开、实行中期财政规划管理、完善转移支付制度、加强地方政府性债务管理等方面，一系列重大改革举措密集推出、落地实施。截至目前，预算制度改革还分散于中期财政规划管理、预算绩效管理、财政支出标准化、预算法治、国库制度改革等单项改革，在提高预算制度的系统性、整体性和协调性方面存在进一步完善空间。

（一）预算资源统筹能力不够全面

预算管理中的"大财政、大预算、大资产"管理格局尚未完全形成，财政在面对经济运行波动时压力较大，预算在稳妥应对政府财政可持续发展压力方面还有待加强。预算"收入"能力承压。财政收入增长压力大，筹集财力手段不多。国有股权、国企土地、行政事业单位资产等盘活周转效率不高，未形成有偿使用和市场化变现的长效机制，资源资产闲置、减值等情况时有发生。预算"支出"领域固化。财政支出刚性增长，存在结构固化问题。维持运转和民生补助等刚性支出随着人口增长、政策提标扩围而持续快速增长，导致支出结构固化。如一般公共预算中的必保支出占比约八成，可统筹调剂的空间十分有限。预算"统筹"能力不够。财政资金统筹使用不足，未形成有效合力。部门管理资金存在条块分割，关联领域的资金投入协同性不强，重复、分散等现象较为普遍。

（二）预算资源配置功能不够健全

以"政"领"财"，以"财"辅"政"，"财"为"政"服务，这是财政工作的出发点和落脚点。财政要确保通过配置好公共资源来保障国家战略和政策的落实，但在具体领域、政策和项目上，仍存在谋划不够充分、分配不够精准、投入效益不够高等问题。表现在三个方面。第一，预算安排的系统前瞻谋划不够。事与钱未完全匹配，事业规划和预算安排"两张皮"，"先谋事后排钱"机制还未真正建立。第二，预算管理的工具和手段较为单一。创新运用财政政策工具不够，政策工具更加倾向于采用财政直投、直补方式，运用政策性基金、金融保险等市场化机制较少，未能发挥财政资金"四两拨千斤"的杠杆作用。第三，预算产出的绩效导向不够突出。绩效导向作用未能有效发挥，财政资金效益有待提高。

（三）支出标准建设滞后

近年来中央和各省份出台了一些预算项目支出标准，但尚未形成预算项目支出标准体系，预算约束机制还有待完善。表现在三个方面。第一，财政通用定额标准体系初步建立，但财政专用定额标准和部门内部标准建设进度缓慢。第二，部门间标准制定的整体意识和配合程度还有待提升。存在"财政热、部门冷"的现状，加之财政项目种类繁多，逐一制定项目支出标准的难度较大。第三，标准的应用机制和动态调整机制还不够健全。有标准就要用的理念还不够强，导致依法理财意识不强，各级政府部门或单位为了争取资金而出现的寻租行为和谎报瞒报预算的现象时有发生。

（四）预算管理的信息化水平还不高

近年来，我国财政管理信息化水平明显提高，但"车不同轨、书不同文"问题仍然存在，"各自为政、不联不通"问题亟待解决。表现在三个方面。第一，央地财政管理信息系统建设的顶层设计还不够。没有形成全国统一的预算管理和执行规范，导致中央和地方预算管理在具体程序、时间要求、分类标准、数据口径上存在差异，难以有效衔接。第二，财政各业务模块之间的数据传输不够顺畅。预算编制系统与国库支付系统、政府采购系统、各单位财务管理系统之间缺乏有效连通。第三，碎片化的收支信息无法支撑财政宏观决策和绩效管理。横向维度与纵向维度的财政收支信息的碎片化和部门化，使信息整合程度较低。财政部门对本地区及下级预算单位的资金执行情况缺乏全面准确了解，无法把握财政资金收支运行的实时信息，难以从全局角度为科学决策提供合理依据。

二 全面深化预算制度改革的对策建议

（一）提升财政资源配置能力，确保财政资金使用提质增效

首先，明晰绩效管理权责。推进预算管理和绩效管理深度融合，保

障政府决策部署落地落实。其次，强化全流程预算绩效融合。全面实施重大政策和项目事前绩效评审，加强成本效益分析，从源头实行绩效"一票否决"预算控制。最后，实行预算项目全生命周期管理，全面实行预算支出"项目化"管理，以零基、滚动、优选为导向进行项目排序，实现各项支出可增可减、可进可退。

（二）推进财政支出标准化，强化预算法定约束

一是抓基本支出标准体系建设。一方面，要健全基本支出标准体系框架，科学设置定额项目，合理保障机构正常运转和基本履职需要。另一方面，要分类明确财政保障政策，完善支出标准和保障政策调整机制。二是抓项目支出标准体系建设。一方面，从项目文本和支出标准两方面推进标准化工作，不断对于项目文本的框架结构、支出内容、文本格式等方面进行统一，并且对项目各项支出内容中适合制定标准的部分，制定符合实际的支出标准。另一方面，适当扩充标准外延，将财政资金分配规范及方法等纳入支出标准范畴。同时要把握建设重点，重点针对涉及面广、资金量大、实施期限长、适合标准化管理的项目，加快标准体系建设进程。

（三）推动数据共享，提高预算管理信息化水平"双维度"

实现预算管理信息贯通共享。加强大数据开发应用，强化财政部门数据密集型综合管理部门定位，推进财政与税务、中国人民银行等跨部门数据联通，夯实预算管理基础。纵向上促进中央和地方财政系统信息贯通，横向上促进部门间预算信息互联共享。运用信息化技术，建立全覆盖、全链条的财政资金监控机制，实时记录和动态监控资金在下级财政、用款单位的分配、拨付、使用情况，形成多层次的综合监督体系。

（四）强化协同监督，提升预算审查监督"四合力"

深化预算管理制度的关键在于协同四种方式合力对预算进行审查监督。一是发挥多种监督方式的协同效应。二是加强预算和政策的衔接，编制年度预算时，将全面贯彻党的重大战略、政策作为预算安排的首要任务，支出预算和政策同党的重大战略部署反复对标对表。三是改进和细化预决算编报，逐步完善预决算草案编制，便于人大代表理解和监督。四是深化预算制度改革的研究，积极为人大审议预决算改革建言献策，推动各方面将人大及其常委会有关预决算决议作为制定支出政策、分配财政资金、完善管理措施的重要依据。

（宏观经济研究部　梁云凤

中央财经大学　肖　鹏　北京理工大学　胡一鸣）

筹集专项资金加强城市地下管网建设

地下管网是城市基础设施的重要组成部分，当前我国地下管网建设严重滞后于城市发展，其根源在于没有稳定的地下管网建设资金来源。建立稳定的地下管网建设资金筹集机制，加快城市地下管网建设，对于贯彻新发展理念、解决城市内涝、治理水体污染、保护人民生命财产安全、促进经济增长以及缓解地方债务负担增长过快的矛盾都具有十分重要的意义。2016年习近平总书记在布置防汛抗洪抢险救灾工作时强调，要加快城市地下管廊建设，提升防汛抗洪和减灾救灾能力。为贯彻落实习近平总书记关于城市地下管廊、防汛救灾、生态文明建设的系列指示精神和中央经济会议关于适度超前开展基础设施投资的要求，中国国际经济交流中心课题组先后赴苏州、北京开展实地调研，并约请国家发改委、财政部、住房和城乡建设部相关司局与北京市城市建设委同志进行座谈，形成报告如下。

一 筹集管网建设资金加快地下管网建设的必要性

城市地下管网建设的重点是污水管网和排水管网，兼顾供电、供热、供气、通信等管网建设。建立稳定的地下管网建设资金筹集渠道，既是加快城市地下管网建设的迫切需要，也是拉动经济发展的迫切需要。

（一）城市地下管网建设的迫切需要

一是地下管网建设严重滞后于城市发展。改革开放40多年来，我国新增城市人口6亿多，市政基础设施建设严重滞后，其中地下管网问题尤为突出。二是地下管网陈旧。据初步统计，全国城市供水、供气、供热、排水管道中，1990年以前建成投入运营的管网18.2万公里（占比6%），2000年以前的管网约53万公里（占比17%）。管材材质相对较差，20世纪八九十年代使用的是材质脆弱、易断的灰口铸铁管，腐蚀老化严重，管网破漏造成地下水、河水和地表水进入污水管道，降低了污水处理效率。污水渗漏到土壤中，加剧土壤污染。三是管廊建设投入不足。以排水管网为例，我国城市排水防涝设施每年完成投资不足700亿元，按照同口径测算，人均投入仅为日本的1/18。据测算，仅补齐全国城市排水防涝设施短板，总投资约需3.6万亿元，按照目前的投入水平计算，需要50多年。四是城市排水不畅。近年来每年汛期都有上百个左右城市发生内涝，因排水不及时淹死人等恶性事件时有发生。2021年入夏以后，郑州、山西等多地遭受洪涝灾害，造成交通瘫痪、财产受损，受影响人口超过千万。

（二）落实污染者付费原则的具体体现

污染者付费原则是解决人民生产生活对外部环境破坏问题的基本遵循和有效途径。按照污染者付费原则，居民和企业缴纳的污水处理费要足以补偿污水管网和污水处理厂建设、运营成本。但《水污染防治法》规定污水处理成本中不包括污水管网成本。在实际运营中，污水收集并集中处理只有67%；污水处理费多年不变，难以支撑污水管网、生产设备和生产工艺等硬件设施的更新、修缮及改造，影响污水处理质量。地下管网属于公共产品，历史欠账应由国家整体考虑统筹解决，地方财政难以负担管网建设投入。以北京市综合管廊建设为例，要实现2035年建成450公里的规划目标，每年需投入近30亿元，随着土地出让金下降，目前依靠政府投资、国有企业贷款以及政府和社会资本合作（PPP）模式不可持续。

（三）经济稳增长的现实选择

在世纪疫情冲击下，百年变局加速演进，外部环境更趋复杂严峻和不确定，我国经济发展面临需求收缩、供给冲击、预期转弱三重压力。中央经济工作会议提出，要适度超前进行基础设施建设，既扩大短期需求，又增强长期动能。我国传统的铁路、公路和机场等投资项目逐步趋于饱和，加快城市地下管网建设可拉动钢材、水泥、机械等方面投资，带动上下游产业发展，促进城市的高质量发展。以北京市为例，综合管廊每公里单舱建设成本约 4800 万元，其中管廊主体结构消耗混凝土约 16500 吨、钢筋 1173 吨、防水材料 9200 立方米，多舱管廊消耗还要加倍。

（四）缓解地方政府债务压力的有效途径

城市基础设施建设债务是近几年地方政府债务规模迅速扩大的重要原因之一。征收城市地下管网基础设施建设资金，为地下管网设施建设找到一个稳定的资金渠道，可以大大缓解地方基础设施建设与债务规模扩大的矛盾，保障国民经济安全稳定运行。

二　筹集管网建设资金加快地下管网建设的可能性

我国市场资金充裕，钢铁、水泥等建筑材料生产能力完全可以支持大规模城市地下管网建设。

（一）市场资金充裕

改革开放 40 多年来，我国经济高速发展，2021 年经济总量达到 114.4 万亿元，居世界第 2 位，2021 年我国城镇居民人均可支配收入 47412 元，比十年前提高 1 倍。征收地下管网建设资金数额有限，绝大多数城镇居民可以承受。2021 年底，我国广义货币供应量（M2）总量已达 238 万亿元，比十年前增长 1.8 倍，有了稳定资金来源，地下管网就成了优质稳定的资产，能够吸引金融机构的贷款和融资。

（二）钢铁水泥产能可以支撑

2021 年我国粗钢产量达到 10.3 亿吨，水泥产量 23.6 亿吨，足以支撑全国开展大规模城市地下管网建设。在碳达峰、碳中和目标实现前，充分利用我国钢铁、水泥产能高、价格低的优势，服务于城市基础设施建设，是贯彻落实"双碳"战略部署的先手棋。

（三）对价格总水平的拉动有限

按照用水、电力、通信、燃气、取暖等各项支出在居民消费支出中的比重匡算，如果上述价格提高 10%，会推动居民消费价格总水平上升 1%~2%，如果分 5 年逐步实施到位，对物价总水平影响有限，绝大多数居民可以承受。

三 筹集地下管网建设资金的主要建议

"十四五"时期是我国经济由高速增长转向高质量发展的关键历史时期，建议以建设资金筹集为突破口，加强城市地下管网筹资、规划、建设、管理、运营、立法等制度建设，彻底解决广大人民关心的城市内涝、水体污染等"急难愁盼"问题，把城市地下管网建设成为以人民为中心的"里子"工程。

（一）建立管网建设筹资的政策框架

管网建设资金筹措可分"三步走"。

第一步，发行专项国债。建议提请全国人大批准 2022 年发行 5000 亿元人民币专项国债，用于各地以城市地下排涝、污水管网及综合管廊为重点的管网建设。2023 年以后，在保持资金投入总额不变的前提下，随着地下管网建设资金的到位，逐步减少专项国债发行规模，五年后退出。

第二步，征收地下管网建设资金。从 2022 年开始，从电力、供热、供水、电信加收 5%~10% 的地下管网建设资金，五年内逐步到位。建设资金专户存储，专项用于管网建设和运营，其中部分资金用于支付综合管廊的租金。以我国每年消耗 2200 亿吨水（主要含生活用水、工业用水和人工生态环境补水）、8.3 万亿度电、110 亿立方米供热和 5 亿互联网宽带用户等来估算，若按现行价格 10% 收取，每年可征收管网建设费 6600 亿元。对贫困家庭，由地方政府采取减负补助等措施。以地下管网专项国债和征收的地下管网建设资金为抵押，发行地下管网建设专项债券或永续债。

第三步，将地下管网建设资金转化为管网使用的租金。地下管网建设达到一定规模后，可考虑把加价征收的建设资金逐步转化为使用管网的租金，用于地下管网公司的还本付息和正常运营维护支出，实现可持续经营。

（二）提高污水处理费

按照能够覆盖污水管网、污水处理厂建设及运营和污泥处理等成本，并有合理利润的原则提高污水处理费。

（三）推动地下管网体制机制改革

推动管网的规划、建设、管理、运营、标准等一体化，提高资金使用效率，并接受社会监督。加快城市地下管网立法，明确地下管网的管理运营主体及相关企业的权利、义务；明确地下管网的建设、运营资金来源和财务管理、监督制度；明确地下管网的管理制度和设计、施工、质量标准。

四　实施上述改革的预期效果

征收城市地下管网专项资金加快地下管网建设，可取得良好的经济社会效益。一是促进生态文明建设和生态环境保护。可整体实现雨污分流，污水全部进入污水处理厂处理排放，从源头上杜绝水体污染。二是拉动经济增长。通过发行专项国债，或征收专项建设资金，如果每年有总额 5000 亿元的建设资金，并以征收的地下管网建设资金作为资本金，面向社会发行地下管网建设专项债券或永续债，按 1∶4 计算，每年可有 2.5 万亿元资金投入地下管网建设，可建设 2.5 万公里综合管廊，有力带动钢铁、水泥等产业发展，促进经济复苏。三是扩大就业。考虑到管廊建设对上下游产业的带动作用，可以有效缓解因房地产业萎缩带来的就业压力。四是节约社会资源。专项资金重点用于排涝、污水管网及综合管廊建设，管网建设开展越早越主动，经济社会成本越低。特别是新型城镇化建设还在快速推进，新区综合管廊建设成本较低，而改造老城区则代价更大。综合管廊与以往各部门管线分散直埋相比，可以节约投资和运营成本 60%。五是保障人民生命财产安全。改造后排水通畅，维修便利，下雨看海淹死人的恶性事件将大幅减少。

（"城市地下管网建设研究"课题组

指导：毕井泉　执笔：窦　勇　翟羽佳）

进一步加大对小微企业的纾困帮扶力度

2020 年新冠疫情发生以来，中小微企业遭受巨大冲击，党中央、国务院高度重视中小微企业在稳定就业、改善民生、促进创新等方面的重要作用，密集出台了多项帮扶政策，有力支持了中小微企业纾困解难。近期，受国内疫情点多面广频发以及外部环境复杂性不确定性加剧等因素影响，中小微企业经营困难明显增加，要及时研究部署帮助中小微企业纾困的政策措施，加大支持力度。

一　各项纾困解难政策取得积极成效

2021 年中央经济工作会议明确要求，加大对实体经济融资支持力度，促进中小微企业融资增量、扩面、降价，党中央、国务院及时出台了一系列政策措施，政策实施取得了积极成效。

一是贷款利率下降。2022 年以来，中国人民银行引导金融机构加大对实体经济的资金支持力度，保持流动性合理充裕，降低企业综合融资成本。5 月末，我国广义货币 M2 和社会融资规模增速分别为 11.1% 和 10.5%，均保持在 10% 以上的较高水平。1~4 月企业贷款利率为 4.36%，同比下降 0.27 个百分点。

二是贷款规模扩大。政府出台的各项金融帮扶政策，特别是普惠金融任务及其考核制度，促进大中型商业银行大幅加大对中小微企业贷款投放力度。《中国普惠金融发展报告（2021）》显示，截至 2021 年 7 月末全国商业银行普惠型小微企业贷款余额 17.8 万亿元，同比增长 29.3%，比各类贷款平均增速高 9.7 个百分点。

三是资金直供面扩大。数据显示，2022 年 3 月末普惠小微贷款余额同比增长 24.6%，比各项贷款的平均增速高 13.2 个百分点。普惠小微授信户数达 5039 万户，同比增长 42.9%。

四是财政政策效应显现。按照政府工作报告要求，2022 年 4 月 1 日至 5 月 10 日已有 9138 亿元增值税留抵退税款退到 149.5 万户纳税人账户，再加上第一季度继续实施的此前出台的留抵退税老政策退税 1233 亿元，1~4 月共有 10371 亿元退税款退到纳税人账户上。

五是帮扶纾困范围扩大。2022 年 4 月 6 日国务院常务会议明确提出，对餐饮、零售、旅游、民航、公路水路铁路运输等特困行业给予重点倾斜帮扶，第二季度开始实施暂缓缴纳养老保险费，已实施的阶段性缓缴失业和工伤保险费政策范围扩大至上述 5 个行业。提高中小微企业失业保险稳岗返还比例，符合条件的地区可从 60% 提至最高 90%。允许地方再拿出 4% 的失业保险基金结余用于职业技能培训，并向受疫情影响、暂时无法正常经营的中小微企业发放一次性留工培训补助。

六是解决资金拖欠。防范和化解拖欠中小企业账款专项行动已在全国范围内部署开展，针对机关、事业单位、大型企业向中小企业采购工程、货物、服务所形成的账款拖欠，要求 5 月底前各地区、各部门完成全面排查，并建立台账，加大集中化解力度。同时采取多项措施，严防新增拖欠，健全防范和化解拖欠中小企业账款长效机制。

二 疫情冲击下小微企业经营状况仍在恶化

近期，在疫情冲击和外部环境不确定性增加等因素扰动下，市场需求不足和成本压力加大，小微企业经营状况进一步恶化。据中国中小企业协会统计，2022 年 4 月中小企业发展指数为 88.3，在上月环比下降 0.6 点的基础上，环比继续下降 0.3 点，低于 2021 年同期水平，已连续 3 个月下降。

一是纾困政策获得感不强。受疫情影响，很多小微企业没有经营活动或经营活动减少，形不成税收或达不到纳税标准，进一步减税作用已不大。据统计，当前未享受到扶持政策的小微企业约占 2/3。其中，约 83% 的小微企业没有缴纳社保，约 60% 无须缴税，约 37% 没有融资需求，因此无法真正享受到社保暂缓、减税降费、普惠金融支持等政策优惠。

二是运营现金流吃紧。北京大学企业大数据研究中心抽样统计数据显示，38.2% 的小微企业经营者报告其现金流仅能维持不到 1 个月，能维持半年以上的仅有 12.3%。广州社情民意研究中心抽样调查显示，超五成受访企业表示资金撑不过 6 个月，小微企业中明确表示"难以维持经营"的达六成以上。

三是餐饮企业生存艰难。2022 年 4 月我国餐饮行业收入 2609 亿元，同比下降 22.7%，创下 2020 年 5 月以来的最大降幅。5 月 1~8 日，阿里本地生活新服务研究中心对饿了么、美味不用等、客如云等餐饮互联网平台上的企业开展专题调研，显示餐饮企业面临需求不足、成本压力大、现金流紧张挑战，企业经营信心普遍不足。目前餐饮服务企业盈利占比不足 20%，近 3/4 企业现金流仅可维持 3 个月以内。

四是帮扶政策有待细化优化。以房租帮扶政策为例，餐饮企业租国有房产的占比不到 5%，其中小微企业租赁国企用房的不到 10%，因此真正能享受到国有房屋租金减免政策的餐饮企业不到 0.5%。大量租赁私人房屋的小微企业无法享受到政策优惠。据四川省统计局的调查，金融政策覆盖仍然不足，没有享受到金融让利政策的企业占比超过 52%，企业享受金融让利政策主要是降低实际利率，而享受到减免手续费的很少。

五是疫情防控成本不容忽视。阿里研究院的调研显示，企业越小对疫情防控成本感受越明显。小微企业对因疫情防控产生的防疫物资费用和停工成本、房屋租金和水电费成本的敏感度明显高于其他类型企业（见图1）。

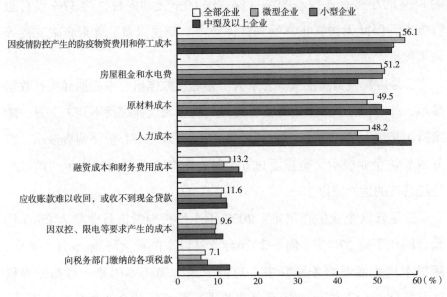

图1　2022年第一季度企业成本负担状况

资料来源：阿里研究院。

六是物流运输不畅。各地防控政策不统一、防控措施层层加码，导致物流运输不畅，涉疫地区的物流配送甚至陷入停滞。与大企业相比，小微企业更依赖社会化的物流服务，特别是电商正常运转更是离不开便利、快捷的物流配送服务，物流受阻导致一系列连锁效应：消费者因顾虑延迟到货、无法退货等问题而减少网购；电商商家进货销货受阻，库存积压导致占款和损耗，因大量客诉面临处罚和赔偿；快递公司转运中心和网点关停，全网堵点增多导致成本激增；运输公司大量司机和车辆滞留高速路出入口等。

三 政策建议

小微企业量大面广，占全国市场主体 90% 以上，是我国经济发展中最活跃的市场主体，是经济增长的重要动力源和解决就业的主渠道，对于稳定经济大盘具有重要作用。要尽快落实 4 月 26 日国务院常务会进一步完善支持中小微企业纾困解难的有关部署，加大对中小微企业的帮扶力度。

一是继续加大金融支持力度。进一步改善针对小微企业的普惠金融服务，用好 2022 年国有大型商业银行新增的普惠型小微企业 1.6 万亿元贷款额度。央行要加强对商业银行执行再贷款再贴现政策、精准帮扶小微企业的政策指导和考核检查。对于处在困难中的小微企业来说，目前的银行贷款利率仍然太高，企业资金成本负担过重。建议针对小微企业进一步下调贷款利率，严格控制利率上浮，减免手续费。进一步加强流动资金贷款支持等措施帮扶小微企业解决现金流紧缺问题。完善小微企业供应链金融服务，支持行业内央企拓展供应链金融服务，帮助上下游企业特别是处在产业链末端的小微企业。引入政府性融资担保公司来为产业链上下游小微企业提供增信服务。

二是从快解决拖欠账款。按照国务院要求，推动防范和化解拖欠中小企业账款专项行动走深走实。同时，认真清理、规范大中型企业用承兑汇票、票据等偿付中小微企业账款问题，规范商业银行加速实施票据贴现，缓解中小微企业流动资金紧张。要加强源头处理、健全长效机制，压实地方属地责任和部门监管责任。建立拖欠信息共享机制，加强大型企业、大型上市公司逾期未支付中小企业账款情况的信息披露曝光，依法依规实施失信惩戒。

三是出台对餐饮行业的定向扶持政策。餐饮业是受疫情冲击时间最长、影响最大的极困行业。建议相关部门参照 2020 年对餐饮行业的定向扶持政策，实施稳岗就业补贴，按员工社保人数给予餐饮企业一次性稳岗就业补贴。加大员工培训补贴和以工代训补贴力度，简化线上培训补贴的申报流程。对信用好的餐饮企业给予长期低息信用贷款或政府贴息贷款。

四是细化优化房租减、缓、免帮扶政策。明确界定国有房产租借范畴，将市属、省属、央企等国企纳入对小微企业减、缓、免房租范围，强化执行力度。当前财政疫情补助金以部分一线城市或区域为主，覆盖范围较小，建议进一步扩大覆盖范围。目前房租减免减半政策仍以国有单位租出的经营用房为主，下一步要支持私人房屋业主开展减租让利、缓收房租等帮扶举措，对其减租让利部分可进行相应的税收折抵。

五是妥善解决因疫情管控造成的物流不畅问题。明确、统一跨省和城市内跨区物流运输通行标准，统筹通行证审批、推动实现跨省跨区互认。特别是对"14天途经中高风险地区—行程码加星—无法下高速—继续行驶继续加星""司机在高速路连续行驶而无法满足24小时或48小时内核酸"等规定，具体化为基层可操作、易操作的方案。推动实现通行证跨省跨区互认，明确通行证的类型、审批流程、载体和有效期等。对严格执行消杀、定时全员核酸的快递企业和网点，准予正常运营。

（区域和产业经济研究部　窦　勇　赵春哲）

村镇银行应如何经营、如何监管？

村镇银行是我国金融系统的"毛细血管"，在服务三农和中小微企业方面发挥了重要作用，为乡村振兴提供了有力支撑。但2022年4月以来，河南、安徽部分村镇银行"取款难"事件引起社会关注，暴露了村镇银行经营管理和风控体系存在的薄弱环节。为了解村镇银行发展现状，探讨村镇银行经营和监管模式，中国国际经济交流中心"防范和化解金融风险"课题组在梳理村镇银行发展历程和面临问题的基础上，调研了拥有10家经营良好的村镇银行的主发起行——M银行，提炼总结了成功经验，并提出了村镇银行改革创新建议。

一 村镇银行的发展与现状

我国村镇银行诞生于2006年，在十余年间从无到有，快速发展。截至2021年末，全国村镇银行数量为1651家，已占全国银行业金融机构总数的36%左右。村镇银行设立的初心，是解决乡村的"金融排斥"问题，发展普惠金融，解决农村地区金融服务供给不足、竞争不充分的问题。作为一种特色金融机构，村镇银行具有以下几个特点。一是准入门槛相对较低。在乡（镇）设立的村镇银行，注册资本不低于100万元；在县（市）设立的村镇银行，注册资本不低于300万元，而同期的农村商业银行注册资本最低限额高达5000万元。二是主发起行主导的股权设计。村镇银行的主发起行必须是符合条件的银行业金融机构，且持股比例不得低于 15%，同时单一自然人持股比例、单一其他非银行企业法人持股比例不得超过 10%。三是坚持"支农支小"定位。村镇银行必须始终坚持信贷主业，资金主要投向县域农户、社区居民与小微企业，未经批准不可从事发行金融债券、买卖政府债券和金融债券等业务。《2021 年度村镇银行调研报告》显示，截至 2020 年末，全国村镇银行资产总额为 1.94 万亿元，实现净利润 76.9 亿元，贷款余额 1.19 万亿元，其中农户与小微企业贷款占比 90.4%。这说明大部分村镇银行坚持立足乡村，为农户、小微企业实际需求服务。

二　村镇银行发展面临的困境

近年来，村镇银行的经营和监管遇到了新的问题和困难，直接影响其生存发展和服务乡村。

一方面，村镇银行在运营上面临问题。一是知名度低，吸储困难。二是运营成本高，利润低。三是面临其他国有大银行、城商行、农商行和邮储银行，乃至互联网金融的"下沉"竞争。四是一些村镇银行未能真正深入乡村，所设网点数量少且仅在县城及附近开展业务。五是农业和农产品价格具有一定周期性，加上村镇银行储户种类单一，注册资本规模小，抵御风险能力较弱，遇到外部冲击可能出现风险大面积暴露。这些问题已导致一些村镇银行经营陷入困难甚至产生亏损。

另一方面，村镇银行也面临监管难题。一是属地监管机构的监管成本高、难度大、经验少。二是目前对村镇银行的监管手段和方法较为传统，信息不对称问题并未得到根本解决。三是主发起行在村镇银行公司治理、内部监管方面扮演关键角色，一旦主发起行由于种种原因缺位错位，村镇银行就可能成为一些利益相关者借机牟利的"钱抽屉"。2022 年 4 月底的河南、安徽部分村镇银行"取款难"事件就是典型案例。河南新财富集团通过交叉持股、操纵银行高管等手段，控制涉事的几家村镇银行，利用第三方互联网金融平台、自营平台和一批资金掮客进行揽储和推销金融产品，以虚构贷款等方式非法转移资金，并进行数据删改、屏蔽瞒报。而作为五家涉事村镇银行主发起行兼大股东的许昌农商银行，事后竟"澄清"其不实际控制五家银行的经营管理。公开信息显示，此次事件涉及全国各地储户60多万人，涉事金额达数百亿元。目前，有关部门对受损储户的垫付工作正在进行中。此事不仅给储户和地方带来较大损失，还打击了村镇银行的信用，造成了严重的不良影响。

三　M银行发起设立村镇银行的经验借鉴

M银行通过有效的制度设计，在村镇银行经营和监管两方面均取得了良好的成效，相关经验值得借鉴。截至目前，M银行共发起设立了10家村镇银行，均为第一大股东，总持股占这些村镇银行总股本的比例为57.64%。截至2022年6月末，10家村镇银行共设置机构数量76家（其中设在街道乡镇的机构有46家），员工1180人。存款余额合计189.4亿元，贷款余额157.68亿元，其中涉农贷款和小微企业贷款余额占全部贷款的96%，100万元以下贷款户占比高达94%，户均贷款仅36万元。整体资产质量较好，风险可控，近两年新增贷款不良率仅为0.19%，拨备覆盖率达269.68%。其中半数以上的银行监管评级达到3A及以上，在属地同类行中名列前茅，"小而精""小而优"特色鲜明。这些成绩在一定程度上得益于M银行坚决实行统一领导、分级负责的并表管理模式。M银行专门成立了村镇银行管理总部作为牵头管理部门，承担村镇银行日常管理工作，协同其他职能部门从法人治理、定位引导、风险防控、科技系统等多个方面为村镇银行保驾护航。

（一）建立健全法人治理机制

M银行作为主发起行，在发起之初就要求尽可能对这10家村镇银行绝对控股。目前10家村镇银行中有8家由M银行绝对控股，2家相对控股，最低的持股比例也达到 47%。控股地位确保了 M 银行为村镇银行制定的发展战略、市场定位和管理政策能得到有效贯彻执行。M 银行在村镇银行的 5 个董事会席位中占据 3 席，监事会 3 个席位中占据 2 席，且董事长、监事长均由 M 银行委派，完全掌控村镇银行日常经营事务，其他股东严格按照董事会议事规则参与公司治理。M 银行不仅认真遴选符合监管准入要求且对"支农支小"认同度高的股东，还要求股东签订《股东承诺函》，承诺不干预银行日常经营事务，支持"支农支小"发展战略，在持有股份期间不谋求优于其他股东的关联交易等事项，避免股东"摩擦"带来的管理成本。

（二）确保经营模式复制落地

M 银行本身是专注服务地方经济、中小企业和城乡居民的城市商业银行，小企业贷款余额占全行贷款余额 80% 以上，具有丰富的中小企业金融服务经验。在参与村镇银行公司治理过程中，M 银行通过委派领导班子、设置高管考评体系、从本部输送大量营销业务骨干、设立专门培训学校统一培训村镇银行员工等方式，将为小企业提供信贷服务"干什么，怎么干"的经验模式成功移植到农村，实现了"支农支小"和取得良好经营绩效两个目标的较好结合。

（三）把好风控关

村镇银行领导班子全部由 M 银行异地委派，一般派驻聘期为 3 年，原则上不超过 6 年，避免与当地产生利益关联。所有村镇银行高管都直接与 M 银行而非村镇银行签订就业合同。日常管理中，M 银行对村镇银行进行严格数据监测，对主要监管及业务风险指标进行按月分析和不定期通报，紧盯高风险业务和所在机构，及时下发风险提示并提供管理建议。M 银行还从流动性风险管理、压力测试、应急预案、应急演练等多方面指导村镇银行逐步建立健全流动性风险管理制度体系。为防范流动性风险，M 银行与各村镇银行签订了流动性支持协议，明确了支持的内容与资金安排，并将相关协议内容写入村镇银行章程。

（四）提供数字化技术支持

所有村镇银行的银行信息系统均在 M 银行托管，主信息技术服务器均存放在 M 银行的信息中心。M 银行的信息部门从系统搭建、维护、升级、日常管理等方面对村镇银行予以全面支持，并竭力满足各银行的个性化需求，每次 M 银行新的银行系统项目开发和存量项目优化都对村镇银行予以同步更新。根据村镇银行业务发展需要，M 银行开发了村镇银行独立的核心业务系统、信贷系统、征信系统、财务系统、电票系统、电子银行系统、报表系统等 50 多个系统和平台，为村镇银行提供代理清算大小额支付结算业务。M 银行还向各村镇银行提供系统日常运维外包服务、数据库的运营维护服务、数据储存和处理服务、技术和业务培训等。

四　启发与建议

河南、安徽村镇银行"取款难"事件后，村镇银行亟须修复信用，通过改革创新，加快探索适合自身定位的发展路径和监管模式。对此提出以下建议。

（一）恪守一个初心，做到三个坚持

村镇银行要恪守自身作为金融系统"毛细血管"，服务三农和中小微企业的初心。坚持"立足县域，支农支小"的定位，将资金用于支持本地建设发展；坚持经营好自己的"一亩三分地"，不盲目追求规模，不异地经营；坚持银行监管的资本充足率、拨备覆盖率和不良率三条红线，不以金融创新的名义超越底线。村镇银行要在主发起行的指导下，因地制宜探索行之有效的业务模式，稳健地走出体现村镇银行特色的发展道路。

（二）健全治理，压实主发起行的牵头责任

有关地方金融监管部门应把好股东遴选关，尽量选择资产状况良好且具有丰富小微客户服务经验的金融机构，担任村镇银行的主发起行，

确保主发起行与村镇银行形成良好的业务协同。要指导村镇银行建立架构清晰、规范高效、权责分明的公司治理体系。村镇银行的主发起行应当通过绝对控股或较高比例的相对多数控股，从法律上确保对村镇银行的控制关系，守住关键岗位、核心流程和重大决策的风险底线。支持主发起行发挥专业优势，输出自身的业务模式、业务人才、风控体系、治理机制等，全面赋能村镇银行。

（三）与时俱进，通过科技手段管理风险

建议学习借鉴 M 银行的经验，由主发起行对村镇银行信息系统进行集中托管，集中存储重要数据，统一运营和维护，确保村镇银行系统的安全、稳定和可靠。条件成熟时，可考虑推广应用统一的村镇银行现场检查分析系统（EAST）。地方监管部门应加强对村镇银行的运营合规检查，用足用好 EAST 系统对村镇银行进行日常数据监测。银保监会可明确授权地方监管部门对使用 EAST 系统不规范的村镇银行进行行政处罚。

（四）完善监管，尽快建立健全相关法规

银保监会应尽快完善村镇银行相关监管法律和行政法规，将村镇银行的控股股东、实际控制人作为重要监管对象，对主发起行制定更严格的资质要求、公司治理要求和股东质量要求。尽快研究对银行存款兑付风险的处置方式和法律依据，做到有法可依，依法处置，明确银行应负的民事责任，保护存款人的正当合法权益，维护国家金融安全。

（"防范和化解金融风险"课题组

执笔：蔡芷菁）

我国跨境电商亟待从高速发展转向高质量发展

    我国是跨境电商大国，产业规模虽然位居全球第一，但呈现"小、散、乱"特点，缺乏行业规范和行业自律，通关、退税、结汇等方面还存在政策短板，在贸易平台、贸易渠道、贸易规则等方面受制于人。为深入了解研究我国跨境电商发展情况，中国国际经济交流中心课题组赴广东、浙江、天津、河南等地实地调研，与中国报关协会、中国仓储与配送协会、深圳跨境电商协会等行业组织，京东、菜鸟、中国国际图书贸易集团等行业龙头企业及大量中小企业深入交流。有关情况如下。

一　当前我国跨境电商发展存在的突出问题

    我国跨境电商产业规模位居全球第一，且持续多年保持高速增长。据国家海关总署数据，2021年我国跨境电商进出口规模为1.98万亿元，同比增长15%。据有关机构估算，目前我国跨境电商总规模约占全球40%，其中企业对个人（B2C）跨境电商约占全球B2C跨境电商交易额的26%。新冠疫情期间，跨境电商发展提速，对我国外贸的拉动作用进一步增强。我国已成为名副其实的跨境电商大国，但还不是跨境电商强国，主要存在以下问题。

（一）高度受制于海外交易平台

    全球跨境电商贸易主要依托亚马逊（Amazon）、易趣（eBay）、购物趣（Wish）等平台，其中 Amazon 市场占有率最高，超过 32%，eBay 超过 15%，Wish 超过 11%。阿里国际站是我国最大的跨境电商平台，国际市场占有率约为 11%，与 Amazon 差距较大。全球跨境电商货品供应主要来自中国卖家，但中国卖家主要集中在 Amazon 平台。根据市场脉搏（Marketplace Pulse）统计，Amazon 平台上中国卖家占比约为 40%，前 1 万名的头部卖家中，中国卖家占比高达 50% 左右。2021 年，Amazon 擅自修改平台规则，以打击"虚假评论"和"刷单"为名，对平台上超过 5 万家中国商户进行封禁，包括帕拓逊、傲基、通拓等知名"大卖"，大量商户出现巨额损失、资金链断裂甚至倒闭，行业损失金额估计超千亿元。在多数跨境电商企业高度依赖国外主流平台的背景下，这些平台的规则陷阱或进行选择性执法等风险集聚。

（二）物流、支付等服务环节受制于人

除平台外，跨境电商发展还十分依赖物流、支付等配套服务，这些服务的渠道主要掌握在外国企业手中。物流方面，跨境电商高度依赖的国际航空物流是我国物流体系的突出短板。美国联邦快递（FedEx）和联合包裹（UPS）是全球最大的航空货运承运商，中国最大的航空货运公司南方航空和中国国航仅能排到全球第 9 位和第 11 位，特别是我国全货机国际航运更加短缺。结算方面，跨境电商结算主要依赖维萨（Visa）、万事达（Mastercard）等国际卡组织，结算时间长且手续费高，收款周期长达 3~5 天，每笔结算汇款费用高达 15~25 美元，给商户增加了不少资金周转和汇兑成本。

（三）行业规范和标准不健全

我国现有跨境电商企业 3 万～4 万家，除少数大型跨境电商平台企业（如阿里国际站、阿里速卖通、天猫国际、京东全球购、苏宁全球购等）、专业商品领域的龙头企业（如文化产品领域的中国国际图书贸易集团、服装领域的希音等），以及一些大型卖家（如环球易购、傲基、有棵树、赛维等）外，行业主体主要是大量中小企业，行业结构

呈小而散特点。由于跨境电商领域缺乏全国权威统一的行业组织，行业规范、服务标准等不健全，致使"刷单"、索要好评等不合理行为成为行业潜规则，国内电商"走出去"后遭到海外平台诟病。

（四）通关、退税、结汇等方面存在政策瓶颈

我国积极推动跨境电商业态创新、模式创新、监管创新，推出了"保税备货电商（1210）""直邮出口（9610）""跨境企业对企业（B2B）直接出口（9710）""跨境 B2B 出口海外仓（9810）"等新模式，有力推动了跨境电商产业跨越式发展，但目前在一线实操层面，还存在一些政策瓶颈和短板。如我国尚未完全统一 B2B 和 B2C 两大类跨境电商的通关方式，B2C 跨境零售仍面临通关不便的问题，基于大数据平台和"数字围网"的 B2B 和 B2C 一体化通关模式还没有形成；针对海外仓的"9810"通关方式还没有形成退税、结汇等方面的细则，跨境电商实际采用"9810"方式开展的贸易不多；还没有离岸形式电商的制度安排，离岸电商在贸易真实性审核和结汇方面存在制度性障碍。

（五）我国在跨境电商领域的先发实践没有转化成国际规则

全球数字贸易规则的制定权主要掌握在美国、欧洲、日本、新加坡等发达国家和地区手中，我国跨境电商虽然在发展模式、政策制度创新等方面领先全球，但一直未转化成相关国际规则标准。如我国独创的"1210""9610"等跨境电商模式虽得到国际海关组织（WCO）高度认可，但一直未向全球大范围复制推广。在数字服务市场开放、跨境数据流动、数据非本地化存储、个人隐私数据保护、数字平台治理、数字知识产权保护等前沿国际数字规则领域，我国还处于"跟跑"阶段，规则引领能力不强。我国创新没有形成国际规则的主要原因在于，缺乏跨境电商行业协会等能够统筹行业发展、与相关国际组织对接的第三方机构，缺乏能够牵头将创新实践转化为国家标准或团体标准，进而升级为国际标准的专业化组织。

二 推动跨境电商高质量发展的若干建议

当前我国跨境电商正面临转型发展，亟待从高速发展转向高质量发展，使我国从跨境电商大国迈向跨境电商强国，进而推动我国由全球数字经济大国成长为全球数字经济强国。推动我国跨境电商发展应做好以下几方面工作。

（一）成立中国跨境电商协会

我国在传统经济的各领域均设有行业协会，对于规范行业发展、制定行业规则标准、参与行业政策制定等发挥了积极作用。跨境电商是新兴领域，国家尚未成立行业协会。目前地方层面已设立了不少区域性跨境电商行业组织，民政部查询系统显示，各地跨境电商组织多达35个，其中行业协会14个。一些行业协会已形成较大规模，如最大的跨境电商地方行业组织深圳跨境电商协会集聚了跨境电商及供应链、物流、金融、法律等各类企业6万多家，从业人员超过50万人，拥有会员1800多家。建议国家在地方协会基础上，组建国家级中国跨境电商协会，发挥中国国际图书贸易集团等跨境电商领域龙头国有企业作用，吸收京东、菜鸟、苏宁、希音及行业有影响力的企业作为会员机构。未来该协会可承担制定行业标准、规范行业发展、协调政府与企业关系、推动监管制度和政策创新、引导我国跨境电商"走出去"和海外布局、参与国际谈判、参与国际商事调解、开展专业人才培训等相关功能，补齐我国跨境电商领域基层治理的短板，畅通我国大量基层跨境电商企业与宏观管理部门、国际组织的信息沟通渠道，强化各层面协调联动机制。

（二）培育有国际竞争力的跨境电商平台企业和独立站

贸易平台是跨境电商产业链的最核心环节，若没有我国主导的平台，即便有再大的制造能力和市场需求，仍会受制于人。当前要借Amazon打压中国跨境电商企业之机，积极引导我国跨境电商企业逐步摆脱对海外平台的依附，下决心打造更具国际影响力的中国跨境电商交易平台。一是要继续支持阿里、京东、苏宁等现有大型跨境电商平台做大做强，更大力度拓展国际市场，积极与 Amazon 等开展竞争。二是顺应跨境电商平台细分化趋势，支持专业领域跨境电商企业，如文化产品领域的中国国际图书贸易集团、建材领域的中国建材集团、服装领域的希音等打造专业化跨境电商交易平台，在专业商品交易基础上逐步拓展综合化商品交易与服务。三是支持中小跨境电商企业打造具有特色的独立站。

（三）积极开展国际物流、国际支付结算等配套服务能力建设

国际物流与国际支付结算是我国跨境电商发展的突出短板，要积极打造为我所控、更好为我所用的跨境电商服务体系。在国际物流领域，要发挥好中远海运、招商局集团、中国物流集团、三大航空公司等大型国有物流企业及顺丰等民营企业作用，大力开展国际海空运物流体系建设，高质量建设中欧班列，在全球布局物流枢纽节点、海外仓、终端配送体系，形成覆盖全球的一体化物流服务网络。在支付结算领域，要积极推动我国国内数字支付工具"走出去"。推动跨境电商平台采用数字人民币结算，平台结算与人民币跨境支付系统（CIPS）相连，不但可以绕过国际卡组织，还可以摆脱由美国掌控的环球同业银行金融电讯协会（SWIFT）系统的监控。

（四）继续推动跨境电商制度创新

聚焦广大数字贸易企业关注的堵点和痛点问题，瞄准通关、退税、结汇、资金跨境、数据流动等关键环节，统筹商务、海关、银保、外汇、税务、网信等部门，开展一揽子监管与政策创新。进一步扩展跨境电商零售进口正面清单，探索与海关个人进出境携带管理共用一张正面清单，未来可探索跨境电商零售进口负面清单管理，即除明确禁止通过跨境电商渠道进入我国境内的商品类别外，其他类别商品均鼓励跨境电商零售进口，进一步丰富跨境电商交易品种。完善"9810"

制度细则，创新跨境电商海外仓交易管理制度，形成较"一般贸易（0110）"更加便捷的通关方式。积极推动海关"数字围网"建设，探索建立基于"数据通关"的 B2B 和 B2C 一体化通关方式，推动海关对跨境电商从"实物监管"向"数据监管"转变。探索发展离岸电商，加强对离岸贸易的真实性背景审核，建立订单流、货物流和资金流"三流"分离的贸易监管方式，探索利用大数据、区块链、物联网、全球定位系统（GPS）、北斗等手段掌握跨境电商产品交易和物流流向。探索跨境电商结算与各自贸试验区金融创新政策相结合，利用人民币离岸账户或自贸区自由贸易账户发展离岸结算和建立本外币一体化资金池。建立基于数据分级分类的数据跨境流动制度安排，探索跨境电商数据出境安全评估制度，建立数据跨境流动主体"白名单"。

（五）积极推动我国创新实践升级成为国际规则

积极推动国际海关组织认可的"1210"跨境电商模式向外推广，特别是要向共建"一带一路"地区复制，推动沿线国家建设具有保税功能的海关特殊监管区，依托海关特殊监管区开展跨境电商保税备货零售进口，增强我国与共建"一带一路"国家跨境电商双向贸易，共建"数字丝绸之路"。深化与国际标准化组织（ISO）、国际电工委员会（IEC）、国际电信联盟（ITU）等重要国际标准组织对接，将我国跨境电商平台建设、"单一窗口"监管平台建设、移动支付、金融科技等领域的重要实践和技术创新总结为国际标准，提升市场话语权。

（创新发展研究部　何欣如　梅冠群）

网络安全能力建设需要补"基础课"

数字经济对信息化技术全链依赖，具有牵一发而动全身的连锁风险效应。从信息化发展的战略性和全局性考虑，需要统筹资源，对网络安全实施全方位保护。当前，我国信息化网络安全基础建设不足，无效防护问题严峻，应从更全面的体系能力建设方面进行深入梳理，积极创新，补好安全防护"基础课"。随着5G的发展，新基建中有大量的增量系统建设，更需要网络安全同步规划、同步建设、同步运维，通过规划指引全面增强防御能力，提升我国信息基础设施安全防护水平。

一 网络安全基础能力建设的重要意义

（一）基础能力建设是网络安全防护的基本功

全网统一快速补丁升级、动态策略调整、漏洞掌控等基础能力是网络安全防护的基本功。长期以来，我国以小规模信息资产为主，总体上依靠相关风险通报和事件驱动，采用手动或半自动手段解决网络安全防护问题，往往把解决补丁升级、漏洞修补等网络安全基础问题归入技术含量低、成本投入少的合规环节。在面对复杂、异构、广泛互联、业务体系高度复杂的信息资产时，网络安全基础问题从依靠简单处置变为极度复杂的难题。总体来看，我国信息基础设施网络安全水平不高，与发达国家差距明显。以对主机系统的加固策略为例，我国现有产品水平可支撑几十个配置点，而美国等发达国家采用大量严格的安全配置加固要求，如根据美国国防信息系统局安全技术实施指南（STIG）要求，平均每种操作系统有高达 600 多个可配置点，能够显著提升系统安全水平。

（二）基础能力建设是实现态势感知的底层支撑

习近平总书记强调，要全天候全方位感知网络安全态势。网络安全态势感知不是一种单点的安全技术，而是由威胁捕获、检测、分析、预测、追踪溯源等大量分支技术和功能支撑的顶层安全能力。感知威胁和追踪溯源都依赖全方位的网络安全基础能力，若没有可管理的信息化基础网络，不能有效防范资产、配置、补丁、漏洞可能出现的安全问题，态势感知将成为无源之水、无本之木。美国等西方国家十分注重通过加强网络安全基础能力建设提升网络安全态势感知能力。美国早在 2011 年就推出安全配置管理项目，要求实现标准的安全配置功能。美国白宫 2021 年 8 月发布《提高联邦政府网络安全事件的调查和补救能力》备忘录，要求做好事件日志管理和共享，提升网络安全事件响应能力，通过加强基础能力建设，全面提升美国网络安全态势感知能力。

（三）基础能力建设是实现高阶安全防御的前置条件

高阶的安全防御技术和产品往往需要全面可靠的基础安全数据和信息作为支撑。信息化技术越先进复杂，基础能力建设就越重要，且越难以在建设完成后以"贴膏药"的方式来弥补。美国将网络安全基础能力建设视为安全防御的前提，美国国家安全局实施的"可管理网络计划"指出"无法管理的网络是不安全的"，"如果网络不可管理，则很难全面实施任何安全措施"。国际著名安全咨询机构 SANS 提出滑动标尺模型，明确提出基础安全能力建设是实现高阶安全防御的前提。

二 我国网络安全基础建设存在的问题

（一）网络安全基础能力建设不足

我国网络安全基础工作不够扎实。普通恶意代码或低等蠕虫病毒通过网络或 U 盘等非定向传播，就能导致一些重要信息系统内网、工业控制基础设施遭到攻击。有研究报告指出，利用早已披露的陈旧漏洞进行安全攻击的事件占比高达 34%。主要原因是基础防御能力不足，无法及时进行规模化、体系化的安全补丁升级，暴露出我国长期投入不足、重视不够而导致防护缺失问题。这并非只是技术先进性不足的结果，还是信息系统在规划建设和运维环节未能同步考虑网络安全问题的结果。

（二）网络安全无效防护问题依然严峻

在安全监测、防护和处置工作中，大量信息系统仍存在资产信息不完善、系统运行状况不明晰、网络安全风险不知晓等问题，与习近平总书记提出的"全天候全方位感知和有效防护"要求有很大差距，更难达到"防患于未然"的效果。我国网络安全基础能力建设的系统性、有效性不够，无法及时应对安全威胁的动态变化，难以实现有效的安全防护。从勒索病毒大规模爆发和供应链安全问题影响广泛等情况看，我国网络安全问题依然严峻。

（三）数字化发展过程中对网络安全重视不足

由于网络安全本身不直接创造经济价值，且网络安全威胁具有隐蔽性的特点，难以自发产生大规模的网络安全需求。因此，在数字化发展中，容易忽视同步构筑网络安全防护的重要性。在一些地区和行业的数字化建设规划中，信息化的目标相对清晰、篇幅大，预算占比高，而网络安全目标含混、篇幅极少，预算占比较低，造成信息化建设和网络安全建设二者失衡，网络安全建设无法满足数字化发展的实际需求。数字化引领经济社会转型升级，如果以"先建设、后补安全课"的思路来实现，将带来更大代价和成本，甚至可能发生连锁风险。

三　加强网络安全基础能力建设的建议

（一）以系统工程思维指导网络安全基础能力建设

网络安全防护必须将网络规划为可防御网络，而可防御网络的前提是可管理网络。国家主管部门应在等级保护等合规检查以及现有措施的基础上，进一步推动以系统工程思维为指导的网络安全基础能力建设，在网络的规划设计、建设实施和运行维护等阶段同步考虑安全问题，实现网络安全与信息化的深度结合与全面覆盖，为政企机构和重要单位的网络安全基础能力建设提出清晰的战略指引和体系化、框架性的防护规划指引。全面提升网络安全基础能力，形成高阶安全防御体系。

（二）存量系统的安全防护需要补"基础课"

我国以往的信息化建设中，往往先建设基础软硬件设施，再逐渐追加安全环节，且安全建设投入低、碎片化，导致防御能力不系统，网络安全事件响应不及时。这些系统本身有重大的国家安全意义和社会民生影响，需要提升安全防护能力，对存量系统基础安全防护不足进行"填坑补课"。应当深入了解政府机构、央企、关键基础信息设施的资产、补丁、配置、漏洞等基本信息，摸清家底，发现并厘清问题成因。分清哪些问题是源自缺少新的技术与能力，哪些是原有的基础环节没有做好，哪些是在信息化发展过程中老问题演变成新问题，有针对性地进行基础"补课"工作。

（三）增量建设需落实"安全与发展同步推进"

在智慧城市、工业互联网、数字基建等信息化的增量建设部分，需积极落实习近平总书记关于"安全与发展同步推进"的工作要求。在新一轮信息化建设中加大投入，在拉动经济社会发展过程中实现网络安全能力的深度结合与全面覆盖，使网络安全的基因成为整个信息化建设基础的基因。当前，我国在移动通信、电子商务、智能家居和传感设备制造方面已经是世界大国，在新技术领域和相关产业的领先地位，决定了在安全能力建设方面已经没有可以全面效仿的对象，需要探索新的安全技术体系和发展道路。基于所有新增信息系统的规划、建设、运维的全生命周期考虑网络安全问题，逐步形成新技术、新场景中的网络安全优势，为经济社会发展保驾护航。

（四）推动安全体系产品发展

目前，在总体安全管理运营环节，如统一补丁升级、统一动态策略调整等，缺少产品支撑。应扶持产品厂商，研发针对大规模异构资产进行统一资产安全管理、补丁统一升级分发、漏洞集中管理运营、安全策略动态调整的产品与系统。支持建立面向多云、混合云的工作负载安全管理产品。支持多场景、多终端的统一端点安全管理产品标准和原型研究。

（五）完善标准规范

强化网络安全国家标准顶层设计，优化完善网络安全国家标准体系，加快急需重点基础领域标准审议，着力提升标准质量和精细化程度，提高标准研制时效性。支持建立不同场景下不同操作系统的安全配置标准，提升我国的安全标准。

（博士后站　徐　菲）

加快建设航运强国的思考及建议

航运作为全球经济贸易最主要的载体，对保障全球产业链供应链稳定、促进经贸发展至关重要。航运业也是我国经济社会发展的重要支柱，我国 90% 以上的国际商品贸易货运都是通过航运完成的。建设海洋强国、航运强国，对于推动我国经济持续健康发展，维护国家主权、安全、发展利益，进而推进中国式现代化具有重大而深远的意义。

一　我国航运发展的形势研判

（一）新机遇

一是新一轮科技革命和产业变革中，智能化、清洁化成为航运发展的方向。以技术创新为引领，将传统航运要素与现代信息、通信、传感和人工智能等高新技术深度融合，才能实现我国航运业由大到强的结构性调整和高质量发展。同时，在"双碳"背景下，我国已实施设置船舶排放控制区、加强港口船舶污染物接收设施建设、推进船舶液化天然气（LNG）动力改造、加快老旧船舶更新换代等举措，推动航运业绿色转型。二是世界航运呈现结构性复苏态势，船舶运力实现稳步增长。2021 年，全球货物贸易总额为 44.80 万亿美元，同比增长 26.1%。其中，集装箱、散货等复苏态势显著，全球船舶业稳步恢复，为我国航运向好发展奠定了坚实基础。三是我国扩大开放政策合力正在形成，航运发展趋势总体向好。我国已连续9年稳居全球第一大贸易国地位，超大规模市场潜力凸显。2021年，我国对外货物贸易总额达到6.9万亿美元，同比增长30.0%，占世界货物贸易总额的比重达到13.5%。伴随我国自贸区、自贸港建设持续推进，"一带一路"倡议深入实施，《区域全面经济伙伴关系协定》（RCEP）等多边自贸协定签署生效，贸易伙伴趋向多元、贸易区域更趋协调、外贸主体结构更趋合理，为我国航运业高质量发展提供了更广阔的空间。2021年，上海港集装箱吞吐量突破4700万标准箱，同比增长8%，连续12年位居全球第一；宁波舟山港吞吐量达3107万标准箱，位居全球第三。

（二）新挑战

首先，新冠疫情是影响航运业健康发展的最大挑战。疫情反复不仅对水路客运市场造成巨大冲击，也明显降低了全球范围内物流供应链的流转效率。2021年，全球十大主干往返航线的月均综合准班率一度下跌至26.4%，远低于疫情前的78.6%，空箱无法及时运回发货国，引发集装箱海运价格暴涨。其次，发达国家纷纷采取供应链自主可控和制造业回流政策，对航运业发展冲击较大。美国拜登政府上台后，继续实施制造业回流政策，修改国内税收政策遏制向海外输出资本，加强政府购买支持本土供应链生产。日本提出供应链改革扶持计划，投入2200亿日元支持制造业回归。不少欧美发达国家重新采取对进口产品加征关税等严格的贸易保护主义政策，经济民族主义在全球蔓延。最后，美国积极推行印太经济框架，对我国航运发展产生负面效应。2022年10月，拜登明确提出印太经济框架（IPEF），意图拉拢日、韩、印等盟国，构建以美国为主导且尽量减少对中国依赖的供应链，不仅在芯片、机械装备等关键技术领域设置"小院高墙"，禁止对华出口，还限制其"盟友国家"对华投资、与华开展经贸合作。

二 我国航运发展的主要问题

（一）基础设施亟待改善

一是海运航线网络通达性仍需提高。目前我国内河港区与海港衔接不畅，高等级内河航道与铁路、公路集疏运网络部分区段连通不畅，影响整体航运货运效率。二是港口空间发展受限，部分地区港城用地矛盾尖锐。三是海运船队建设结构性矛盾突出，与建设一支技术先进、绿色智能、规模适宜的现代化船队目标仍有较大差距。在特种运输船制造上，国际竞争力弱，尚处于跟跑阶段。

（二）政策体系尚不健全

一是缺乏较高层次的国家战略。我国现有航运业配套政策多为地方性的短期政策，缺乏战略高度和扶持深度。二是海洋航运机构管理机制不协调。我国部分地区海洋海运相关管理部门和其他部门的工作机制尚未理顺，不能有效调度和配置地方资源，不利于形成促进海洋航运高质量发展的合力。三是地方政府对海洋航运的重视程度不足。某些地方政府对海事管理存在缺位现象，航运保障体系效率和口岸综合效率均较低。

（三）配套服务能力不强

一是海运数字化信息平台和工业互联网建设滞后。目前，我国尚未实现航运资源的物联化、航运经营决策数字化，以及航运业务与贸易、物流、金融、口岸之间的数字化协同。覆盖制造、运力、货源配置、商品物流、金融、商事服务的信息平台未形成，尚不具备保障船舶国际航行的物流、金融、保险等全供应链支持的能力，不能实现一单到底。海关、海事、边检等口岸职能部门间信息尚不能互认共享，在企业税收、船舶登记注册、船舶检验等方面效率低、手续烦琐，船员上岸体检、航运公司报表等业务均需重复报送，严重影响通关效率。二是金融服务体系不灵活。金融机构对航运业支持有限且严重滞后于市场反应，贷款难度大，特别是在海洋航运国际金融等方面不能提供具有竞争力的服务。三是对国际海运通道的安全保障服务能力偏弱。在全球海域感知、深远海搜救、航海保障等方面与海洋强国相比仍有较大差距。

（四）国际竞争力偏弱

一是航运业市场集中度偏低。截至2022年4月，全球十大班轮公司中，中国内地仅中远海一家，总运力292.9万标准箱，排名第四，与排名前两位的地中海航运、马士基的运力分别相差140.6万标准箱、135.6万标准箱。全球前100名班轮公司中，中国内地仅有12家，与世界第一的贸易体量和重要的国际贸易地位不相匹配。二是核心技术水平与欧、日、韩差距明显。我国新船型研发储备少，高端船型开发和设计能力不足，缺乏自主大型工业设计软件，关键零部件和基础材料研发能力弱，严重依赖欧洲、日本进口。三维数字化工艺设备能力也不足，关键工艺环节仍以机械化、半自动化装备为主，基础数据缺乏积累，信息集成化水平低。三是国际航运标准和规则制定话语权偏弱。现行国际海运适用的规则多来自欧洲，海牙规则、维斯比规则等构成了国际海运公约体系和国际海运法律制度的核心内容。作为A类海事理事国，我国参与有影响力的国际公约制定和技术标准提案的机会少，国际海事多边谈判能力与发达国家有较大差距，在全球航运领域标准和规则制定方面处于跟随者地位。

（五）航运软实力存在短板

一是航运文化发展相对滞后。"世界海事日""世界海员日""世界航标日"等活动的公众参与度低，海运文化设施、航海科普基地和优秀海运文艺作品少，整合航海精神和丝路精神等具有中国文化基因的航运文化宣传力度不够。二是航运人才数量和质量均待提升。我国航运专业人才缺口逐年增大。海员工作环境相对恶劣，远离亲友，收入不高，对年轻一代愈发缺乏吸引力，面临青黄不接难题。三是海事人才培养机制亟待健全。国内院校培养的人才多以中低端为主，高端海事人才的自主培养发展缓慢，且国际人才引进效果也不理想，导致高端人才匮乏。

三　政策建议

（一）大力加强港口建设，打造世界性和区域性枢纽中心港

一是对上海港、宁波港、舟山港、青岛港、深圳港等主要港口进行数字化、智能化、绿色化改造升级，打造货物中转集拼、加注燃气等多样化服务功能。二是充分提升港口内装卸货自动化水平，解决水铁联运中的港口"最后一公里"问题。强化港口与综合保税区的协调运营，提高地面物流体系连通性，增强对区域市场和终端市场的网络辐射能力。缩短货物在港停留时间，提高货物周转效率。三是力争以上海港洋山港区外贸集装箱沿海捎带业务试点为基础，将上海港打造成为世界性集装箱或干杂散货集拼枢纽中心，将青岛港打造成东北亚区域枢纽中心港，推动香港港与深圳港协同一体化运营，打造亚洲地区枢纽中心港。

（二）推进航运企业兼并重组，培育世界一流国际航运综合物流服务商

一是积极促进中远海等航运头部企业实施兼并重组，提升航运企业国际市场竞争力。与中小航运企业进行整合，与航运相关服务企业实施重组，形成一批市场集中度适中、综合物流服务能力强的航运企业。二是鼓励对国外符合经营条件的物流企业或航运企业进行收购，提高一单到底的综合服务能力。三是促进中远海、招商局等航运头部企业，与中国船舶集团、新时代造船集团等造船头部企业强强联合，打造产业链头部企业。

（三）完善法律、金融、信息平台等配套体系建设，优化航运业生态

一是积极完善以海洋基本法为中心的法律体系。加快制定海事仲裁法等法律，修订更新海商法等滞后的法律，充分对接国际规则和国际惯例。二是协调统筹各地航运管理政策。加快建设航运工业互联网等

平台，推动海关、海事、边检等口岸职能部门间信息互认共享，实行"一站式"电子口岸，降低交易成本，提高通关效率。加大金融政策支持力度，实施优惠的信贷政策，简化资金审批流程。改革船舶登记制度，在企业税收、船舶检验方面探索新模式，提升服务水平。三是强化全球海域感知、深远海搜救、航海保障等方面保障服务。利用北斗系统提供航运定位与数据支持等信息服务，保障航运发展安全。

（四）积极参与亚太地区重点港口与通道节点建设，提升航运业国际治理能力

一是巩固在巴基斯坦瓜达尔港、缅甸皎漂港、斯里兰卡汉班托特港、伊朗贾斯克港和恰巴哈尔港口的投资基础，积极参与亚洲地区其他重要节点新港口的开发投资和参股控股。二是着力建设远洋航线保障基地，发挥其提供物资补给和保障安全的作用。我国已在吉布提港投资建设保障基地，也积极参与埃及苏伊士港、希腊比雷埃夫斯港、俄罗斯扎鲁比诺港的建设，应继续加大投资力度，增强港口保障功能。三是加大与共建"一带一路"国家在港口投资和建设上的合作，共同建设 21 世纪海上丝绸之路。

（五）重视培养多层次航运人才，增强航运强国建设的内生动力

一是强化海事大学或海洋大学在航运人才培养上的专业性与系统性，与航运全产业链企业形成产学研联盟，培养航运业创新型、复合型人才。二是鼓励海事人员积极参与国际海事组织的国际规则制定提议和国际海事活动，在国际舞台上多发声。为船员等初级职员的职称评定和职务晋升提供公平透明环境，提高船员工资福利待遇，形成完善的人才成长通道。三是加强具有中国特色的航运文化建设，培养类似石油王进喜、铁路詹天佑、地质李四光等的航运精神代表，增强我国航运文化自信。

（博后站　袁惊柱　世界经济研究部　王　婧）

世界经济与大国关系

2022 年之后：世界经济金融新变局

2022 年将是全球经济金融的一个转折点，2022 年之后世界经济金融形势将显著恶化。

一 通货膨胀将继续强化并持续高位

我们预计通货膨胀在 2022 年继续强化，2022 年之后持续高位，是未来世界经济金融走势最为重要的观察变量。2020 年新冠疫情的大流行从总需求和总供给两个方面打破了之前全球低通胀的局面。美国史无前例的财政强刺激和美联储的超级宽松货币政策推动总需求持续上升，疫情冲击和地缘政治影响下供给结构性严重不足，2022 年 2 月美国物价上涨达到 7.9% 的高水平。未来供应链瓶颈和波动将持续存在，大宗商品价格将持续波动上升，疫情和气候变化影响下农产品和食品价格也将持续上升。就业市场整体劳动参与率下降和结构性供给不足并存，工资已经上涨并将进一步全面上涨，房价已经上涨并已经超过全球金融危机前 2007 年的水平，全球普遍的生产价格指数（PPI）大幅高于消费者价格指数（CPI）的高剪刀差将继续存在。

拜登政府经济政策在中美摩擦和美国中期选举下高度政治化，继续推出刺激政策，这将推动美国总需求继续上扬，也会促成美国通货膨胀形成在需求和供给两方面冲击下的"完美风暴"。新冠疫情从德尔塔到奥密克戎继续变异，虽然本轮冲击在欧洲和美洲的峰值已过，但最近印度、巴基斯坦、孟加拉国、巴西和哥伦比亚的感染数据明显上升，显示病毒转移可能和之前发展路径一致，从欧洲和美国转向拉美、南部非洲和南部亚洲。而拉美、非洲和南亚的疫苗接种率都非常低，蔓延风险很高。作为"柳叶刀全球抗疫委员会"委员，我们内部讨论认为，2022 年疫情仍不乐观。尽管疫情在各国蔓延不一，对不同经济部门冲击不一，以及各国刺激政策的力度和结构不一，但通胀的上升正在从不同国家之间、不同产业之间的结构性通货膨胀逐渐蔓延到普遍的通货膨胀。金融市场的通货膨胀预期已经上升。

二　美联储将在 2022 年快速行动，但不会改变美国流动性宽松基本面

美国历史上只有 5 次通货膨胀率高于 5%，三次引起了衰退，美联储已经高度警惕，开始从最初坚持通货膨胀"暂时性"的判断后退。从已公布的最新点阵图看，预计美联储将会从 2022 年第一季度末开始加息，货币政策呈现削减购债、升息、缩表三种工具连续和协同操作。市场已经反应，美国 10 年期国债收益率已经上扬 50 个基点，回到 2019 年底的水平，资金大幅流入和通货膨胀挂钩产品，股市下调，5 年期通胀掉期曲线开始上扬。这都是在政策利率变动之前，市场预期变化引导的利率（国债价格）先行变化，长期利率先于短期利率上升，并引发资产风险定价变化和市场投资结构性变化的典型波动。

虽然最新美联储点阵图表明，董事们倾向 2022 年升息 4 次，2023 年升息 3~4 次，2024 年升息 2~3 次，使利率水平达到 2.5%~3% 的水平。但我们分析，美国经济会在 2022 年后迅速跌回到 1.8% 左右的潜在增长水平，美国财政债务在高达 133% 的国内生产总值（GDP）历史最高水平上继续上升，美国实体经济其实不具备较大幅度升息的条件。估计美联储会在升息到 1.25%~1.5% 停下来，因此，美国仍然处于流动性

非常宽松的市场环境。美联储升息后资本回流美国市场，美国财政部账上还有未发出去的1.2万亿美元未拨付财政刺激款，所以美联储退出政策不会对美国金融市场流动性产生实质性影响。

但从2013年美联储放缓的经验和参数看，美联储加息对全球资本流动和全球金融市场的冲击仍然不可低估。由于美联储之前对通货膨胀态度"暧昧"，相当长时间坚持"暂时性"，现在迅速转向"鹰派"，而全球融资和流动性周期也正在见顶并进入趋紧通道，世界各国是紧张的。一些新兴经济体和发展中国家也因为通货膨胀快速上扬，已经采取了预防性升息，但对土耳其、南非、阿根廷等新兴经济体的股市、债市和货币市场造成冲击的概率仍然很大。

三 资源民粹主义兴起将推动大宗商品价格持续上涨

受碳中和预期下传统能源结构转换、2021年气候变化和地缘政治冲击影响，石油和天然气价格不断上涨，锂、铬、钴和铜等碳中和背景下新能源需要的稀缺金属价格已经飙升。这两个上涨趋势将会持续存在，一是对石油和天然气的需求在上升，而石油和天然气投资和库存都在下降。二是预计对锂、铬、钴和铜等碳中和有关新能源需要的稀缺金属需求，将在未来10年成倍数地上升，推动稀缺金属价格继续不断上涨。传统石油和天然气的供需格局和市场结构都在被打破，一个以锂、铬、钴和铜等为中心的新的大宗商品需求、供给结构和市场结构正在形成。从全球看，已经出现了对碳中和有关稀缺金属的民粹主义倾向，例如墨西哥要把锂矿国有化，智利的铜矿加税从40%到80%翻了一番，印尼限制煤出口，秘鲁也在提高资源税。非洲加大了对稀缺金属的保护，合同毁约的情况已经开始出现。一些世界金融巨头也开始布局和碳中和有关的稀缺金属金融市场，美国和发达国家开始制定关于稀缺金属的产能和贸易管制政策。未来几年传统能源和碳中和有关的稀缺金属价格都将持续高位，并继续上升。

研究发现，2000 年之前，大宗商品范畴内的各个产品价格关联度并不高，如农产品之间，以及农产品和金属产品之间的关联性低于 10%~20%。2008 年后，随着大宗商品金融化，产品之间的价格关联性迅速上升，形成以石油价格为中心、各个产品价格和石油价格变动高度关联的局面。大宗商品的价格关联正在从石油主导走向以锂、铬、钴和铜等碳中和有关的稀缺金属价格波动为中心的关联和波动。由于碳中和转型将持续和波动地影响对稀缺金属的需求，稀缺金属的价格波动和上扬将主导大宗商品价格波动和上升趋势。

四 发达国家的供应链全球评估基本完成，将开始实质性变局

在疫情和地缘政治的冲击下，全球供应链在过去两年流通不畅，大幅波动，成本急剧上升，严重影响全球经济复苏。美国挑起中美摩擦后，美国和欧洲等国在传统农业和能源供应链的评估外，开始对通信电子、高端制造业、物流和消费供应链的评估，特别是技术产业链的评估。这些评估从效益、韧性、安全和可持续的多重维度考虑，经过两年的研究已经初步成型，全球供应链会在 2022 年后逐渐开始实质性的调整变动。

由于我国制造业规模、系统和覆盖面在全球的地位几乎不可逾越，各国意识到不可能完全"脱钩"或"去中国化"，而只能在效益、安全和韧劲平衡中寻找"降中国化"和"多边供应链"方案。从韧劲维度看，各国将开始调整不同产品对中国的高度集中化和依赖性。但由于效益的原因，"外包"不可能"回包"，所以不可能完全去中国化，只能通过"降中国化"寻找第三方或第四方共同参与形成"多边供应链"。从安全维度看，主要在科技和技术供应链方面分类处理，加强对高科技端的严控，对中高科技的可控，并通过供应链的数字化，加强供应链的透明度和管控能力。在可持续方面，提前对碳中和标准制定、边境税设置、碳中和目标下的减碳和新能源替换预先布局，借此用市场的方法把一部分中国企业"挡在外面"。

五 气候变化日益政治化，基础准备严重不足，全球博弈加剧

从格拉斯哥会议看，欧洲和美国推动世界气候变化向泛气候化的政治化方向发展，推动全球舆论在政治和意识形态上把目标推得越来越高。气候目标从上升2℃强化为上升1.5℃，从限制碳排放扩展到限制甲烷排放，并要求提前全面去煤等。这客观上为我国和新兴经济体的碳中和达标增加难度，有利于欧美利用数字化和绿色转型形成新的竞争优势和新型经济。但是在政策、技术、资金、公平、合作等方面的工作准备明显不足。

碳中和是人类自工业革命以来自主的从生产、消费、社会、宏观管理框架到价值观的"范式变更"。欧美都已经把碳中和作为工业革命以来最为重要的全球经济金融制度和规则重塑的革命，开始全力占据碳中和规则制定的制高点，力图重新夺回在工业领域失去的控制权，并重构全球碳中和下的治理机制，取代二战后在传统工业革命理念下建立的布雷顿森林体系。今后几年，中国和欧美在碳中和领域的博弈和竞争都会上升，博弈将沿着政治目标、规则制定、技术创新、市场开放和提升透明度等方面展开。关于市场规则制定的竞争已经开始，包括绿色产业科目和标准、低碳信息披露、低碳市场监管准则等。

六 世界经济金融从2008年后的"三低一高"到"三高一低"再到新"三高一低"变局

世界经济从2008年全球金融危机以来进入"三低一高"格局，即低增长、低利率、低通胀和高债务。利率基本为零，通胀远低于2%的各央行目标水平，经济增长则处于低位，公共债务高企。2020年以来，世界各国在疫情中实施大规模财政和货币刺激，疫后经济反弹和通货膨胀上升，世界在2020~2022年进入一个新的"三高一低"变局，即高通胀、高增长、高债务和低利率，通胀上升远远超过2%的央行目

标，经济增长在 2021 年强劲反弹，并在 2022 年继续反弹的尾声，很多国家的债务高于"二战"以来的历史高位，利率开始上升，但仍然整体处于低水平。但这只是一个过渡，2023 年开始，世界经济将回归到疫情危机后的正常轨迹，其他经济变量也将变化。

全球经济金融危机不但冲击总需求，也冲击总供给，冲击经济结构。各国政治和财政空间有限，只能刺激经济反弹，阻止经济大幅下滑，但无力在经济刺激后继续经济结构改革，因此危机后都伴随潜在经济增长率整体下移。据联合国贸发会分析，在 2000 年到 2007 年，全球平均经济增长速度是 3.54%，2008 年全球金融危机后，2009 年到 2019 年，全球经济增长速度下降到 3.13%。估计 2023 年后到 2030 年全球平均经济增长速度会进一步降到 2.54%。这和我们的预测基本吻合。通货膨胀进一步上扬，推动全球经济进入一个新的"三高一低"格局，即高利率、高通胀、高债务和低增长。在这三个阶段中，唯一不变并持续上升的是"高债务"，这将是未来影响金融稳定的重大风险。

世界经济金融"命悬"通货膨胀一线。这次疫情危机，全球债务大幅上升，大大增加了未来的金融风险。因为零利率，各国在债务上升的同时，支付财政赤字的利息支出不升反降，企业也同理。以发达国家为例，整体财政债务上升 50%，利息支出占 GDP 的比例却下降了 1.5 个百分点，这是发达国家财政得以维持的重要原因。刺激政策下，股市的指数和估值都处于历史高位和高危，房价高位高危。一旦通货膨胀上升，引发利率被迫上升，将对股市、房市和财政产生巨大冲击，世界经济金融走向危机的概率在上升。

（朱　民）

美国高通胀态势将至少延续到 2023 年第一季度

美国劳工统计局 2022 年 2 月 10 日发布了 1 月消费者价格指数（CPI）数据，同比上涨 7.5%，超出此前市场预计的 7.3%，再创 40 年以来的新高。自 2021 年 5 月以来，美国 CPI 连续 8 个月维持在 5% 以上，通胀进入高速通道，2021 年一年美国平均时薪增长 5.7%。"物价—工资"呈螺旋形上涨。市场加息预期浓厚，普遍预测美联储不得不加快缩减购债规模并增加升息次数，以遏制通胀走强态势。市场对于美国通胀预期有不同看法。据媒体报道，美国财长耶伦认为，美国 2022 年通胀率将下降至 3% 左右，预计在 2022 年底达到 2%~2.5% 的水平。我们认为，美国高通胀态势将至少延续到 2023 年第一季度，此前难以下降到明显低于 3% 的水平。

一　美国高通胀发生的根本原因是货币超发

自新冠疫情在美扩散以来，美国经济受到严重冲击。为稳定宏观经济，美国"宽货币"与"宽财政"叠加，货币供应量加速增长。2020 年 3 月，美国 M2 为 16.07 万亿美元，到 2021 年 12 月底，美国 M2 增长至 21.76 万亿美元，货币扩张程度前所未有。按照货币主义学派的分析，美国货币供应量变化后，一般 12~16 个月后对经济和价格产生影响。从历史上看，美国货币供应量增速的大幅提升，特别是明显高于实际国内生产总值（GDP）增速，往往会引起通胀的攀升。

此轮美国通胀的变化也符合其历史规律。美国此轮货币增速的明显提升始于 2020 年 3 月，该月基础货币的同比增速从 2 月的 3.0% 提高到 14.8%，狭义货币 M1 的同比增速从 2 月的 6.2% 提高到 14.2%，广义货币 M2 的同比增速从 2 月的 6.8% 提高到 10.2%。美国 CPI 同比涨幅的明显提升出现在 1 年之后的 2021 年 3 月，从 2 月的 1.7% 提高到 2.6%，明显超过美联储确定的 2% 的界限值。

从价格涨幅来看，美国通胀严重与基础货币、M1、M2 三者增速快速攀升密切相关。2020 年 3~5 月基础货币环比增长 12.4%、24.8%、6.3%，M1 环比增长 8.8%、13.1%、233.4%，M2 环比增长 4.4%、6.5%、3.9%。2020 年 5 月至 2021 年 3 月，美国 M1 月度同比增速维持在 300% 以上，M2 月度同比增速维持在 20% 以上。由于货币供应量持续大幅攀升，且大多形成流动性较强的 M1，从 2021 年 5 月开始，美国 CPI 同比突破 5%，此后一直维持在 5% 以上高位。

二　供不应求是通胀上行的重要因素，但需求扩张与货币超发和财政赤字紧密相关

疫情冲击下，受供应链紊乱和工人就业意愿下降等因素影响，美国 2020~2021 年商品与服务供给水平受到约束，供给冲击导致产出减少并拉升物价。但美国持续高通胀更多是受政策刺激下总需求扩张的影响。

美国确实存在供给跟不上需求增长的问题。从美国通胀开始加速的 2021 年第二季度看，相对于疫情前的 2019 年第二季度，两年内 GDP 同比增长了 2%，年均增长 1%；但同期内居民消费增长 4.4%，年均增长 2.2%；更为重要的是，同期内居民商品性消费同比增长了 19.9%，年均增长 9.5%；耐用消费品同比增长高达 33.3%，年均增长 15.5%；居民住房投资增长 17.0%，年均增长 8.2%。2021 年第二季度美国制造业增加值较 2019 年同期增长 4.5%，其中耐用消费品制造业增加值同比增长 3.6%，

但都比商品消费增速低 29 个百分点左右，导致商品供求出现较大缺口。

美国此轮供求缺口主要是需求增长过快造成的。20 世纪 90 年代以来，美国长期存在商品供给小于需求的情况，依靠进口来弥补缺口。2019 年美国货物贸易逆差占 GDP 的比例为 4.0%，2021 年扩大到 4.7%。疫情后供求缺口尤其是商品供求缺口拉大，主要问题在需求端而不在供给端，尽管供给端恢复确实比较慢。美国疫情后居民商品性消费需求的增长幅度，比正常年份 3%~4% 的增长率高出 1 倍甚至 2 倍多，供给很难跟得上。且近期美国供给恢复有所加快，2021 年 12 月工业生产指数同比增长率提高到 3.7% 左右，但供求缺口仍然较大，价格上涨率仍在继续提升。

美国本轮通胀上行的机理比较复杂，其中有供给恢复滞后导致价格上涨的因素。尽管从总量上看，居民的服务性消费需求出现下降，至今没有恢复到疫情前的水平。但由于美国货物进出口大幅度增长，2021 年上半年进口较 2020 年增长 24.3%，出口增长 23.0%，对相关交通运输服务的需求迅速增加，与此同时美国水路运输服务生产指数在 2021 年第一季度和第二季度同比分别下降 36.2% 和 24.9%，巨大的运力缺口造成美国港口堵塞、水运价格猛涨，2021 年第二季度水运价格同比上涨 65.3%。部分服务类价格上涨对价格总水平的上涨起到了推动作用。

我们认为，美国通胀确有供给冲击的影响，但总需求扩大对价格变化有根本性影响，背后是货币供应量增加并转化为居民收入的影响。居民消费的增加，特别是商品性消费数据的变化，显示"宽货币"和"宽财政"对居民家庭的救助起到了明显效果，有效扩大了需求，进而推动价格上涨。从实施货币宽松政策到资金进入居民部门，再向市场传导，对收入和价格形成影响均需要时间，从 2020 年 3 月宽松政策实施后约 12 个月开始显现。

三　尽管近期美国货币供应增速有所下降，但仍然大幅高于正常水平

从货币供应量看，2021 年美国基础货币、M1、M2 同比增速仍明显高于疫情前，2021 年第四季度 M2 每月仍增加 2500 亿美元左右，虽然较前三季度有所下降，但绝对值仍大幅高于正常水平。从财政赤字看，美国财政部数据显示，2021 财年美国财政赤字 2.77 万亿美元，为历史第二高位，赤字率约为 12.4%。2022 财年美国财政赤字率有望下降，但较疫情前仍高出不少。特别是美国政府债务总额 2021 年底已超过 30 万亿美元，即使联邦政府缩减开支，但由于加息在即，退出量化宽松也较大可能引起国债收益率上升，债务利息增加也将对财政支出形成推力。

2021 年下半年美国月度 M1、M2 同比增速分别维持在 16%、13% 左右，M2 增速仍大幅高于疫情前 6% 上下正常水平的 1 倍左右。即便美联储 2022 年上半年加快缩减购债规模并开始加息，但从开始缩表和加息到货币供应量减少仍需一定时间，只有美联储调节货币的政策举措影响到货币供应量，货币供应量同比增速回到 6% 左右的正常水平，美国的 CPI 涨幅才可能回落到 2% 左右的正常水平。2022 年美国货币供应量纵使出现前高后低的变化，但由于货币增发的滞后效应明显，前期货币过快增长对通胀的影响至少将延续到 2023 年第一季度。

四　美国工业和制造业增速仍低于需求扩张速度，供求缺口短期难以弥补

第一，2021 年下半年美国工业和制造业增长有所加快，但仍明显低于需求增速。美国工业、制造业生产指数自 2021 年 6 月起已基本恢复至疫情前水平，工业、制造业产能利用率也基本恢复，并接近 2008 年金融危机以来的最高水平，进一步提升的空间有限。对美国短期内快速提升工业及制造业水平不宜抱有太多希望。

第二，就业市场继续提升空间不大。美国失业率从 2020 年 5 月近年的顶点一直走低，2022 年 1 月失业率为 4%，已属历史较低水平。2022 年 1 月劳动参与率环比提高 0.3 个百分点至 62.2%，虽然仍低于 2020 年 2 月疫情发生时水平，但受疫情反复影响，继续提升空间不

中国智库经济观察（2022）

大。劳动力市场职位空缺率 2021 年 4 月以来维持在 6% 以上的近年高位，职位空缺数 2021 年 6 月突破 1000 万，后延续上升势头；离职率自 2021 年 3 月以来维持在 2.5% 以上，持续高于疫情前水平。这表明劳动力市场供给已接近当前经济扩张条件下的均衡状态，除非名义工资增长高于通胀，否则劳动力供给很难扩大，直接影响供给端的扩张。

第三，美国扩大工业生产和提高产能利用率仍需依靠全球产业链，短期快速恢复并提升至高水平不现实。美国国内制造业占 GDP 比重低且体系不健全，国内劳动力价格和生产成本大部分没有比较优势，产业配套必须依靠国际市场。国际贸易仍受疫情反复影响，疫情加剧引发的贸易物流体系中断、运输价格高企等，仍制约美国国内工业生产。同时，尽管美国一再希望减少从中国进口制成品，但要恢复和扩张国内制造业，仍离不开中国制造。在对华产品已加征的高额关税尚未取消、国内通胀持续上行、对外商品贸易逆差扩大、即将面临中期选举等情况下，通过扩大贸易恢复国内工业生产面临重重阻力。

第四，经济刺激法案和各种救助措施大幅提升了居民储蓄。从居民收支数据看，尽管美国居民储蓄率自 2021 年第二季度开始下降并在第四季度恢复至疫情前水平，但由于疫情期间储蓄额大幅增加，目前居民仍持有大量现金和活期存款，2020 年 5 月以来 M1 占 M2 的比例高达 90% 以上，比此前的 25% 左右提高了 65~70 个百分点。今后一段时间，经济总量和居民收入增速可能会下降，但由于居民还持有大量现金和活期存款，在一段时间内可动用储蓄来支撑消费支出，居民消费仍可能保持相对较快的增长，消费价格仍有上涨动力。

（张永军　田　栋）

208

美联储加息对我国宏观经济的外溢影响渐显

为应对高通胀，美联储采取了快速大幅加息举措。受此影响，全球主要货币汇率大幅走弱，金融市场动荡加剧，债务违约风险上升。美联储加息产生的外溢效应也逐渐向我国传导，通过汇率、利率、贸易等渠道对我国经济与金融系统造成冲击，给我国经济运行增添新的不确定性。

一　中美货币政策不同步的背景及原因

近一段时间，我国货币政策与美国货币政策走向发生背离，这一现象历史上并不常见。2022年以来，美联储频繁加息，至9月下旬已将联邦基金利率上调至3%~3.25%，未来仍将进一步调升。与此同时，我国货币政策总体偏向宽松，中美利率已明显倒挂。中美货币政策不同步，原因是多方面的。

（一）疫情防控政策之差

新冠疫情发生以来，我国始终坚守人民至上、生命至上的疫情防控理念，坚持外防输入、内防反弹的总策略以及动态清零的总方针，力求用最小的代价实现最大的防控效果，最大力度减少疫情对人民身体健康和生命安全的伤害，最大限度减少疫情对经济社会发展的影响。与之相对的是，迫于经济下行压力、抗疫心态疲惫以及抱有变异毒株致病性弱的侥幸心理，美国采取"躺平"式抗疫措施，进而实现群体免疫、自然免疫。"躺平"式抗疫短期内虽令经济有所恢复，但给国民身体健康和生命安全带来严重威胁。截至 2022 年 6 月，美国因新冠疫情死亡人数已超 100 万人。因疏于疫情防控，美国人预期寿命则由 2019 年的 78.86 岁降至 2021 年的 76.6 岁。疫情防控差异不仅导致前期政策刺激力度不同，且对经济产生的影响也存在明显区别，进而引起货币政策退出的不同步。

（二）通胀应对政策之差

在全球流动性泛滥、乌克兰危机等因素影响下，全球大宗商品价格处于较高水平，全球主要经济体面临的通胀压力增大。我国生产领域虽同样受到国际大宗商品价格上涨的压力，但在稳价保供政策作用下，消费领域受到的价格上涨压力相对较小，工业生产者出厂价格指数（PPI）向居民消费价格指数（CPI）的传导有限，物价水平总体保持在合理区间，为宏观政策的灵活操作提供有利条件。与之相对的是，美国生产端向消费端的传导较为明显。自 2021 年下半年以来，美国 CPI 上涨幅度明显加大，由 2021 年 6 月的 5.4% 持续升至 2022 年 6 月的 9.1%，虽然 8 月回落至 8.3%，但仍处较高水平，控通胀已成为美联储施策的首要目标。

（三）经济周期波动之差

受新冠疫情冲击，2020 年第一季度我国经济增长同比下降 6.9%，创数据公布以来新低。随着疫情防控取得积极成效，我国经济快速企稳回升。2022 年以来，奥密克戎毒株仍在我国多地散发频发，经济恢复再度受挫，下行压力增大，稳增长成为我国经济工作的首要任务。与之相对的是，美国于 2020 年第二季度开始采取管控措施应对国内疫情的扩散，疫情对美国经济的影响始于 2020 年第二季度，当季 GDP 同比下降 9.1%，创下自二战以来最大降幅。此后，在疫情管控放松以及刺激政策影响下，美国经济实现一定反弹。2022 年以来，美国继续采取"躺平"的抗疫方式，疫情对经济的冲击相对趋弱。

二 美联储加息将从六个渠道对我国宏观经济产生影响

我国经济已深度融入世界经济，美联储加息在对全球经济产生外溢效应的同时，将通过汇率、利率、贸易、资产价格、信贷以及国际大宗商品等渠道对我国宏观经济产生影响。

（一）汇率渠道：加大我国人民币贬值压力

在浮动汇率情况下，根据利率平价理论，两国间利差的变动将会引发投资者的套利行为，导致跨境资金流动的增加，两国汇率会随之调整，进而达到新的均衡状态。美联储加息令中美利差倒挂，导致投资者增加对美元资产的配置而抛售我国相关资产，致使我国资本外流压力不断加大。反映在汇率市场上，人民币对美元汇率存在贬值压力，以此来抵消投资者的套利行为。从美联储 2022 年 3 月开始加息至同年 8 月，人民币对美元已贬值 6.6%。随着 9 月对美联储加息预期的升温，美元指数将进一步上升，人民币仍将面临持续贬值压力。

（二）利率渠道：挤压我国货币政策空间

随着美元利率上升，我国利率往往面临上升压力。为稳定汇率并防止资本大规模外逃，我国有提高利率的内在动力。根据"三元悖论"原则，在资本账户尚未完全开放前提下，如果要保持货币政策独立性，则要放弃固定汇率。汇率市场化改革增强了人民币汇率弹性，我国可保持货币政策独立性。稳增长是当前我国经济面临的主要任务，我国并未跟随美联储加息，而是保持相对宽松的货币环境。截至 2022 年 8 月，我国 1 年期和 5 年期贷款市场报价利率（LPR）分别降至 3.65% 和 4.3%，较 2021 年底分别下调 15 个和 35 个基点。但随着中美利率倒挂，我国自主货币政策空间受到挤压。

（三）贸易渠道：削弱我国出口增长动能

根据"蒙代尔—弗莱明—多恩布什"模型，当美国退出宽松货币政策时既会对我国产生支出转换效应，又会产生收入吸收效应。其中，支出转换效应是指美国退出宽松货币政策时将引起美元升值，并对我国产品出口产生推动作用。收入吸收效应是指当美国货币供应量减少导致利率上升时，将造成美国收入水平的下降并减少对我国产品的进口，进而导致我国总产出的下降。从外贸情况看，2022年前7个月，我国出口同比增长14.6%，商品出口实现较快增长。但8月当月出口增速明显放缓，同比仅增长7.1%，增速较7月大幅放缓11.1个百分点。其中，我国对美出口增速更是由正转负，同比下降3.8%，较7月下降14.8个百分点。随着美联储的进一步加息以及众多国家的跟随加息，全球融资环境明显趋紧并对需求产生抑制作用，我国出口面临的下行压力加大。

（四）资本渠道：加剧我国资产价格波动

美联储加息在对美国股市产生抑制作用的同时，也将推动美国债券市场收益率上升。一方面，美国债券市场吸引力的增加将加大我国资本外流压力，进而抛售我国股票等资产，造成我国股票等资产价格下降；另一方面，全球股票市场具有联动效应，美国股市下跌易引起我国股市跟随性下跌。对企业而言，股市下跌将减少企业直接融资额度，增加间接融资成本和难度，从而导致企业资金供给减少并降低企业投资意愿。对居民而言，股票和房产是居民实际财富的重要构成部分。当股票等资产价格下降时，居民的实际财富可能将随之下降，进而可能导致居民消费支出减少。从我国相关资产波动情况看，美联储加息确实对我国股市造成一定冲击，特别是在3月美联储加息落地后，我国面临的资本外流压力明显上升。3月境外机构和个人持有我国股票规模较2月减少4029.92亿元，陆股通净流出规模达450.83亿元。受此影响，3月上证综合指数收至3252.2点，较2月下降6.1%。此后上证综合指数虽有回升，但仍未回到3月初的水平。与此同时，我国住宅价格涨幅持续收窄，全国百城住宅价格指数涨幅由3月的1.72%收窄至8月的0.32%，三线城市住宅价格指数更是出现连续4个月下降的情况，居民购房观望情绪较浓。股市和房市两弱对企业投资和居民消费产生一定的抑制作用。

（五）信贷渠道：抑制我国对外融资需求

我国部分企业通常通过在全球发行债券以及银行贷款等方式进行融资，并将所得融资投资于国内。美联储紧缩的货币政策将降低这部分企业的融资需求，导致国内投资需求减少。从融资情况看，随着全球美元流动性收紧，我国对外融资需求明显下降。截至 2022 年 8 月，我国中资海外债发行总额为 932.77 亿美元，同比下降 25.3%。新增外币贷款减少 1505 亿元，较上年同期少增 4055 亿元。

（六）商品渠道：减轻我国生产领域通胀压力

美国利率上升将增加全球投资者对美元资产的购买，美元随之升值。而当前全球大宗商品大多以美元定价，美元与大宗商品价格存在负向关系。当美元升值时，大宗商品价格将面临下降压力。我国对部分国际大宗商品依赖较高，特别是生产领域受国际大宗商品价格波动的影响较大。从世界银行发布的国际大宗商品价格走势看，8 月全球金属和矿物价格指数降至 103.81，较 3 月下降 26.5%；全球农业价格指数降至 118.1，较 3 月下降 11.1%。受乌克兰危机影响，全球能源价格指数仍呈上涨态势，由 3 月的 163.19 升至 8 月的 171，涨幅达 4.8%。随着国际大宗商品价格由普涨向分化转变，我国面临的输入性通胀压力将有所减小，其中 8 月 PPI 上涨 2.3%，涨幅较 3 月大幅收窄 6 个百分点。

三　政策建议

美联储快速大幅加息对我国的外溢效应正逐渐显现，应综合施策，早做预防，避免内外因素叠加造成更大的经济下行压力和金融风险。

（一）坚持以我为主的货币政策，稳定政策预期

当前，国内需求偏弱是制约经济恢复的主要原因。在此情况下，应为国内需求恢复提供相对宽松的货币环境。进一步完善预期管理机制，

主动加强与市场的沟通，适时加大预期引导力度，促进人民币汇率有序调整。稳步推进汇率市场化改革，增强人民币汇率弹性，提高人民币汇率双向浮动容忍度，发挥汇率调节经济和国际收支自动稳定器的作用。

（二）加大稳健货币政策力度，增强实体经济信心

发挥好货币政策工具的总量和结构双重功能，在保持流动性合理充裕的基础上，推动"宽货币"向"宽信用"转变，加大对涉农、小微企业、民营企业的普惠性、持续性资金支持力度，引导信贷资源更多地投入绿色发展、科技创新等重点领域和薄弱环节，避免资金在金融体系空转。通过降低贷款利率、创新金融产品等方式激发融资需求，缓解有效信贷需求不足问题。

（三）加强跨境资金流动监测，防范化解金融风险

防范输入性风险，避免出现外部风险与内部风险共振。进一步完善宏观审慎政策框架，提高金融风险监测与预警能力，做好风险处置预案。健全风险防控长效机制，加快建立金融稳定保障基金，加强金融机构跨期风险管理，增强金融市场风险吸收能力。

（"美西方国家退出扩张性宏观政策的外溢影响和对策研究"课题组

执笔：邬　琼）

应对美打压中概股的政策建议

2022年3月，美国证监会（SEC）将5家中概股列入"预摘牌名单"，引发中概股大幅下跌，面临在美退市风险。美打压中概股，实质是美国推动中美科技脱钩，通过资本市场进一步打压中国互联网巨头和科技创新头部企业，将证券监管政治化的做法。未来在美中概股要未雨绸缪，做好全面的战略应对。

一 中概股大幅调整的内外部因素

（一）国内经济大转型背景下，反垄断监管政策趋严

近年来，利益驱动下大量资本进入在线教育、互联网等领域，资本无序扩张引发市场偏离商业本质等乱象，挤压了民生和实体经济。为降低这些行业的垄断利润，释放消费和对实体经济的挤占成本，大力发展制造业和硬科技，推动互联网与实体经济深度融合，我国相关政策陆续出台，直接导致上市公司估值发生重大变化。从2021年3月开始，国家陆续出台对校外培训机构的规范管理政策，修订《未成年人保护法》，到7月双减政策出台，教育类股票大跌。好未来从年内最高点暴跌93%，新东方下跌85%。国内针对互联网平台企业的反垄断、信息安全等政策的出台，未能被资本市场正确解读，引发外资悲观情绪，股价大跌。2021财年数据与历史最高点

相比，阿里股价跌幅高达 68%，京东跌幅 43.3%，拼多多跌幅高达 81.2%。

（二）中美大国博弈背景下，美国打压中概股投资生态

2022 年 3 月 13 日，SEC 宣布将百济神州、百胜中国、再鼎医药、盛美半导体、和黄医药 5 家中概股列入《外国公司问责法案》（HFCA 法案）预退市名单。HFCA 法案要求在美上市中概股提交审计底稿，但国内保密法要求部分中国企业不得随意展示审计底稿。该法案要求，外国发行人如果连续三年不能满足美国公众公司会计监督委员会（PCAOB）对会计师事务所的审查要求，将禁止在美交易。该法案声称适用于所有在美上市的外国公司，但多个条款明显针对中国企业。根据 PCAOB 官网所示，近 90% 的中概股不符合规定。2022 年 3 月 25 日，美国通过 HFCA 最终修正案。这意味着在美上市的中概股将面临更大的退市压力。美国证监会将 5 家中概股列入预退市名单，导致市场信心受挫，中概股大幅下跌。自 2021 年高点至 2022 年 3 月 25 日之间，274 家中概股中，跌幅超过 90% 的有 64 家。

二 未来中概股走势影响因素分析

（一）关注新法案动向

这次中概股暴跌的直接原因是 SEC 将部分中概股列入"预摘牌名单"。实际上，中概股的调整早在 2018 年就已开始。2018 年 12 月，美国 SEC 和 PCAOB 联合发布针对中概股审计信息和监管信息获取问题的声明。2020 年 4 月，SEC 网站发布针对新兴市场投资信息披露、财务报告风险的相关文章。2020 年 5 月，美国参议院以"保护投资者"为由通过 HFCA 法案，同年 12 月众议院表决通过，特朗普签署立法。2021 年 6 月美国众议院通过新法案，提议将 3 年观察期缩短为 2 年，目前还没有表决议程。应关注新法案进程，若法案通过，则在美中概股退市潮将提前至 2024 年，中概股将面临更大的退市压力。

（二）关注地缘政治风险

俄乌冲突加剧全球大国博弈与对抗，这场地缘政治危机成为全球疫情发生之后再次引发国际金融市场动荡的不确定性因素。首先，俄乌冲突及美欧对俄经济制裁正冲击全球金融市场。冲突发生后，国际资本加速从股票市场抽离，纷纷涌入避险资产，黄金、原油价格飙升，欧洲股市和亚太股市大跌，美国股市和美债大涨。随着欧美对俄全面制裁，禁止俄使用环球同业银行金融电讯协会（SWIFT）系统，再次加剧市场恐慌。尽管保留了俄最大国有银行俄罗斯联邦储蓄银行和俄罗斯天然气工业股份银行，给金融与能源交易留有一定通道，但冲突是否会扩大，俄罗斯能源是否会被替代，制裁是否会加码，仍存在较大不确定性。若冲突与制裁升级，资金将加速抽离金融市场，国际金融市场动荡风险加大。其次，俄乌冲突焦灼放大了资金的恐慌情绪。受俄乌冲突黑天鹅事件影响，引发海外资金对美对俄的制裁可能蔓延至中国的猜测，国际资本对在美中概股的估值发生变化，加速从中概股抽离。

（三）关注监管政治化风险

美国 SEC 大棒主要针对我国头部互联网企业，然而美国互联网企业越做越大，包括谷歌、亚马逊、苹果。截至 2020 年 4 月 1 日，三家公司市值分别为 1.66 万亿美元、1.86 万亿美元、2.84 万亿美元，但在美中概股阿里巴巴市值 2987 亿美元、京东 919 亿美元、网易 662 亿美元、拼多多 534 亿美元，规模不可同日而语。在美国证券监管政治化导向下，SEC 以 2020 年瑞幸事件为契机，通过官网发表关于新兴市场投资风险文章，"官方"提醒海外投资者谨慎投资中概股。通过启动HFCA 法案，以强化监管之名欲将中概股驱而除之。通过对 5 家中概股企业的摘牌信号，有意引导海外投资重挫我国 H 股和 A 股，金融领域的"去中国化"趋势也愈发凸显，背后更深层次的问题是中美脱钩的延展。近年来，美国一直在推动中美科技脱钩，近期中概股大幅调整是美国通过资本市场操作进一步打压中国互联网企业、科技型企业成长，推动中美金融部分脱钩，我们要警惕未来海外监管政治化趋势所产生的新型风险。

三 有关建议

（一）重视数据跨境流动安全，加强跨境监管协调

数据安全问题成为世界各国关注重点，数据安全上升为多国国家安全战略。各国普遍认为大型互联网平台企业数据垄断带来数字权利滥用问题，或将威胁到国家安全，纷纷出台反垄断法和数据安全法案加强监管。在美中概股多为掌握国内大量数据的互联网平台企业，存在重大数据安全风险。一方面，中国企业赴美上市，应将数据安全视为底线和红线。另一方面，中美加强跨境证券监管合作，通过对话与合作解决分歧，推进中美审计监管合作，为跨境上市企业营造良好监管环境。同时，积极参与构建全球数字经济治理，积极申请加入《数字经济伙伴关系协定》（DEPA），在这一框架下构建数字监管伙伴关系，加强数字监管合作。

（二）监管要坚持市场化法治化，符合国际规则

中概股大幅调整反映了海外投资者对中国监管市场化法治化的担忧。过去一年，我国为规范互联网企业发展出台了一系列整治措施。为给学生减负加大对教育类公司整治力度，为反垄断和防止资本无序扩张，设置"红绿灯"加强资本有序监管，将各类金融业务全面纳入监管，金融监管相关法律法规日趋完善，维护金融安全、信息安全、网络安全，维护金融稳定，防范化解金融风险。但是在政策制定出台过程中，政府与头部企业或行业协会沟通不够，未能及时给予市场明晰解读以稳定预期，市场没有时间进行消化，导致相关政策规则的出台被错误解读，引发企业股指大幅下跌。因此，监管政策的出台要坚持市场化法治化，更加符合国际规则。同时，

要推动建立海外上市中国公司的境内监管标准，防范海外上市公司财务造假。

（三）为中概股回归做好预案

一是积极出台对市场有利的政策，慎重出台收缩性政策，加强政策解读与引导，保持政策预期的稳定和一致性，确保金融稳定。二是增强对 A 股和港股的政策支持和包容性，吸引更多优质中概股回归香港，吸引更多国际资本，巩固香港全球金融中心地位。三是大力推进内地资本市场改革，加强与香港市场紧密合作。四是高质量发展上市公司，分散化在海外上市。特别是当前互联网行业进入存量饱和阶段，需要进一步推动竞争优化，推动商业模式转变，寻找新的突破。

（世界经济研究部　逯新红）

美欧对俄制裁的全球经济
溢出效应及我国的对策

俄乌冲突引发美欧对俄制裁不断升级，制裁范围由政治、外交延伸至金融、贸易、能源、航运等多领域，力度空前。这是在经济全球化背景下大国博弈的一次全面对抗升级，由于全球经济深度融合，以及俄乌两国在全球能源、资源、粮食格局中的突出地位和地缘政治中的特殊性，美欧对俄制裁及俄反制裁对全球经济的溢出效应将远超过去几十年的任何一次局部战争，可能是冷战结束后对现有国际政治经济格局的最大挑战。我国应高度关注事态进展并积极应对。

一 美欧制裁不断泛化和升级，对俄经济社会造成重大负面影响

本次美欧对俄实施的制裁主要有两大类：一类是政治外交制裁，美欧国家及其领衔的国际组织、机构与俄政府、机构和个人广泛切割，使俄在国际社会空前孤立；另一类是针对俄政府部门及企业的经济制裁，通过金融脱钩和中断贸易活动直接冲击俄经济命脉。制裁对俄经济社会的负面影响正在加剧。

金融领域，先后冻结俄央行海外资产、主权财富基金，切断俄主要银行与环球同业银行金融电讯协会（SWIFT）系统联系，俄配置外汇储备和海外筹资能力减弱，导致卢布大幅贬值。大量能源交易丧失金融

信息传递渠道，国内物价飞涨，外资大量撤出俄市场，严重干扰了俄金融系统的正常秩序，并可能加剧卢布在国际货币体系中边缘化趋势。金融封锁持续时间越长，对俄经济冲击越大，后期随经济恶化还将导致失业率和贫困率飙升。2014 年克里米亚危机后，俄贫困率增加了 3%，这次制裁程度远超上次，贫困人口增加规模势必更大，有可能进一步加剧俄罗斯内经济社会形势恶化。

贸易领域，一方面，从能源交易入手，试图切断俄重要经济命脉。暂停北溪二号项目，多国停止进口俄能源，欧盟着手修订能源战略，计划一年内将俄天然气进口量削减 2/3，并在 2027 年全面结束对俄能源依赖。预计俄未来每年将损失相当于其国内生产总值（GDP）7% 的对欧能源出口收入；另一方面，中断航运，切断俄进出口物流链条，并实施对俄能源设备、飞机及相关设备、关键高新技术产品出口限制，撤销对俄最惠国待遇，大幅提高俄贸易成本。如冲突持续，出口限制极有可能升级为贸易禁令。

二 美欧对俄制裁对世界经济的溢出效应

俄罗斯 2020 年是全球第 11 大经济体，在全球能源、资源和粮食市场中地位突出，美欧对俄制裁及俄反制举措，叠加新冠疫情冲击，对全球经济复苏释放出大量危险信号。

（一）冲击全球能源市场，加剧全球供应链断链危机

全球供应链在新冠疫情下尚未完全恢复，美欧对俄制裁及俄反制裁将进一步加剧全球供应链断链危机，并增加世界经济结构性风险。供应链中断对经济增长的影响具有传导效应，中长期内造成的经济损失难以估算。

俄罗斯是全球第一大石油生产国和第二大天然气生产国，对稳定全球能源市场特别是欧盟能源市场作用巨大。欧盟 45% 的天然气、25% 的原油需从俄进口，德国对俄能源依赖性更强，55% 的天然气、34%

的石油和 45% 的煤炭来自俄。欧洲制裁自损效应已逐步显现，主要国家能源供给短缺，价格剧烈波动。国际能源署估计，随着对俄制裁影响和范围加深，从 2022 年 4 月开始，俄每天约有 250 万桶原油和石油产品无法进入全球市场。同时，俄考虑针对不友好国家实施反制报复，宣称对北溪一号天然气供应实施禁运，石油输出国组织明确表示无法替代俄石油出口产能，造成全球能源供应紧张和价格飙升。高盛预测，全球市场将迎来史上最大的能源供应冲击，2022 年第二季度布伦特原油现货价格将升至 120 美元 / 桶，预计下半年将进一步上涨至 135 美元 / 桶，这将使全球通胀率上升 0.5%，全球经济增长率下降 0.4%。如俄与美欧能源对峙局面持续，将直接影响全球交通运输行业，并对物流、纺织、化工等重要产业成本形成间接冲击，成本压力进一步向下游转移，最终抑制全球消费。

（二）严重冲击全球粮食安全

禁航、禁贸等措施造成全球粮食供应链断裂，危及低收入国家和缺粮国粮食安全。俄乌是全球粮食主要出口国，合计占全球谷物出口量 1/3 以上。由于农业生产和贸易活动被迫中断，全球性粮食供应收紧已经显现。在不确定性预期下，美国芝加哥期货交易所小麦、玉米、大豆等品种期货价格持续大幅上涨，小麦、大豆价格已超前期高点，受影响最大的小麦峰值价格涨至年初的 180% 以上。同时，粮食出口国为了确保国内粮食供应和稳定物价纷纷制定谷物出口管制措施，阿根廷、匈牙利、土耳其、保加利亚等国先后宣布类似措施，进一步打乱了全球粮食贸易流通秩序。目前，北非和中东地区 50% 以上的谷物需求、大部分小麦和大麦需求需通过俄乌进口，多数为最不发达国家或低收入缺粮国。如全球粮食供给不足，这些国家将面临重新陷入饥饿的风险。

农资短缺和成本飙升加剧粮食主产国生产困境，对全球粮食生产形成重大威胁。世界粮食计划署表示，如果化肥产品供应中断将导致全球粮食收成减少约 50%。俄是全球最大化肥供应国，占全球 40% 出口份额，禁运和金融脱钩使南美、亚洲等对俄化肥高度依赖的区域供应大幅缩减，加剧全球化肥市场本已供应紧张的局面，推升化肥价格新一轮上涨，尿素、氯化钾等均已突破前期价格高位。2022 年 3 月 10 日，俄罗斯决定暂时中止化肥出口，叠加美欧对白俄罗斯钾肥出口制裁等因素，预计将影响全球 40% 的钾肥供应。联合国粮农组织（FAO）最新报告显示，俄乌危机正在冲击全球粮食贸易并削减收成预期，全球粮食价格可能在创纪录的水平上再激增 20%，加重全球性营养不良问题。

（三）推升滞胀压力，拖累全球经济复苏

俄乌冲突及美欧俄对峙推高能源、资源和粮食价格，并将压力传导至下游消费品市场，进一步加剧了疫情导致的全球通胀问题。伴随主要国家经济下行，滞胀压力陡增，严重拖累经济复苏。国际货币基金组织（IMF）预测，2022 年乌克兰实际 GDP 将出现大幅负增长，至少萎缩 10% 以上，如形势进一步恶化，下降幅度将达 25%~35%，俄罗斯经济则由于美欧制裁可能陷入严重衰退。在供给不足和量化宽松政策共同作用下，美国 2 月通胀率高达 7.9%，达 1982 年来最高点，欧元区 2 月通胀率达创历史纪录的 5.8%。依赖外部能源和粮食进口的发展中国家面临国际收支恶化和汇率压力上升的双重困境。市场不确定性和波动性导致发展中国家金融环境收紧，严重打击企业信心，国际资本在避险动机驱动下加速外流。宏观经济基本面持续恶化可能使这些国家陷入资产抛售、汇率贬值、外债增加的恶性循环。

（四）造成全球金融市场动荡，动摇国际金融体系基础

冻结俄央行海外资产、将俄剔除出 SWIFT 系统等极限施压手段，切断了俄在国际金融市场的资金配置能力和贸易结算渠道，也造成全球金融市场短期剧烈动荡。长期看，会促使更多国家重新审视本国外汇储备结构，逐渐稀释美元份额，并在能源、粮食等重要领域中探索

多币种交易，加速去美元化，动摇现行国际金融体系基础。目前，全球 20 多个国家已经建成自主金融清算系统，这场危机还直接催生了重要能源交易国去美元化或绕开美元结算。俄罗斯宣布与"不友好国家"能源交易直接以卢布结算、印度启动卢布卢比能源贸易结算机制、沙特考虑推进石油人民币结算，一定程度上将推动国际金融体系由单边主导向多边协调变革。

（五）加剧全球经济治理困境

美欧全方位对俄制裁导致世界经济结构性风险升高，全球经济复苏前景暗淡，打乱了部分国家经济复苏计划。全球产业链、供应链、价值链安全和稳定需求上升，经济滞涨和系统性金融风险诱因显著增多。各利益集团的迥异反应折射出全球经济治理体系日益紧张和分裂。美欧试图通过向乌提供军事、资金援助及切断俄与全球贸易金融联系等方式对俄极限施压，但由于利益诉求不同，对俄能源等领域制裁分歧不断加大。瑞士配合欧美冻结俄资产，引发对永久中立国政治立场中立性的大讨论。"金砖五国"立场高度一致，中国、印度、巴西和南非对俄全部采取不谴责、不制裁态度。俄乌冲突也扰动了正常的国际投融资活动，跨国企业和各类国际投融资活动陷入"选边站"困境，被动"脱钩"和主动"筑墙"的尝试更加频繁，这些都加剧了全球经济治理困境。

三　我国应对建议

地缘政治不稳定将全球性重要物资供应短缺和价格上涨压力传导至我国内，增加了我国对外经贸合作的不确定性，"一带一路"倡议的推进和中欧班列运行也将持续承压。这些短期压力仍然可控，不会对我国经济造成系统性风险，我国应立足中长期寻求危中之机。

（一）适时推动与欧洲加强经贸关系

欧洲是俄乌冲突的主战场，也是此次冲突中经济、社会与安全损失的主要承担者，冲突持续可能将欧洲经济社会拖入更大危机。在此背景下，德国大幅追加国防经费、法国力推欧洲战略自主，表明欧洲将寻求防务独立和对美防务依赖惯性新平衡，未来欧洲地缘政治格局和安全架构大概率会因为此次黑天鹅事件发生改变。在这一过程中，我国应发挥在俄欧和解中的调节作用和缓解欧洲经济困境的积极作用，积极推进同欧洲的经贸关系，特别是探寻中欧全面投资协定（CAI）解冻窗口，这对打破美国遏制可能是一个重要机遇。

（二）推动人民币国际化

长期看，此次对俄制裁将使更多国家意识到过度依赖美元的风险，加快布局去美元化或多元化货币组合。对资源富集国家和需求大国及与美欧冲突严重的国家警示意义巨大。人民币在外储"去美元化"进程和大宗商品交易中提升空间广阔。我国应抓住机遇，以相关国家为重点，一方面扩大人民币在贸易结算、外汇交易和储备等领域功能提升，另一方面高度重视国内金融市场改革，在可控基础上对外提供更多的人民币流动性及人民币标价的金融资产。

（三）为缓解落后国家和地区粮食危机提供务实援助，履行大国责任，树立负责任大国形象

在疫情和俄乌冲突造成的内外困境面前，越来越多的国家趋向"内顾化"，重视解决国内问题，提供全球公共产品的能力和意愿明显下降。当前，全球面临的最大危机是粮食短缺及其引发的负面效应。我国应密切关注全球粮食危机演进动态，加大对落后国家和地区食品、农资援助力度，扩大影响，务求实效。特别是用好 FAO 中国籍总干事这一独特优势，增强实际影响力。以此次危机为契机，进一步推动和加强与发展中国家农业合作。

（世界经济研究部　谢兰兰）

美西方对俄金融制裁将深刻影响
未来全球金融格局

近年来，金融制裁已成为大国博弈替代"热、冷战"的常态化工具和经济武器。随着俄乌冲突进一步升级，美西方对俄罗斯制裁不断加码，甚至对俄实施力度空前的金融制裁，可能会成为改变未来国际金融秩序的催化剂，推动全球货币体系与金融格局发生重大变化。我国应充分做好推演、预判和预案。

一 美西方对俄罗斯发起史无前例的金融制裁

当前，正面战场上，俄乌战事激战正酣；而战场之外，美西方对俄金融制裁战也愈演愈烈。随着俄乌冲突升级，美欧日等国已对俄央行外汇资产实施了全面的金融制裁，不仅冻结俄罗斯在美资产，阻断俄外部的国际货币融资渠道，没收俄外汇储备，限制美元、欧元、日元等货币结算，阻断俄企业在全球金融市场融资（外币"阻击"），还转向卢布和以卢布计价的主权债制裁等（本币"阻击"）。

一是冻结或罚没被制裁对象在美资产。制裁瞄准合计1.4万亿美元规模的俄罗斯资产，涉及俄罗斯银行业将近80%的资产，制裁对象包括俄罗斯联邦储蓄银行（Sberbank）和俄罗斯外贸银行（VTB Bank）在内的多家俄系统性重要银行。

二是限制被制裁实体在美国金融市场投融资。被美国纳入制裁名单的实体，将无法在美国境内开展投融资行为，甚至会被取消或冻结国家间或国际机构前期已签订的财政或大型项目融资，也无法通过国际货币基金组织（IMF）和世行获得融资。

三是封堵金融基础设施，切断使用美元渠道。此次被称为"金融核武器"的环球同业银行金融电讯协会（SWIFT）是当今世界最重要的金融基础设施之一，也是全球最主要的金融信息传输平台，全球200多个国家和地区的11000多家银行与金融机构均使用SWIFT系统进行金融信息传输。美元在国际支付结算中占比超过四成，在国际储备货币中占比超过六成。根据SWIFT数据，此次参与联合制裁声明的国家货币（美元、欧元、英镑）占世界支付金额的近90%。

四是限制俄罗斯央行，攻击俄外汇储备"要塞"。除美国外，欧、英、日等国都参与制裁，其储备禁令影响的货币规模占俄全部6500亿美元黄金外汇储备中的75%，折合4680亿美元，大大削弱了俄央行出售外汇储备、平稳外汇市场的能力。

五是制裁大棒下美欧等跨国公司巨头大举从俄撤资。美欧主要银行、投资基金、航空公司、汽车制造商等巨头已中断对俄出口或停止与俄合作，大举撤离俄罗斯，实现"脱俄"。未来撤离俄罗斯的西方企业阵营还将进一步扩大。

二 俄罗斯一定程度上已建立反金融制裁的盾牌

俄乌危机中，美西方对俄实施了史无前例的制裁，导致俄罗斯资产价格暴跌，经济金融蒙受重大损失。重压之下，俄也拿出"盾牌"予以反击，如允许以卢布支付外国债权人、针对"不友好国家"和实体实行出口管制、出台政策限制外资退出俄市场并将其在俄资产国有化等。

事实上，自2001年以来，美国已经对俄罗斯实施了100多次制裁。

长期制裁下，俄罗斯悄悄建立起了坚固的金融"盾牌"，积极推行"去美元化"进程。

一是建立俄罗斯央行金融信息交换系统（SPFS），推动建立卢布米尔（MIR）支付系统。截至 2021 年 11 月，SPFS 使用者达到 400 个，完成俄境内转账 20%。但相较于 SWIFT，SPFS 在使用者数量、使用频率、适用范围仍相形见绌，无法与 SWIFT 系统相抗衡。

二是积极联系其他发展中国家，包括与中国能源贸易采用人民币计算，与中国建立支付对支付（PVP 支付）系统，积极推动 MIR、中国银联、印度 RuPay 和巴西信用卡发卡机构（ELO）进一步打造"金砖支付"系统等。

三是充实外汇储备并调整资产结构。近年来，俄政府坚持稳健保守的财政政策，严格控制预算支出，将大量油气收入转化为战略储备，积累了充裕的反危机资金。国家主权基金大幅减持美元资产，提升欧元、人民币、黄金占比。黄金储备从 2014 年的 460.9 亿美元扩大至 2021 年末的 1330.7 亿美元，涨幅近 2 倍，占国际储备比重也从 12.0% 提升至 21.1%。同时，将企业债从美元换成卢布，曾经占主导地位的美元现在只占俄罗斯外汇储备的 16%。

四是加快推动俄金融资产"去离岸化"。苏联解体后，俄罗斯经济经历了私有化、证券化、美元化过程，导致大量资本外逃，成为典型的离岸经济国家。克里米亚危机以来，普京号召将俄大型企业注册地转移到俄法律管辖区内，筹建俄罗斯贵金属交易所，建立境内离岸金融中心等一系列"去离岸化"措施，这些反制手段在一定程度上削弱了美国金融制裁的威慑力。

三　金融制裁将引发国际金融格局深刻调整

俄乌冲突既是地缘之争，也是"能缘"之争和"币缘"之争。美国借俄乌冲突抢占欧洲能源市场，并利用金融制裁获取大量俄罗斯企业和居民的财富，打击卢布、打压欧元，短期内巩固了石油美元在国际货币体系中的主导地位。但中长期看，美国金融制裁可能遭遇反噬，使国际金融体系围绕效率与安全达成新的平衡，美元化与去美元化力量博弈将进入新阶段，中、欧及其他主要经济体也将更重视本国资产安全，去美元化力量加快积累，将使国际金融格局出现深刻调整。

（一）将深刻改变全球金融制度与金融规则的基本逻辑

俄乌冲突改变了金融制度和规则的基本逻辑，过去几十年全球金融市场运行的制度基础在动摇，金融全球化趋势将会出现阶段性逆转。金融不再中性，规则随时可以修改，私有财产不再不可侵犯，美国滥用金融制裁使美元变成"高风险国际结算工具"，推升非美元货币主权风险溢价，加速金融"去全球化"和"去美元化"趋势。

（二）SWIFT 公信力削弱，将推动国际支付结算多元化发展

SWIFT 系统作为准公共物品，服务于全球经济贸易和金融交易，应具备独立性和公正性，不为任何一个国家所操控。SWIFT 系统的公信力正在衰减，中立性受到挑战，促使各国积极寻求其替代品，加快全球非 SWIFT 支付结算系统发展，并形成双边或小多边的支付结算格局，即中欧、中俄、欧俄等非美经济体在支付结算中避开美元和 SWIFT 系统，转而采用其他货币和其他结算系统。一旦新的支付结算格局成型，美元比重将进一步下降，出现两套甚至多套支付结算规则标准。非政治化将成为一国选择支付结算渠道的重要考量，势必加速当前国际货币体系的重构。

（三）国际资本流向和全球债权债务结构将更趋分散

金融制裁将深刻改变全球资本流向与资产配置结构，不排除国际资本加速从华尔街向其他国际金融中心迁移。金融制裁俄罗斯还将导致全球债权债务结构更加分散化。出于安全性考虑，亚洲、拉美、非洲地区国家企业和金融机构很可能减少美元融资，以降低被美欧政府"围猎"的风险。在这一格局下，全球跨境资本流动在以美元、欧元

为主体的原有基础上，将形成多元化货币循环，如人民币的国际大循环等。

（四）国际储备货币格局"去美元化"进程将进一步加快

金融制裁会使其他国家将保障储备资产安全放在突出位置，推动全球储备货币格局的深刻调整。

一方面，进一步加速"去美元化"进程。近年来，欧元等储备货币地位的提升，对美元现有储备货币地位构成了挑战。SWIFT 国际支付网络的数据显示，全球以欧元支付的交易金额正逐渐追上美元，表明围绕欧元的国际交易活动正在不断增加。2020 年 10 月，欧元的交易额甚至超过了美元。2021 年 1 月，欧盟委员会公布了一份旨在强化欧元地位与金融体系建设的战略文件，强调要在深入建设欧洲银行联盟及资本市场联盟的基础上，加大以欧元结算的债权证券、能源及商品交易，开发数字欧元作为现金支付的补充，同时发行绿色债券来为大型投资项目融资。此次危机中，美国借力打击欧元，势必会加速欧元"反抗"美元的进程。

另一方面，加速多元非核心化进程，即有多种主权货币、黄金以及法定数字货币发挥储备货币职能，但没有现行体系下类似美元居于绝对主导地位的货币，各种储备货币在全球储备体系中的比重相差不大。除发挥货币锚和储备货币职能外，也能发挥支付手段和价值尺度职能。在这一格局下，超主权数字货币将发挥类似于金本位体系下黄金的作用。

四　对策建议

随着中美博弈加剧，美国视我国为"战略竞争对手"和重大威胁，金融制裁势必成为重要威慑工具，使我国重新审视持有巨额美元资产的安全性问题。我国须未雨绸缪，进行情景推演，做好战略预判和中长期战略应对。

（一）做大做强我国金融资本的"蓄水池"

加快发展多层次资本市场，进一步完善股权融资市场，积极稳妥发展期货衍生品市场和场外市场，统筹推进与多层次市场体系相适应的发行、上市、交易、持续监管、投资者保护等关键制度创新。深入推进债券市场创新开放发展，稳步扩大债券市场规模，丰富债券品种，扩大永续债和熊猫债发行规模。优化国债期限结构，改变目前中期国债比例过高现象，进一步整合债券二级交易市场。稳妥放开对境外投资者的回购融资限制，丰富风险对冲工具，完善境内外债券评级，拓宽债券回流渠道。坚持一级托管的账户体系，实行账户和金融活动的本土化，发展在岸的离岸债券市场，满足离岸人民币合理的投融资需求。

（二）加快建立人民币计算支付清算系统网络

坚持本币优先，在商品交易、双边货币结算中扩大人民币跨境使用。推动内地、香港、澳门三地的跨境收付利用人民币跨境支付系统（CIPS）专线报文（或开发新的报文系统），以减少对美国的国际支付信息暴露。推动跨境支付清算渠道、投资融资渠道的分散化和多元化，引导境内企业减少美元计价结算，积极利用其他国际离岸金融中心开展离岸金融业务，做大做强离岸人民币清算系统。同时，加快推动 CIPS 与 SPFS 和欧洲的贸易往来支持工具（INSTEX）互联互通。完善数字人民币体系，加紧开发基于区块链的法定数字货币。

（三）大幅降低对"美元—美债"循环的依赖

推动外汇储备多元化，积极促进进口国伙伴将贸易盈余再投资于中国，打造全球人民币金融资产配置中心。目前，央行已与全球 41 个国家达成双边货币互换协议，未来应推动尽可能多的经济贸易合作伙伴选择人民币与人民币国债作为安全资产配置，逐步形成以中国为中心的区域货币循环圈。

（四）极端情形下可考虑外汇调控货币换锚

俄罗斯在应对美金融制裁方面的措施值得借鉴。一旦未来美国对中国实施金融制裁，将中资银行或中国主权机构排除在清算所银行同业支付系统（CHIPS）系统之外，我国可考虑停止将美元作为境内外汇市场调控的锚货币，而换作其他非美元货币（如欧元）、特别提款权（SDR）等。此外，可以比照欧盟模式，必要时由国家设立特殊目的机构，应对美国单边制裁、封锁汇款路径等风险。

（美欧研究所　张茉楠　谈　俊）

俄乌冲突的特征、走势与中国的应对

作为对北约怂恿乌克兰肆意踩踏冷战后协定的回应，2022 年 2 月 24 日俄罗斯对乌克兰发起了"特别军事行动"。这是二战后欧洲发生的规模最大的军事行动，也是 21 世纪以来第一次出现大国全方位对抗的局面。这场冷战后新一代政治家之间的大国较量将成为世界新旧秩序的拐点。

一 俄乌冲突是一场具有全新特点的全面混合战

俄乌冲突呈现"更全、更准、更狠"的新特点，对抗领域全面广泛、手段综合精准、打击范围有限度非对称。"对抗领域全面广泛"指政治、文化、外贸、能源、金融等领域的冲突都延展到全球范围；"手段综合精准"指每种手段都综合了政治经济社会文化领域手段，力求取得精准打击效果；"有限度非对称"强调打击杀伤范围较小，以小成本、小杀伤的非对称手段快速击瘫对手。这些特点体现在以下几个方面。

（一）军事上，俄乌冲突是一场俄军有克制有限度的正面战与乌军城市游击战的非对称性战争

俄军使用重火力总体克制，尽量减少民众伤亡，保障乌克兰城市正常水电气供给，没有大规模轰炸首都基辅和政府指挥设施。凭此乌克

兰采用所谓的"豪猪战术"，在城市居民楼建立工事，以平民为掩护，结垒死守。凭借北约的情报支持，派出特战小分队偷袭，与俄军形成了非对称平衡。

（二）科技上，新一轮科技革命浪潮正把全球军事和政治博弈带入一个新时代

北约为乌军提供了信息支持和指挥系统，极大延展了乌军的战斗能力。俄乌战场表明21世纪战争形态将是以人工智能武器、低轨卫星、无人作战装备为主的空天地海高度整合作战。

（三）意识形态上，西方传统的舆论宣传战演变成了社交网络环境下的认知域作战

此举旨在从西方社会的政治、经济、文化、社会等各领域中，建立反俄的新意识形态和社会性共识。美国再次展示了自身在全球舆论中的掌控力和主导权，并且利用对网络平台的掌控掀起反俄仇俄的浪潮，完全扼杀了"为了经济利益对俄媾和"的想法。

（四）经济上，美俄展开了真正意义的经济战与金融战

双方在外贸、科技、能源、金融组织等多个领域展开了制裁与反制裁的持久战，美国还对俄发起了最高级别的金融战，即全面的一级与二级制裁，包括投资封锁、狙击金融市场、赶出多边金融组织和剔除环球同业银行金融电讯协会（SWIFT）系统。俄罗斯应对得当，抵抗住了西方的"经济闪电战"，开始逐步以自己的大宗商品为基础，稳定了汇率与卢布货币体系。这次争夺已经涉及当今经济体系中的核心领域，即国际货币之争。

二　美国决意深度干预乌克兰的动机和后果

美国在乌克兰布局之深、干预乌克兰决心之大，出乎很多观察家的意料。在此之前，人们普遍认为，美国已经把中国当作最大对手，重心是印太地区。

（一）美国在三大战略选项中选择了"优先遏制俄罗斯"

近年美国官方战略文件已经把恐怖主义、伊朗、朝鲜等从"竞争对手"中剔除，战略对手重新定位到传统大国关系上。在中美俄"战略大三角"中，美国共有三个选项。一是优先遏制中国。通过施行"印太战略"，巩固西方阵营，同时防止俄欧联合。该战略在 2018 年后的特朗普政府时期逐渐成为美国国家战略和精英共识。二是优先遏制俄罗斯。通过强力推进北约东扩，先打掉较弱的一方俄罗斯，然后整合西方之力重新对付中国。这一选项是西方战略界"以欧洲为中心"习惯思维的合理产物。三是双重遏制，同时制裁中国与俄罗斯。利用"民主同盟"等旗帜，在世界范围形成反对中俄的阵营。该选项带有冷战后的新保守主义的理想色彩，是否具有可行性尚未检验。理论上美国还有"联俄抗中"的选项，但并未被主流战略界认真讨论过。因为在美国政治正确的舆论环境中，同情俄罗斯就是背叛美国。

（二）美国优先遏制俄罗斯的原因

俄乌冲突后，美国投入巨大战略资源支持乌克兰，事实上选择了"优先遏制俄罗斯"。从国际上看，欧洲是美国的第一战略盟友，美国绝不能容忍一个强大的欧俄联合体，在文化上不接纳俄罗斯为西方一员，非常警惕苏联的重新结合。从国内看，拜登政府应对滞涨、疫情、民生等国内问题乏力，希望利用国际形势鼓动民粹，从而获得选举利益。美国国务卿布林肯曾表示，希望冲突持续到 2022 年底中期选举后，某些外交、军工、能源、金融利益集团可以从中获得丰厚的收益。此外，默克尔之后的新一代欧洲政治家都是在新自由主义的意识形态下成长起来的，极度轻蔑俄罗斯的情绪弥漫了整个西方战略界，认为可以抓住机会击溃普京政府。

（三）西方正在进行一场俄罗斯会崩溃的政治豪赌

西方用衡量贸易与服务业发展的经济指标（如 GDP）去评判俄罗斯，其实大大低估了俄罗斯的战略潜力。俄罗斯拥有广袤的领土和丰富的石油、天然气、粮食等资源，具有深厚的文化底蕴和坚强民族韧性。政治上，西方对俄罗斯的极端制裁行为恰恰打击了俄罗斯内部的亲西方派，反而可能会让俄罗斯国内更加团结，普京政府获得更大民意支持。军事上，美国期望可以像 20 世纪 80 年代支持阿富汗反苏联一样，支持乌克兰打败俄罗斯。但乌克兰的民族、地理、兵员、宗教、民众意识都和阿富汗完全不同。经济上，俄罗斯的能源出口可以影响世界能源的价格，加重美欧以及世界的通货膨胀。俄罗斯抓住了中短期内欧洲必须依赖俄天然气的短板，建立了"卢布—天然气"体系，对美元体系形成潜在威胁。

三 未来政治格局取决于美俄大博弈

俄乌冲突后的政治格局最终取决于美俄大博弈的结果，特别是实力更强一方美国的战略选择。

（一）当俄乌冲突结束或阶段性停火时，美国面临三种选择：热战施压、止损和解、冷战相持

第一种是军事上热战施压。地面战场上继续对俄罗斯极限施压，通过武器与情报支援打代理人战争，让俄陷入泥潭之中，甚至引发俄罗斯内部的颜色革命。当美国认为普京政府行将崩溃时，就会采取该选项。这意味着美国给自己制定了一个无休止的战略目标，直到彻底肢解俄罗斯，因为即便推翻了普京政府，美国依然无法接受一个独立强大的后普京政府。对美国的负面影响是美国也可能反被俄罗斯拖住。第二种是对俄和解。美国放弃军事上支持乌克兰，仅在政治上支持乌克兰。可能发生的情景是，当美国发现无法制服俄罗斯，继续制裁俄罗斯会极大损害美国全球利益时，就会采取该选项。这个曾经被特朗普提出的"联俄抗中"的选项在美国极右势力中一直有一定市场，只是在美国民主党的舆论高压下被禁言了。该选项会损耗美国的信用与威望，但对现有世界格局改变最小，实际上对美国最有利。第三种是双方消耗相持。中止军事热战，在政治上打冷战，经济上打消耗战。美国利用乌克兰冲突中掀起的反俄浪潮，引导欧洲发起对俄罗斯的新冷战，自己则离岸制衡，操控着长期对俄经济制裁战和政治战。例如，北约在北面拉芬兰和瑞典加盟，在波罗的海和东南欧形成包围圈，实现两面钳制俄罗斯的战略。美国则从欧洲抽身，抽调力量继续到印太地区围堵中国。

（二）俄罗斯的反击力度决定了世界格局变革的程度

俄罗斯或将又一次扮演世界体系的颠覆者。俄罗斯已经把本次冲突提升到民族存亡的高度。俄罗斯的目的是控制乌克兰东部的俄语地区，以及与克里米亚之间的沿海地区，以保障俄罗斯民族的未来发展。对俄罗斯而言，已经无可失去，只能在军事和金融两个战场与西方进行长期较量。俄罗斯可以通过低强度的常规战，来消耗北约与欧洲体系的经济实力。如俄乌冲突持续下去，欧洲比俄罗斯更加脆弱，很难在经济上长期援助乌克兰。同时通货膨胀导致生活成本飙升，会加剧欧洲民众厌战心理，激化美欧矛盾，最终引发欧洲政治经济体系危机。金融体系方面，俄罗斯建立的粮食与能源本位的卢布体系在一定程度上冲击了美元的国际货币地位。美国制裁更迫使俄加速了"去美元化"进程。这种趋势如果扩散到所有大宗商品结算体系，最终会形成一个脱离美元的原材料与金融交易圈。

总之，无论美国在本次俄乌冲突中获得多少金融、能源、地缘政治等短期收益，美国的长期战略利益都必然受损。因为美国之所以能够在全球化时代无往而不胜，得益于它是现有全球化体系的领导者。美国怂恿乌克兰去挑战俄罗斯的做法，等于在自己原来占有绝对优势的全球化体系中，分割出一个独立于美国的空间，制造一个体量巨大又很难战胜的对手。

四　中国的应对

未来世界价值观体系、战略格局、经济体系或将迎来一个多极共存的局面。与之前不同的是，此次多极化将是有"全球化共识"的多极化，各国将在全球领域进行一场"有限度的非对称"的较量。中国要努力在发展理念上超越美苏冷战思维，超越西方霸权主义单一话语体系与秩序，贡献中国特色的全球化理念和方案。为此，中国需要立足新的"三个世界"：第一世界是立足亚太，即东亚、中亚和中东，这是未来世界制造业和能源资源中心；第二世界是加强与欧美等西方国家的经济往来，密切联系世界创新技术与经济的重心；第三世界是争取和团结广大发展中国家，更好凝聚人类命运共同体的民心。

（世界经济研究部　毕成良）

俄乌冲突对世界格局的影响和应对建议

2022 年 3 月，中国国际经济交流中心就"俄乌冲突的影响和对策"召开专家研讨会，来自中国社会科学院、中国人民大学、国务院发展研究中心、中国现代国际关系研究院和中国国际问题研究院等机构的多位专家学者参会，就俄乌冲突对世界格局的影响及我国如何应对进行了讨论。主要观点整理如下。

一 俄乌冲突对世界格局的影响

（一）冷战后的国际格局被打破，俄罗斯和美西方将面临长期对抗局面

中国社会科学院边疆研究所所长邢广程指出，2014 年克里米亚事件使欧洲领土不可更改的重要原则被动摇。此后俄罗斯为挑战美国主导的欧洲秩序，做了一系列准备。俄罗斯有两个目标，一是最大限度整合苏联解体后原俄罗斯帝国的空间；二是和北约，尤其是美国解决欧洲安全架构重新安排的问题。俄乌冲突使冷战后的欧亚格局发生了实质性变化。无论战争怎么结束，俄罗斯和美西方都将呈现长期对抗的局面。中国社会科学院美国所前所长吴白乙指出，要对"和平与发展"这一时代主题的复杂性有全面深刻认识。俄乌冲突使俄和美西方全面对抗长期化，权力政治和地缘竞争卷土重来。世界多极化发展可

能会经历较长的无序阶段，自由贸易体系将加速重组，一些规则也会随之改写。中国现代国际关系研究院研究员李东指出，俄美关系紧张，短期内美联俄制华的隐忧基本消除，在一定程度上可分担我国战略压力，对我国维护战略机遇期有一定好处。冷战结束后，俄罗斯一直寻求同欧洲和北约共同构建统一的欧洲安全架构，经过此次危机，俄罗斯彻底放弃对西方幻想。危机后，欧洲将加强构建战略自主的安全架构；普京则会在欧亚地区，以集安组织为主体，推动欧亚安全一体化。两大板块形成对峙状态，安全鸿沟可能进一步加深。

（二）全球化将遭到严重破坏，国际秩序也将出现重大调整

中国国际经济交流中心总经济师陈文玲指出，俄乌冲突既是旧冷战的延续，也是新冷战的序幕。俄乌冲突后，世界格局会发生一系列调整。一是经济利益格局重大调整。2025 年美国将成为世界最大的油气资源出口国，俄乌冲突背后是激烈的能源市场争夺。二是地缘政治经济外交格局重大调整。俄乌冲突将导致欧洲板块地缘政治经济关系调整，而台海问题会引起我国周边地缘政治经济关系调整。三是国际秩序格局重大调整。国际治理体系正加速失效，联合国等国际组织的作用还不如美国单边制裁大。在疫情不可抗力和人为因素等多重影响下，二战后形成的国际产业和贸易格局失序日益加剧。国际货币体系、结算体系进一步失灵，未来走向重构将不可避免。中国人民大学国际关系学院副院长翟东升指出，在这场冲突中，西方政府、资本和社会全面制裁俄罗斯企业和公民，环球同业银行金融电讯协会（SWIFT）体系、国际清算银行将俄罗斯踢出，二战以来的全球货币、金融、贸易体系遭遇冲击，全球化相关理念、机制、可信度遭到严重破坏。西方全面对俄制裁有利于我国主动作为，同美西方就新规则展开谈判。

（三）世界面临严峻复杂局面，短期看美国是受益方

中国国际问题研究院常务副院长阮宗泽指出，美国对俄罗斯和中国进行双遏制战，说明美在衰落过程中更具战略冒险的动力。此次乌克兰危机中，美国重振西方联盟，在欧洲甚至亚洲全面动员，利用并放大民主、人权和价值观概念，把俄乌冲突定义为自由民主和专制威权间的战争。在亚太地区，美国将不断蚕食中美之间的战略缓冲地带，利用中国威胁论加快对亚太地区控制。俄乌冲突促使德国和日本积极加强军事能力建设，德国将防卫预算提升至国内生产总值（GDP）的2%，未来德国军事崛起对欧洲安全的影响不可小视。日本则跟随美国积极制裁，甚至鼓动探讨"核共享"。国家发改委国际司司长苏国指出，世界开始向政治极化方向发展，与过去相比，中国正面临更严峻复杂的国际形势，且严峻性比复杂性更加突出。俄乌冲突背后不仅有政治动机，更重要的还有经济利益。俄乌冲突有利于美国金融资本和军工集团，将来也有利于能源集团，这对拜登政府是极大利好，美国希望俄乌冲突持续发酵，给美国带来更多利益。除了俄乌局势，中东以色列和台海局势也在酝酿和演进，这些因素结合在一起，可能是世界格局大重构的真正开始。国务院发展研究中心欧亚社会发展研究所所长李永全指出，俄美之间战略武器数量差距大，但战略上处于非对称平衡。普京上台后恢复地区影响力，欲收拾乌克兰地区。但乌克兰寡头受西方控制，逐渐沦为美国棋子，最终导致俄乌冲突爆发。通过乌克兰代理战争，美国解决了军工和金融资本集团问题。通过塑造俄罗斯这一敌人，美国有效控制了欧洲。未来美国替代俄罗斯进入欧洲能源市场，会使欧洲在安全和经济上都更依赖美国。

（四）欧洲既有利益格局肢解，成为俄乌冲突的利益受损方

中国社会科学院国际研究部主任周弘指出，跟尼克松时代美国切割中俄的战略方向不同，拜登政府把中俄一起同西方进行切割。美国把乌克兰作为前沿阵地，企图使俄乌矛盾长期化，以继续切割俄罗斯和西方。俄乌难民危机会刺激欧洲民粹主义和极端势力。欧洲政治势力间相差不大，政治环境较脆弱，各种想法会异常活跃，今后欧洲的长期发展战略可能会遭遇很多问题。商务部欧洲司原司长孙永福指出，美国在俄乌冲突中搅局，最终俄罗斯被削弱，乌克兰被打垮，欧盟的军事、经济、能源和社会受到很大负面影响。几百万难民涌入欧洲会加重欧洲社会负担，加之还未完全控制住的疫情，欧盟经济会雪上加霜，一定程度上可能引发社会动乱。商务部国际贸易经济合作研究院欧亚所所长刘华芹指出，俄乌冲突和对俄制裁造成欧洲农业、制造业和服务业全方位波动。欧洲通胀问题严重，未来几年可能会陷入经济衰退。中欧铁路运输、空运和航运受到巨大冲击，物流风险和贸易风险急剧上升，贸易环境不断恶化，成本大幅上升，中欧贸易前景不容乐观。

（五）美国战略重心仍在印太地区，我国安全形势将面临多重挑战

外交学院领事教研室主任任远喆指出，美国大力宣扬中国挺俄立场，对中国可能使用长臂管辖和次级制裁，并将中俄锁定为国际秩序和民主制的最大挑战；印度担心俄乌冲突影响外溢；部分东盟国家担忧俄乌冲突助长中国在南海采取军事行动的底气，对我国防范的一面加大；日本作为台海问题相关方对我国加强防范；朝鲜半岛安全局势也在酝酿新一轮变化，乌克兰弃核问题引发朝鲜对于核问题的再思考；韩国政府大选亲美亲日的保守派尹锡悦上台。俄乌冲突还给"一带一路"相关经济合作带来直接冲击，中白工业园区受到制裁影响，部分中欧班列已停运，对互联互通影响很大。

二　应对建议

（一）劝和促谈，占领道义制高点，灵活策应俄罗斯

邢广程认为，中国应利用此次俄乌冲突，适时重构战略机遇期，利用俄罗斯与美西方的矛盾，为自身争取最大利益，让形势向更有利于实现我国战略目标的方向发展。要对国际形势进行评估，改善共建"一带一路"倡议等的具体措施，使其更加精准和富有成果。要对俄罗斯加强研究，不能用中庸理念来理解俄罗斯的战略意图和野心，不

能用美国打击其他国家的方式理解俄罗斯的军事行动，俄罗斯正在用"钝刀割肉"的方式推进战争。陈文玲表示，作为加速崛起的大国，我国可作为调停人主动担当，积极作为。面对美国可能的制裁，我国应把应对舆论战、信息战放在首位，避免战争袭来时，在舆论战上处于被动地位。可就美国一系列制裁措施做一些学理分析，并将研究成果向国际社会发布。翟东升强调，中国应表面中立以维护基本立场和原则，并对俄罗斯提供实质性支持；对国际上各种政治舆论压力无须过于看重，当今世界秩序顶层游戏的无政府状态，决定了我国必须采取现实主义政策。可尽快出面劝说俄乌双方做出实质性让步，甚至可邀请双方来新疆面谈，并出面作保。吴白乙认为，战略上要避免被俄罗斯绑架，在道义和朋友圈层面被国际社会孤立。可借机提高对俄关系要价，与俄罗斯进行更高层级的战略情报互换和共享，同时积极斡旋，使我国真正走向世界舞台中央。应汲取俄乌双方的教训，贯彻总体国家安全观。针对目前所有制裁局势组织沙盘推演，深入研究一旦我国遇到类似问题如何应对。任远喆建议，要坚持劝和促谈，占据道义制高点，巧妙支持和策应俄罗斯，坚定支持欧洲战略自主。借鉴俄罗斯的应对经验，维护我国主权安全。要考虑非对称反制措施，进一步加强反制裁的基础研究工作。重视舆情引导和管控，以及国民心态的塑造和磨炼，为未来可能出现的极端情况做好准备，争取掌握外交主动权。

（二）拉住欧洲各国争取和平共识，积极发展战略互信与中欧经贸关系

周弘强调，中国应与欧洲共同提出和平方案，与欧洲形成反战联盟。可借助法国担任欧盟轮值主席的契机，争取中欧双方同时宣布撤销制裁，恢复中欧正常经贸关系。把人权纳入中欧之间正常的谈判渠道，可有效削弱媒体炒作人权问题对中欧关系的负面影响。李永全认为，从目前形势看，如果未来在欧洲形成长期对峙相持局面，中国—中东欧"17+1"合作机制会遇到困难。可将中国—中东欧"17+1"合作机制淡化或用合适的理由替换下来，将中欧关系重点放在双边和欧盟。李东认为，政治上要拉住欧洲，利用欧美之间的分歧和欧方对我国的期待，适时出手。发挥金砖国家、上合组织等新兴多边机制的作用，介入冲突，积极作为。

（三）积极做好美国可能对我国制裁的战略和战术应对

翟东升指出，对于美国威胁对我国次级制裁，我国应主动发声发力，动用《反外国制裁法》，主动威慑，不怕脱钩。积极展开对美高层外交，以斗争求团结。全面对美开展关于重构全球货币金融贸易体系的谈判，不寻求进行双边贸易谈判。及时改进互联网管理办法，用技术手段管控各类谣言和敌对言论，鼓励互联网平台出海。国家开发银行研究院副院长曹红辉建议，要完善由党中央统一决策和统一指挥领导的对外反金融制裁反应机制。健全我国立法、执法、司法的域外管辖能力，充分利用《反外国制裁法》进行反制。有序引导海外资产回流，促进金融资产多元化，降低美元资产比重。

（"中美战略竞争的对策研究"课题组

孙　珮　李浩东　整理）

制造业外资公平竞争环境存在的问题及建议

近年来，中国利用外资的规模和全球占比不断提高，但制造业利用外资的增速和规模都呈下降趋势，不利于我国从制造大国迈向制造强国。2022 年 5 月，"优化营商环境，提高制造业利用外资水平"课题组联合中国外商投资企业协会投资性公司工作委员会，与医药、汽车、信息通信技术、化学、电气、数码影像、照明等多个领域的 20 余家外资在华制造业企业开展多场线上座谈会，对当前国内营商环境存在的问题进行深入探讨。在此基础上，课题组提出相应的政策建议。

一 制造业外资公平竞争环境存在的问题

（一）市场准入限制较多，地方保护根深蒂固

近几年，我国营商环境持续改善，但在吸收外资方面仍然存在不少隐性壁垒，部分关键领域存在严格的市场准入限制。各级政府在政策制定和执行过程中，倾向于让内资企业获得更多的竞争优势。赛诺菲认为，与国内药品监管的国际化程度相比，疫苗审批制度还有一定差距，其市场准入更偏重考虑国内市场主体的发展。赛诺菲在国内生产的疫苗很难进入国家免疫规划，限制了市场需求，导致深圳疫苗生产基地产能利用严重不足，因此公司内部对于是否扩大投资甚至是否维持该基地存在很大争议。特斯拉和捷豹路虎反映，部分省市出台的促

进汽车消费政策仅限本地整车制造或拥有自主品牌的企业享受，将外资车企排除在外，有悖于促进全国统一市场和公平竞争的政策精神。

（二）对外资的歧视性待遇表现突出

国产化替代是扶持国产产品和品牌做大做强的重要手段，近年随着国产化替代步伐的加快，外企受到的压力也越来越大，对此政策存有意见。戴尔公司指出，国产替代导致外企的市场份额变小，影响其总部对中国市场的信心。通用电气医疗（GE 医疗）反映，受《政府采购进口产品审核指导标准》（2021 年版）对政府机构（事业单位）采购国产医疗器械及仪器比例要求的影响，公司销售额直线下降。公司为此加快了国产化替代，但个别地区矫枉过正，把外资品牌在本地生产的产品也当成进口产品对待，使企业无法享受国民待遇。葛兰素史克反映，国家对医疗机构购进药品实行"一品两规"，有些地方的医院执行时不选择进口药，只进国产药，致使外资原研药没有机会进入国内市场，仿制药最终成为进入医院的唯一选择，剥夺了病人和医生的选择权。

（三）对外资的技术创新激励和知识产权保护不足

创新背后往往是巨大的投入和不断的试错，存在很高的失败风险，因此需要高回报予以弥补。如在创新药领域，外资企业希望国内的医保谈判定价制度能更好地鼓励创新。赛诺菲指出，国内创新药的定价是将全球最低的市场价格作为天花板，再平均压减 50%~60%。这对创新的激励不足，不利于企业对创新的持续投入，难以形成创新生态体系，也不利于国内生物医药企业跨出国门发展。此外，部分政策和管理规定存在"中国特色"，外企适用时容易"水土不服"。艾波比集团公司（ABB）反映，《高新技术企业认定管理办法》规定申报企业应有自主知识产权。很多外资企业的知识产权由集团统一管理，并非每家在华外资企业都拥有自主知识产权，但研发投入并不少。昕诺飞反映，企业名称注册由国家市场监督管理局管理，而商标注册由国家知识产权局管理，两者不能交叉检索，导致企业名称和商标很容易被抢注，甚至会出现单一抢注。

（四）政策的可预期性、可操作性和配套性不够

国内许多政策出台过程中与企业和行业协会沟通不够充分，政策变化太快，缺乏落地细节，给外企的合规运营带来挑战。大众汽车集团反映，传统车企的产业链周期很长，一辆车从研发到下线要3~5年时间，行业管理政策频繁发生大的变化，给企业带来较大压力。在减碳方面，国家尚未出台汽车行业或交通行业的碳达峰路线图，企业无法提前规划发展和管理路径。福特汽车公司反映，国家从2021年开始密集出台很多数据安全和个人信息保护的规定，但在操作层面存在很多问题，包括"重要数据"的界定不清晰、汽车VIN码能否出境尚未明确规定等，给企业的业务运行、合规管理和售后维护带来挑战。另外，部分新旧政策体系不配套，对外企扩大在华投资造成影响。陶氏公司反映，尽管《外商投资法》已取代"外资三法"，但很多地方的工商行政管理局仍然按照1987年出台的《国家工商行政管理局关于中外合资经营企业注册资本与投资总额比例的暂行规定》执行，要求外资投资企业注册资本至少应占投资总额的1/3，不利于企业提高资金利用效率。

（五）舆论环境不利于外资企业在华发展

近年来，随着大国关系持续紧张以及民众爱国意识高涨，社会舆论对于外资企业的看法正在发生变化。特斯拉指出，目前的舆论环境对外资企业不够友好，互联网上存在的不实或极端言论为企业发展带来不良影响。拜耳公司反映，在俄乌冲突和大国激烈博弈的背景下，国内舆论环境存在过度担忧受制于人、过度强调自给自足的现象，个别领域出现开放停滞甚至收缩的迹象。GE医疗反映，近两年网上关于其在华医疗设备数据泄露给美国的新闻不断出现，给企业品牌形象和产品销售造成了伤害。

二　政策建议

（一）进一步放宽制造业领域外资市场准入

第一，根据国家发展和安全利益，合理确定国产替代和自主可控的范围与边界，根据情况进行动态调整，在保证国家科技自立自强和稳外资之间实现平衡。第二，确保外资企业在国内生产的产品能够享受国民待遇，与内资企业产品一视同仁。第三，对负面清单进行更精细化的管理和更科学的细分。第四，全面清理和废止歧视外资企业及外地企业、实行地方保护的各类政策。

（二）对于外资的创新活动形成更好的激励机制

第一，在创新药领域，可以把市场最高零售价与医保报销价格分开管理，允许市场零售价超出医保报销价格，超出部分利用商业保险或其他市场机制予以弥补，在满足患者多元化需求的同时，维护行业整体良性的创新生态体系。第二，对于外资企业认定高新技术企业，可以结合实际进行政策调整，而不仅以企业是否拥有知识产权作为判断标准。

（三）提高政策的可预期性和可操作性

第一，国家在出台相应政策之前要进行更充分的调研和论证，提高外资企业在行业重要政策制定过程中的参与度，让其在政策制定的初期阶段就能参与进来。对行业影响较大的政策，避免过渡期设置太短。建立健全常态化沟通机制。第二，提高政策的可操作性。进一步出台关于汽车数据安全的具体指导意见，在数据安全管理和新技术发展之间实现更好的平衡。第三，按《外商投资法》相关规定，更新调整外商投资企业注册资本比例相关规定，帮助外资企业提高资金使用效率。

（四）营造客观公正的舆论环境

第一，从商业和市场的角度公平公正对待外资企业，避免掺杂政治因素。第二，客观看待外资企业跨境数据泄露的风险，舆论报道要建立在权威部门科学公正调查的基础上，运用国际通行做法开展数据跨境传输安全管理。

（"优化营商环境，提高制造业利用外资水平"课题组

执笔：宁留甫）

加强国际合作

携手应对全球挑战　合作促进世界发展

——第七届全球智库峰会主要观点综述

2022 年 7 月，中国国际经济交流中心（简称"国经中心"）以视频会议方式举办第七届全球智库峰会，主题为"携手应对全球挑战，合作促进世界发展"。中共中央政治局委员、中央书记处书记、中宣部部长黄坤明，国经中心创始人、国务院原副总理曾培炎在会上作了重要发言。全球 30 个国家、地区和国际组织的 100 多位前政要、智库代表、知名专家参会。主要观点综述如下。

一　加强合作应对挑战是当务之急

（一）各国应携手加强国际合作

黄坤明指出，全球发展倡议反映了各国人民的普遍心愿。全球发展倡议坚持发展优先，将发展置于全球宏观政策框架的突出位置；坚持人民至上，注重在发展中保障和改善民生；坚持普惠包容，致力跨越发展鸿沟、实现真正的共同发展；坚持行动导向，为各方对接发展需求、开展项目合作搭建对话平台。倡议已得到 100 多个国家的响应和支持，是大势所趋、人心所向。曾培炎指出，全球公共卫生危机仍在蔓延，粮食与能源价格高企，新兴市场国家面临本币贬值和资本外流冲击，大国博弈、乌克兰危机、地缘政治等挑战交织。世界经济复苏步履维艰，可能进入高债务、高通胀、低增长的滞胀期。应积极推动全球发展倡议走深走实，推动经济全球化健康发展，加强宏观政策协调，维护全球产业链供应链稳定。国经中心常务副理事长毕井泉认为，应对全球性挑战，必须加强合作，只有合作才能度过危机，只有合作才能促进发展。特别是当前各国应加强公共卫生、创新和经济领域合作，共同应对全球危机。国经中心常务副理事长、执行局主任张晓强表示，当前国际形势错综复杂，全球经济复苏艰难，新冠疫情持续蔓延，全球可持续发展面临很大挑战。全球发展倡议展现了中国与世界各国共享发展机遇、共谋发展繁荣的决心，为全球治理和发展指明了方向。美国库恩基金会主席罗伯特·劳伦斯·库恩认为，全球发展倡议与共建"一带一路"倡议相配合，可使共建国家共同受益。

（二）地缘政治危机威胁全球经济稳定发展

日本前首相福田康夫表示，俄乌纷争有长期化趋势，会导致国际社会对立和分裂，国际社会应齐心协力推动俄乌双方尽早停火。美国亚洲协会会长、澳大利亚前总理陆克文认为，美中摩擦对世界是灾难性的，两国应进行"有管控的战略竞争"，对彼此红线有清晰的了解，防止因误判发生冲突。

（三）维护全球化符合国际社会共同利益

波兰华沙考明斯基大学全球化经济研究中心主任、波兰前副总理格热戈日·科沃德克认为，只有推动全球化，才能使各国受益。但民粹主义和保护主义抬头，各国要联合起来继续支持全球化。联合国副秘书长刘振民认为，世界经济正面临严重风险，经济复苏脆弱且不均衡，发达国家要负起责任，帮助发展中国家改变传统的发展模式，转向更清洁更可持续的发展路径。

二　需协调推动全球经济均衡复苏

（一）全球经济复苏基础脆弱，南北分化更加严重

国经中心副理事长、国务院发展研究中心原副主任王一鸣指出，当

前新冠疫情和乌克兰危机交互影响，对全球经济治理和多边机制形成严重冲击。粮食和能源价格快速上涨，对发展中国家冲击最为严重。主要经济体收紧货币政策，推动利率上升，新兴市场和发展中国家债务负担和偿债压力加大，需要更长时间才能恢复至疫前水平，与发达经济体的落差进一步扩大。

（二）传统安全风险加大，经济复苏面临不确定性

新加坡国立大学东亚研究所所长郝福满认为，当前全球投资低迷，消费者信心严重受损，经济复苏面临极大不确定性。韩国对外经济政策研究院院长金兴钟表示，全球面临通胀问题，原因包括能源和食品价格上涨、流动性过剩、全球供应链扰动等。

（三）全球需联合行动，推动经济均衡复苏

王一鸣指出，国际社会应深化抗疫合作，加强产业化合作，增强发展中国家数字能力，加强应对气候变化合作，关注减贫问题，加强能源政策协调，完善国际粮食贸易秩序，加强可持续发展筹资。国际货币基金组织驻华代表处首席代表史蒂文·艾伦·巴奈特认为，各国国内政策协调非常关键，货币政策应实现通货膨胀和经济复苏的平衡，财政政策要实现充实财政资金和支持弱势群体的平衡。

三 应尽快修复和重构世界经贸秩序

（一）应加快修复多边国际贸易规则

世界贸易组织前副总干事、商务部原副部长易小准表示，WTO第12届部长级会议（MC12）就粮食安全、渔业补贴等议题达成共识，为推进WTO改革和制定新的多边贸易规则带来希望。国务院发展研究中心副主任隆国强表示，需顺应国际贸易数字化、绿色化和边境后趋势，确保国际贸易新规则沿着自由贸易的方向演变。

（二）区域主义正全面取代多边主义

美中贸易全国委员会会长克雷格·艾伦表示，拜登政府通过多个倡

议设定了全球贸易规则框架，中国也在积极推进自身的贸易议程，两国都在准备应对长期的双边竞争，给两国企业带来前所未有的不确定性。上海财经大学校长刘元春表示，当前全球贸易旧体系持续崩溃，区域主义开始全面取代多边自由主义，使国际贸易规则日趋政治化、集团化和工具化。

（三）中美俄印等大国应致力于修复世界经贸秩序

香港中文大学（深圳）教授、前海国际事务研究院院长郑永年表示，世界秩序的构建取决于中美俄印等大国合作，需大国主动引领，小国积极参与。可以应对气候变化为抓手，促进新贸易规则制定，加强民间"二轨"或"一轨半"对话，促进政府间合作。

四　合作开展科技创新尤为重要

（一）科技创新是解决全球性问题的重要抓手

外交部原副部长何亚非认为，科技创新是破除滞胀困境、实现经济转型的必然选择。要克服地缘政治和意识形态隔阂，积极开展科技合作。墨西哥对外关系委员会会长塞里奥·阿尔科尔指出，第四次工业革命发展快速、无处不在，科技领域要实现更广泛的交流，为解决全球性问题提供方案。

（二）应加快完善全球科技治理体系

美国环保协会主席柯瑞华认为，发达国家应加强对发展中国家的技术转让，强化与发展中国家联合研发，提升发展中国家应对气候变化的能力。罗欣顿·麦德拉认为，可成立数字稳定局或类似世界卫生组织的数字管理机构，协调全球数字治理问题。

（三）通过科技创新合作推动形成全球创新网络

国经中心总经济师陈文玲认为，中国已与 161 个国家和地区建立了科技合作关系，未来中国科技合作的大门会越开越大。中国反对在全球科技创新领域的意识形态化、政治化、集团化和孤立化；反对科技脱钩、封锁、禁供和遏制，割裂全球科技创新领域的联系和治理体系，损害广大发展中国家利益；反对把一个国家的规则凌驾于全球规则之上。中国坚定不移走创新发展道路，推动科技成果造福于全人类，推动形成全球创新网络体系。

五 亟须协同推进全球气候治理

（一）应对气候变化任务迫切

科技部原副部长、国家气候变化专家委员会原主任刘燕华认为，落实《巴黎协定》有三大缺口：一是承诺缺口，各国承诺不能满足协定目标；二是资金缺口，国际能源署测算全球实现碳中和需要的110亿美元尚未落实；三是技术缺口，现有技术不足以应对气候变化。德国科尔伯基金会国际事务执行主任诺拉·穆勒认为，气候治理的时间窗口正逐渐关闭，需加强协调并迅速行动。

（二）中低收入国家面临气候和经济双重困境

联合国政府间气候变化专门委员会副主席、斯里兰卡 MIND 主席莫汉·莫纳辛指出，欠发达国家受气候危害影响很大，还面临贫困、不平等、资源短缺、新冠疫情等问题。法国可持续发展与国际关系研究所所长塞巴斯蒂安·特雷耶表示，相比高收入国家，中低收入国家经济更难从疫情中恢复，在经济转型中面临资金、技术等多重困难。

（三）携手合作是解决气候问题的重要路径

刘燕华指出，全球能源转型中，没有任何国家可独善其身，出路在于合作共赢。莫汉·莫纳辛认为，可持续发展应跨越国界，需要贫困国家和富裕国家相互配合。欧洲企业协会国际关系部顾问本尼迪克特·维登霍费尔指出，欧中可加强巴黎协定框架和 WTO 层面合作，加强碳排放交易领域合作。

（科研信息部 王成仁 翟羽佳 整理）

变话语为行动　重建中美信任

——第十三轮中美工商领袖和前高官对话观点综述

当前，中美关系仍未走出美上届政府制造的困境，甚至还在遭遇越来越多的挑战。中美通过各种渠道加强沟通交流，比以往任何时候都更加重要。2022 年 7 月，中国国际经济交流中心（简称"国经中心"）与美国全国商会共同主办第十三轮中美工商领袖和前高官对话，美国商务部长雷蒙多视频会见双方代表。主要观点总结如下。

一　中美经贸往来符合双方利益，但在许多问题上的认识和看法双方仍存在较大分歧

中美双方都认为中美经贸关系符合双方利益。国经中心常务副理事长毕井泉表示，发展中美经贸关系符合世界经济规律，符合各自国家利益，符合两国人民利益。中美经济贸易合作中存在各种矛盾和问题，各自都有很多关切。对话就是要围绕双方关切坦诚交换意见，找出问题的原因，提出解决问题的办法。雷蒙多表示，美中经贸关系是美中双边关系非常重要的支柱，经贸关系不断扩大发展符合美中利益。美国全国商会会长兼首席执行官苏珊娜·克拉克表示，美中关系是 21 世纪最重要的双边关系，希望能够加深美中经贸关系，双方能变话语为行动，重返谈判桌讨论网络安全、补贴等问题。

但中美双方在对许多问题的认识和看法上存在很大分歧。雷蒙多对中国的营商环境提出了几点关切：一是认为双方的市场开放不对等，称中国企业充分利用了美国的完全开放性，中国政府却对美国公司在中国市场的竞争和发展造成了困难，包括商业间谍和知识产权保护上的问题。二是认为"中国制造2025""双循环"战略和中国的数据管控等政策，显示中国似乎正在走向一个更加有限制的空间，可能会造成美中潜在的脱钩。三是中国承诺的不少开放措施似乎并没有做到。四是中国在经贸领域采取的限制措施似乎超越了合理的国家安全关切，相关政策设计是为了偏袒中国企业。凯雷集团首席执行官兼美国全国商会中国中心顾问委员会主席李揆晟表示，中国实际上很明显是在远离市场经济。

中国原驻美大使崔天凯表示，当前包括经贸关系在内的中美关系令人不太满意。中方对美国的营商环境存在很大担心，包括国家安全的概念被扩大化，经贸关系越来越成为一种地缘战略工具，越来越多的中国企业被列入美方实体清单，还有很多中国企业被迫从美国金融市场退市。对于很多中国企业来说，现在到美国进行一项最普通的投资，可能都是一个很复杂的问题。全球保护主义上升，世界市场越来越因人为分割走向碎片化。更有一些人不顾经济规律要改变供应链和产业链，阻断各国之间的科技交流。

二 中美双方都要做出最大努力，变话语为行动，让中美关系走出下行态势，避免进一步脱钩

国经中心常务副理事长张晓强表示，中美保持对话接触，是减少误解误判、共同管控分歧的重要举措，对稳定中美关系这一世界上最重要的双边关系有重要意义。崔天凯表示，当前中美之间互不信任造成双方合作出现全方位倒退。鉴于两国内部各自的公众情绪，建议以不公开的形式进行双边磋商，然后通过向双方领导人汇报和各自的舆论

引导，使双边关系逐步回到正轨。

雷蒙多表示，目前美中关系缺乏建设性，希望美中双方能够找到可以共同合作的领域，在更多经济议题上进行接触，并且通过美中二轨对话等平台和论坛，寻求应对双边关系挑战的解决方案。李摖晟表示，美中双方即使有分歧，也可以找到共同关心的议题和共同利益所在。如果双方都不做任何事情，两国会面临更进一步的经济下行和更大程度的脱钩。为此，两国商界领袖必须做出最大努力，尽管要承担各自的政治风险，但最后的回报是巨大的。希望在美方下调对华关税后得到中方的对等响应，还希望中方能够在购买民航客机问题上考虑美方利益。美国前贸易代表查琳·巴尔舍夫斯基表示，美中之间的信任危机真实存在，而且越来越糟。目前美中两国的措辞是有害的，会影响双方互信。如果中方的措辞不当，美方的措辞可能就会更加强烈。如果要达成信任，让美中双边关系更加正面，双方都不应把对方视作永久敌人，都有责任用更尊重、更适合的措辞来对待彼此，这样才能有更可预测的经济结果。美国全国商会常务副会长兼国际事务总裁薄迈伦表示，国经中心和美国全国商会都应该认真考虑，在当前语境下双方应该怎样进行进一步的交流和对话，美中双方都要迈出有效步伐来改善双边关系。对于美方关心的补贴、产业政策和数字保护主义等问题，以及中方关心的美国出口管制等问题，建议双方成立一个专任小组或者顾问委员会，该小组或委员会能够和相关的政府领导在恰当的时间进行接洽，以便用更有意义的方式开展对话交流。

三　中美双方要在若干领域探讨、展开或深化合作

（一）贸易投资和供应链领域合作前景不容乐观，但双方都有意愿深化合作

国经中心副理事长、财政部原副部长朱光耀提出，当前全球面临比2008年全球金融危机更加严重的系统性危机。而作为全球两个最大经

济体的中美两国却缺乏基本的信任，甚至长期作为双方关系基石的经济关系也面临严重动摇。国经中心副理事长王一鸣表示，在当前中美关系背景下，美方降低对华关税可能是一个实质性行动，能够改善中美企业预期，为在其他领域达成共识创造更好条件。中国电子信息行业联合会常务副会长周子学表示，电子信息产业国际分工合作经过长期发展已形成十分完善的体系，任何一个国家想在这样一个行业里形成闭环式的供应链体系都是不现实和不经济的。中美在电子信息产业领域有非常广泛而深刻的关联，强行推动科技脱钩的后果是双方高科技企业全球竞争力的共同下降。打造一个开放性的供应链体系，符合中美两国产业界共同利益。

雷蒙多回应称，美国希望与中国进行更紧密的合作，以更好应对供应链挑战。美国不想与中国脱钩，不想降低美中之间的贸易额，但美国会提升国家安全保障，确保双边贸易更好地遵守规则，希望确保自身作为技术领导者的地位。半导体和关键矿物是美国的国家安全关切，已建立起早期的预警系统，会继续执行或出台新的出口管制，并和盟友伙伴一起执行。美国欢迎投资，包括来自中国的投资，前提是在公平公正的营商环境下进行竞争，而且不会损害美国的民主价值观和国家安全。

（二）中概股退市问题上美方仍坚持一贯立场

中国投资责任有限公司副总经理兼首席策略官赵海英表示，中概股的审计和退市问题，对中美两国公开市场和一级市场的投资者影响很大。如果中概股未来需要退市，在一级市场的投资退出会很困难。雷蒙多回应称，退市问题目前由美国商务部和财政部合作处理，美国非常欢迎中国公司在美国股市上市，只要中国公司能遵守所有其他上市公司同样遵守的规则就可以。

（三）在应对疫情、气候变化和第三方市场等领域中美存在合作空间

美方十分关心中国应对新冠疫情的未来政策情况，希望了解在接下来的 3 个月、6 个月、9 个月和 12 个月的政策走向，以及在疫情影响下促进消费的政策。NWI 公司董事长兼首席执行官哈里·哈里哈兰表示，目前包括美国在内的很多国家存在十分严重的贸易赤字，而中国有非常多的外汇储备，为了重建信任，希望中国能够增加进口，比如进口疫苗。雷蒙多对此予以附和，希望中国能够进口海外疫苗。美方对于应对气候变化和绿色发展方面的合作很感兴趣。雷蒙多主动表示，美国商务部非常关注和期待在气候变化、海洋污染、清洁技术、去碳化和环保等领域与中国合作。第三方市场合作是美中合作的另一个潜在领域。赵海英提出，中美合作的地域非常广，除了两国间合作外，还可以探讨在第三方市场合作。哈里·哈里哈兰表示，希望中国跟美国、其他国家和多边组织一道，帮助解决诸如斯里兰卡、巴基斯坦等国和非洲国家的发展。此外，在农业和能源领域两国也存在很大合作空间。中粮集团、中国石油、国家电投等企业负责人分别表达了在农业、油气、新能源、新材料等领域加强中美合作的意愿。

（美欧研究部　宁留甫 整理）

积极把握推进中欧关系转圜的时间窗口

——第五轮中国—欧盟工商领袖和前高官对话综述

2022 年 12 月，由中国国际经济交流中心（简称"国经中心"）和欧洲企业协会共同主办的第五轮中国—欧盟工商领袖和前高官对话以视频方式举办。双方代表围绕"中欧供应链合作与世界经济复苏增长""深化中欧双边贸易和投资合作"等议题展开交流。国经中心常务副理事长、全国政协经济委员会副主任毕井泉，国经中心常务副理事长、国家发改委原副主任张晓强，中国驻欧盟使团大使傅聪、欧洲企业协会主席弗雷德里克·佩尔森等中欧工商领袖、政府前高官代表参加会议。主要观点如下。

一 贸易投资合作是中欧之间最紧密的利益纽带

毕井泉指出，改革开放以来，欧盟一直是中国累计最大的引进技术和设备来源地。中欧已形成强大的经济共生关系，在机械设备、汽车、化工、精密仪器、电气机械、金属及其加工等产业链供应链领域合作紧密。张晓强指出，中欧有竞争，但合作远大于竞争，对话合作仍是中欧关系的主导面。2022 年 1~11 月，中欧贸易额达 7800 亿美元，同比增长 4.4%，欧盟企业对华投资大幅增长，其中德国对华投资同比增长约 50%，这表明国际形势越动荡，全球挑战越突出，中欧关系的意义就越凸显。

二 新冠疫情和乌克兰危机给中欧关系带来消极影响

（一）中国疫情防控政策给中欧经贸带来挑战

弗雷德里克·佩尔森指出，疫情对中国经济产生了影响，且对全球供应链也产生了影响。由于交通封锁、运输成本显著增加，物流阻滞导致供货延迟。除全球成本飙升之外，来自中国的交付也存在不确定性，导致一些欧洲企业寻找替代性解决方案。随着中国商业环境变得更加政治化和不可预测，许多企业在进行新投资之前都会采取观望态度。中国欧盟商会主席、巴斯夫股份公司中国首席代表伍德克表示，疫情以来，没有新增欧洲企业进入中国市场，如剔除宝马集团全新电动汽车项目100亿元的投资合同，2022年上半年，欧盟对华投资实际下降75%。2021年巴斯夫在美国得克萨斯一个州的投资就超过了对华投资总量。欧洲对华投资是不足的。此外，中国德国商会发布的年度商业信心调查结果显示，2022年商业信心和中国市场的吸引力达历史新低，41%的德国企业预计利润将下降。

（二）中欧在乌克兰问题上存在分歧

傅聪表示，乌克兰危机的溢出效应波及全球，对话谈判才是根本解决之道。中方支持和鼓励一切有利于和平解决乌克兰危机的外交努力，尽快停止战争，通过磋商、对话来解决分歧和冲突。如果一些国家继续提供军火给任何一方，只会延续冲突。世贸组织前总干事、巴黎和平论坛主席帕斯卡尔·拉米认为，由于欧中在地缘政治、乌克兰等问题上存在重大分歧，双方合作正在不断缩窄。不帮助乌克兰、不提供武器，如同这场战争不是侵略，但它完全违反了国际法。

三 供应链风险、贸易不平衡、公平竞争环境是双方关切三大焦点

（一）全球供应链脆弱性风险日益加大，对中欧经贸影响深远

拉米认为，2022年全球贸易量创下新高，这表明全球并没有"脱

钩"，大量新的危机正在重塑全球化。2022 年以来，地缘政治因素对全球供应链影响不断加大。立陶宛工业家联合会主席、立陶宛全球 BOD 集团董事长维德曼塔斯·耶努勒维西斯表示，欧中都是非常大的市场和经济体，都面临供应链中断的挑战和冲击，中国商品难以顺利运达欧洲，且运输成本也在上升。欧洲企业非常关心中国供应链战略的调整，这对欧洲而言非常重要。

（二）欧方对贸易不平衡与中国的对外开放战略表示质疑和担忧

弗雷德里克·佩尔森指出，欧方必须保证不向"自给自足"和保护主义压力妥协，近期中国数字领域法律法规使欧洲企业在华经营越来越具有挑战性。欧洲越来越多人认为，欧中经贸关系越来越不平衡。马士基大中华区首席代表、中国欧盟商会副主席彦辞指出，过去十年中，除 2015 年外，几乎每年欧盟对华贸易赤字都在扩大，2022 年也是如此，长期贸易逆差是不可持续的。欧方也注意到二十大报告中"自给自足"和"安全"这两个高频词，欧洲企业对此感到紧张和忧虑。德国工业联合会执行委员会成员、欧洲企业协会中国联络主席沃尔夫冈·尼德马克表示，在政治问题和挑战面前，企业界不能退缩。企业无法完全忽略地缘政治，以及系统性竞争和对抗问题。欧方需要接受一个事实，就是中国也和世界其他大国一样，在与欧盟进行系统性竞争。同时，中国应改变身份，担负全球领导者责任，接受监管的一致性，而不是把自己看作发展中国家，避免承担责任。

（三）中方反对"脱钩"以及将经贸问题政治化

傅聪表示，中方理解欧方对供应链韧性的关切，但反对因为政治因素特别是意识形态因素干扰正常经贸交往。中欧应共同努力，确保产业链供应链稳定畅通，共同反对以安全之名搞"脱钩断链"和保护主义。国经中心首席研究员张燕生表示，中国反对贸易保护主义，积极扩大从欧洲进口，缩小中欧贸易不平衡。2023 年中国经济将逐步进入正常化轨道，扩大内需战略将进一步发挥中国超大规模市场优势，

"挂钩"不"脱钩"是未来中欧经贸关系的主流趋势。华为技术有限公司高级副总裁、欧洲地区部总裁鲁勇表示，当前欧盟在加速推进各类经贸政策落地、工商界在欧洲面临的不确定性逐渐增多。呼吁欧盟给包括中国企业在内的所有在欧投资经营企业，提供公平和非歧视性的营商环境，避免针对来源国政治化的非技术性评估。欧盟信息通信技术（ICT）供应链安全监管范围应与风险相称，避免过于宽泛，增加成本。

四 携手开拓未来中欧经贸合作的广阔空间

（一）中欧应加强供应链合作，提升全球供应链的安全性和韧性

国经中心副理事长王一鸣表示，当前世界仍处于艰难时期，中欧应以建设性态度寻求最大公约数，以开放心态促进务实合作。一是加强对话、增进互信，减少误解误判。二是深化重点领域供应链合作，包括数字科技、绿色环保、新能源、人工智能、高端装备、医疗设备和医药等。三是携手推进中欧全面投资协定（CAI）早日生效，为中欧深化合作创造更好环境。四是反对"脱钩断链"，反对把经贸合作、科技交流政治化和意识形态化。欧洲企业协会首席执行官马库斯·布莱耶表示，应对全球供应链脆弱性不断上升的风险，欧中需共同合作以确保贸易保护主义、产业脱钩以及标准规则的脱钩不会占上风。否则，欧中和各国利益都会受损。

（二）加强中国"一带一路"倡议与欧盟"全球门户计划"战略对接

国经中心副理事长胡晓炼表示，中欧在全球基础设施建设方面拥有高质量、绿色、包容性、可持续、廉洁等共识，应促进"一带一路"倡议与欧盟"全球门户计划"战略对接。沃尔福冈·尼德马克表示，欧中可利用彼此优势，加强非洲基础设施建设合作。中方亦可通过"一带一路"倡议，请第三方国家广泛参与，为欧中合作带来新机遇，推动"一带一路"倡议进入新阶段。

（三）中欧在绿色低碳、数字经济、生命健康以及标准规则等领域合作潜力巨大

维德曼塔斯·耶努勒维西斯表示，欧中未来应继续就"碳关税"问题进行探讨，通过使馆或其他渠道探讨需要调整的规则。期待未来外企能够进一步对中国太阳能、风能等清洁能源领域进行投资，发行绿色债券。中国国际金融股份有限公司首席执行官、管理委员会主席黄朝晖认为，欧盟在数字技术和数字治理方面具有一定优势。中国则拥有数字经济的巨大市场。双方在隐私保护、降低数字贸易壁垒、数据跨境流动监管等领域有很大合作空间。中兴通讯股份有限公司高级副总裁林晓东认为，中欧在移动通信标准上合作经历了3G、4G到5G的阶段，使全球移动通信取得较大成功。目前，6G通信标准的技术合作较多受到来自政治方面的压力，希望中欧能继续在通信标准上保持统一。

（四）中欧应合力推动完善全球多边贸易规则体系

拉米指出，打击保护主义是中欧合作的优先领域之一。目前，让美国回归世贸组织（WTO）框架并不顺利，未来要优先解决这一事项。伍德克表示，欧中有共同责任来推动完善全球多边贸易体系，加强双边规则对接，尽力消除分歧。在过去二十年中，欧中都受益于多边贸易体系，需共同解决WTO存在的问题，并对不合理或过时的规则进行现代化改革。

（美欧研究部 张茉楠 谈 俊 孙 珮 整理）

抓住契机推动中日互利合作开启新局面

——第七轮中日企业家和前高官对话会主要观点综述

2021 年 12 月，中国国际经济交流中心（简称"国经中心"）和日本经团联通过视频方式共同举办了第七轮中日企业家和前高官对话会。日本内阁总理岸田文雄、外务大臣林芳正、经济产业大臣萩生田光一、经济财政政策担当大臣山际大志郎发表了视频致辞，日本前首相福田康夫和国经中心理事长曾培炎现场致辞，30 多位中日企业家和前高官参加会议，对中日关系和经贸合作等议题发表了看法。现将主要观点综述如下。

一 中日双方应共同构筑建设性的稳定的中日关系

曾培炎表示，中日两国经济高度互补，利益交融，在贸易投资、先进制造、数字经济、绿色低碳、医疗照护、第三方市场等方面合作潜力巨大。2023 年是中日邦交正常化 50 周年，双方应当抓住机遇，相向而行，恪守中日四个政治文件原则，努力抑制消极面，积极扩大合作面。岸田文雄表示，希望以 2023 年日中邦交正常化 50 周年为契机，共同构筑建设性的、稳定的日中关系，共同推动两国间的经济与国民交流。福田康夫表示，日美经济活动离不开中国，中国经济繁荣也离不开日美和亚洲其他国家。日中两国都需要优先考虑协调合作，需要努力改变自己。林芳正表示，经济一直是日中关系的主要要素，期望通过日中经济界对话交流，进一步推动互利互惠的商务合作。萩生田光一表示，日方愿同中国有关部门坦率交流，为日中两国发展合作作出努力。经团联会长十仓雅和表示，日本经济界愿与中国经济界同心勠力，致力于解决能源安全等全球性问题，促进日中关系进一步深化，铸牢日中合作的基础。

二 新冠疫情给中日经济活动带来挑战

（一）新冠疫情给中日经济活动带来机遇和挑战

国经中心常务副理事长、全国政协经济委员会副主任毕井泉认为，新冠疫情发生以来，中国疫情防控和经济恢复取得积极成效，2021年全年国内生产总值（GDP）增长可达8%以上。同时，中国经济面临需求收缩、供给冲击、预期转弱等挑战。东风汽车集团有限公司原董事长竺延风认为，疫情阻碍生产要素自由流动和人员交流，使企业投资行为更加谨慎。在国际机场可建立防疫互认区，便于两国企业开展线下交流与商务活动。日本经团联副会长、三井物产株式会社董事长安永龙夫认为，当前疫情之下，中日企业面临全球能源供给不稳定、物流秩序紊乱、人员交流受限等挑战。经团联审议员会议长、野村控股株式会社特别顾问古贺信行认为，疫情扩大造成日本经济增长减速，银行向企业提供资金支持，促进经营活动正常化，预计2022年日本企业业绩将迎来两位数增长。

（二）中日企业可深化数字化、绿色化和产业链供应链合作

国经中心副理事长、中国中信集团有限公司原董事长常振明认为，两国企业可在企业经营模式、应对气候变化、第三方市场合作等领域深化合作。国经中心副理事长、国务院发展研究中心原副主任王一鸣认为，中日两国可在保证产业链供应链稳定性、深化数字化转型和绿色转型，以及用好《区域全面经济伙伴关系协定》（RCEP）生效机遇等方面开展合作。

（三）中日两国都在深化改革实现可持续增长

山际大志郎表示，2023 年日本将编制一份"新资本主义"实施计划，明确发展愿景和具体措施，致力于消除劳动者对未来的担忧，努力建设让每一代人都安心、可持续的社会保障体系。经团联副会长、三菱 UFJ 银行特别顾问平野信行认为，疫情冲击下日中互补性进一步增强，解决气候变化、绿色转型、少子老龄化等共同课题需要深化两国合作。日本企业非常看好中国市场，希望中国进一步提升营商环境透明度和公正性，确保实现自由贸易和知识产权保护。

三 释放自贸协定红利，推动区域经济合作

双方认为，应进一步释放自贸协定红利，加快推动区域经济合作，提升经济复苏质量，促进地区繁荣稳定。双方讨论在芯片、汽车、建筑、海运等领域合作的可能性，强调人员、货物、信息等跨境交流在区域经济发展中的重要作用。

华为技术有限公司副董事长、轮值董事长胡厚崑认为，RCEP 正式生效实施，有助于促进区域内相关供应链发展。双方企业应抓住协定生效契机开展产业链合作，推动更多产业数字化转型。经团联副会长、住友商事董事长中村邦晴认为，新冠疫情仍在蔓延，有必要重新考虑电子商务、产业补贴等方面国际贸易投资规则，期待世界贸易组织（WTO）改革相关谈判取得成效。国经中心副理事长、商务部原副部长姜增伟认为，中日两国在推动 RCEP 签署生效中发挥了领导力，两国引领推动制定东亚经济共同体蓝图的条件已经具备，应进一步推动企业成为区域经济融合发展的真正主角。经团联副会长、日立制作所董事、执行董事长兼 CEO 东原敏昭认为，当今世界面临气候变化、新冠疫情和供应链三个问题，均涉及数据跨境流动，双方在制定跨境数据流动规则上可发挥作用。中芯国际集成电路制造有限公司执行董事周子学

认为，中日两国地理相近，是天然的供应链合作伙伴，应加强数字领域合作，稳定全球供应链。

四 推动绿色转型，实现碳中和及 ESG 投资

（一）中日应携手合作加快绿色转型尽早实现碳中和目标

国经中心常务副理事长、国家发展和改革委员会原副主任张晓强认为，中日是推动东亚绿色转型的引领者，两国应充分发挥科技创新作用，发挥各自比较优势，在环境、社会、公司治理（ESG）相关领域深入合作。国家开发银行副董事长、行长欧阳卫民认为，中日企业可分享在 ESG 投资、项目审查等方面的经验，完善绿色市场发展体系，营造绿色转型良好环境，共同推进绿色项目，发展绿色金融，助力经济发展与绿色转型协同共进。经团联审议员会副议长、丰田汽车公司副董事长早川茂认为，为实现碳中和目标，两国政府需在能源供给和需求两方面采取相应措施：一是确保充足能源供应；二是对高耗能产业尽可能推行电气化、氢气化改造；三是采用碳捕获、利用与封存（CCUS）技术实现对二氧化碳循环再利用。

（二）中日两国应合作引领国际经贸规则制定

经团联审议员会副议长、威立雅日本株式会社董事长野田由美子认为，双方应共同携手促进循环经济发展，为制定相关国际规则加强合作。天合光能股份有限公司副总裁兼首席品牌官杨晓忠认为，近期日本政府再次提高了 2030 年可再生能源占比目标，给中日企业进一步加强分布式可再生能源领域合作提供良好机遇。中国东方航空集团有限公司董事长刘绍勇认为，中国航空企业反对欧盟单方面通过边境调节税方式来实现减排，希望日本航空企业给予支持，共同探索航空业绿色发展途径。经团联审议员会副议长、伊藤忠商事副董事长铃木善久认为，希望中国政府进一步完善知识产权保护机制，日本政府对敏感

技术给出明确界定，希望两国政府共同推进双边经济合作进一步向好发展。

五 推进中日医养照护领域合作，应对人口减少和老龄化挑战

（一）中日共同应对人口减少和老龄化挑战

国经中心副理事长、湖南省人大常委会原副主任韩永文认为，中国生育率偏低，人口生育意愿下降，造成扩大消费难度增大、就业压力增加和收入增长预期下降等问题，给经济中长期可持续发展带来挑战。中国政府已提出鼓励生育的系列政策措施。在应对人口减少方面，中日双方应加强合作，共同推进人口长期均衡发展。中国诚通控股集团有限公司副总经理、中国健康养老集团有限公司董事长朱跃认为，中国已将积极应对人口老龄化上升为国家战略，拥有广阔的康养市场。日本是全球老龄人口占比最高的国家，在康养政策法规、制度保障、理念技术、服务标准、产品开发等领域积累了丰富经验，两国企业可开展康养产业合作，为两国共同应对人口老龄化做出积极贡献。经团联专务理事椋田哲史认为，社会保障体系并不能解决老龄化社会面临的所有问题。在应对老龄化社会方面，数字化转型和民营部门的参与非常重要。

（二）中日企业共同推进适老康养产业的研究和合作

国经中心副理事长兼秘书长、河南省原副省长张大卫认为，中日双方应共同推进应对老龄化社会相关研究工作，加强医疗器械、辅具制造等产业合作，在城市、乡村和社区治理等多层面开展务实合作。经团联审议员会副议长、安斯泰来制药株式会社董事长畑中好彦认为，当前健康产业发展重点逐渐从治疗疾病为主转移到健康维持为主，而大数据、人工智能等数字化工具给行业带来更多可能性。经团联审议员会副议长、丸红株式会社董事长国分文也认为，两国企业有望在老龄介护服务、基因、预防疾病等三个领域加强合

作，实现优势互补，机器人和人工智能技术将给双方合作带来重要支撑。

（"全球重心东移下中日韩经贸关系再思考"课题组

李浩东 整理）

以邦交正常化 50 周年为契机
推动中日关系健康稳定发展

——第八轮中日企业家和前高官对话开幕式观点综述

2022 年 11 月，中国国际经济交流中心（简称"国经中心"）和日本经济团体联合会共同举办了第八轮中日企业家和前高官对话视频会。国务院总理李克强发表视频致辞，国务院原副总理曾培炎、日本前首相福田康夫在线致辞，国家发改委副主任连维良，外交部部长助理吴江浩，商务部部长助理李飞，国经中心常务副理事长毕井泉、张晓强，日本经济团体联合会会长十仓雅和、副会长佐藤康博等，对中日关系和经贸合作等议题发表看法。

一　中日关系健康稳定发展符合双方利益，有利于地区乃至世界的和平稳定与发展

李克强指出，中日是搬不走的邻居，同为世界主要经济体，共同利益与合作空间广泛。保持中日关系健康稳定发展符合双方利益，有利于两国人民福祉，也有利于地区乃至世界的和平、稳定与发展。面向未来，双方要致力于和平友好共处，恪守中日四个政治文件确立的各项原则，客观理性看待对方发展，相互尊重、平等相待，维护和平的外部环境、稳定的周边环境，实现中日和地区国家共同发展。双方

应发挥互补优势，结合各自国家发展需要，持续推进和深化经贸合作。中方愿同日方在数字经济、绿色发展、财政金融、医疗养老、维护产业链供应链稳定畅通等方面加强对话合作，更好实现互利共赢。

福田康夫认为，两国领导人会晤达成积极、正面的共识，表明日中关系将得到进一步发展，良好的日中关系有助于稳定全球局势。2022年双方举办庆祝日中邦交50周年系列活动，表明大家都有共同的心愿，期待两国关系取得更大发展。

曾培炎表示，两国领导人在曼谷首次正式会晤，双方就共同构建契合新时代要求的中日关系达成了重要共识，为两国经贸合作指明了方向。双方一致同意，保持高层交往和对话沟通，增进政治互信，推进务实合作，扩大人文交流，加强国际地区事务协调与合作，共同致力于构建契合新时代要求的稳定且有建设性的中日关系。站在新的历史节点上，希望双方共同努力，恪守中日四个政治文件原则，落实两国领导人达成的共识，让中日友好合作的道路越走越宽。

十仓雅和表示，日本经济界认为，此次首脑会晤对于今后推进日中关系健康发展迈出新的一步具有重大意义。日方愿以此为契机，期待两国尽快启动多层次交流合作。

二 中日经贸交往继续保持上扬势头，展现了经济合作的较强韧性和活力

曾培炎指出，2022年是中日邦交正常化50周年。50年来，中日双边贸易额从约10亿美元增长到2021年的3700多亿美元，日本企业在华直接投资累计超过1200亿美元，双方产业链供应链深度融合，经贸合作推动了两国经济发展，成为中日关系的压舱石和推进器。

张晓强认为，面对当前错综复杂的国际形势，全球经济艰难复苏，中日两国经贸合作逆势上扬，展现了韧性和活力。健康稳定

的经贸合作符合中日两国人民的根本利益，对亚太地区经济一体化乃至世界经济的复苏发展意义重大。连维良表示，中日同为世界主要经济体，互为重要经贸合作伙伴，邦交正常化 50 年来，中日经贸合作长足发展，两国利益深度交融，给两国人民带来巨大福祉。吴江浩表示，当前中日关系处于承前启后的重要历史节点。日本经济界始终是中日友好的支持者和推动者。近年来，两国经贸合作克服了疫情的冲击，展现出强大的韧性。李飞表示，中日同为亚洲和世界重要国家，两国经济相互依赖，拥有广泛的共同利益和合作空间。

三　党的二十大为中国未来发展指明了前进方向，不断以中国新发展为各国提供新机遇

曾培炎指出，中国共产党第二十次全国代表大会成功举行，规划了中国未来一个时期的基本方略和发展蓝图。中国将坚持对外开放的基本国策，坚定奉行互利共赢的开放战略，增强国内国际两个市场、两种资源的联动效应，不断以中国新发展为世界提供新机遇。

福田康夫表示，中国共产党第二十次全国代表大会建立了新体制，发布了新方针，强调中国式现代化，推进国家治理能力和治理体系现代化，维护世界和平，积极开展人文领域国际交流，各国对此都表示赞同。

毕井泉认为，党的二十大确立了全面建设社会主义现代化国家的宏伟目标，强调把高质量发展作为全面建设社会主义现代化国家的首要任务；强调创新是高质量发展的第一驱动力，提出要加强知识产权法治保障，形成全面支持创新的基础制度；强调要充分发挥市场在资源配置中的决定性作用，完善产权保护、市场准入、公平竞争、社会信用等市场经济基础制度；强调要推进高水平对外开放，稳步扩大规则、规制、管理、标准等制度型开放。充分表明中国将继续沿着以经济建

设为中心，深化改革、扩大开放的道路走下去。

连维良表示，党的二十大报告进一步强调了发展、改革、开放的特殊重要性。发展是第一要务，未来五年是中国全面建设社会主义现代化国家开局起步的关键时期，发展仍有诸多有利条件。改革是发展的动力，中国将进一步推进要素市场化改革，释放更大的市场活力，促进民营经济发展壮大。开放是重要法宝，中国将坚持实施更大范围、更宽领域、更深层次的对外开放，依法保护外商投资权益，为包括日企在内的外商企业提供更多发展新机遇。

四 两国政策有诸多契合点，共促经济强劲、绿色、健康发展

十仓雅和表示，日中两国可分享政策经验，合作解决老龄化等社会课题，推进医疗、康养、看护等领域合作，协作解决环境、能源等地区课题，主导亚洲及世界可持续发展，为构筑可持续发展社会做出积极贡献。

佐藤康博表示，岸田政府推行"新资本主义"，旨在实现增长与分配的良性循环。通过增强科技创新实力，推进数字化和绿色化进程，解决少子化、老龄化和地方经济振兴问题。通过加大人才投资，进一步强化社会保障制度，避免阶层固化，实现经济和工资收入的稳定增长。加强在科技创新、数字化、绿色化、医疗健康等领域合作，将对日中两国乃至亚洲经济增长起到重要作用。

曾培炎指出，两国在提振经济、促进投资与贸易往来、改善民生方面有诸多政策契合点，在数字贸易、半导体制造、新能源汽车、氢能及储能、节能环保、生物医药、智慧康养、第三方市场等领域，拥有广阔互利合作空间，可共同培育发展新动能，助力两国和世界经济实现强劲、绿色、健康发展。

毕井泉认为，应共同推进数字化转型合作，深化能源和应对气候变化等领域合作，加强医疗康养、养老照护和人文交流，为企业提供公

平、非歧视、可预期的营商环境。吴江浩强调，要把握中国机遇，加强发展对接，拉紧利益纽带，拓宽合作领域。希望日本企业坚定扎根中国市场，搭乘中国发展快车，分享更多发展成果。李飞表示，应加强经济政策协调，拓展服务贸易领域合作，用好中日节能环保综合论坛，促进两国企业在氢能、电动汽车、可再生能源等绿色低碳领域开展广泛合作。

五　推进区域经济一体化，维护产业链供应链稳定

吴江浩表示，亚洲是中日两国安身立命之本和共同发展的依托，两国要加强区域合作，坚持开放包容。调查显示，八成以上的东南亚政商界人士都期待中日两国加强合作，引领亚洲经济复苏，不能把经济问题政治化、泛安全化。所谓"去中国化"有害无益，也行不通。中日两国应发挥各自优势，将亚洲筑成相互成就、互利共赢的平台，共推《区域全面经济伙伴关系协定》（RCEP）高效实施，维护产业链供应链稳定畅通，加快区域一体化进程。

李飞表示，要共同维护好多边贸易体制，高水平实施 RCEP，加强第三方市场合作，恢复中日韩自贸协定（FTA）谈判，就中国加入全面与进步跨太平洋伙伴关系协定（CPTPP）保持沟通，对标高标准国际经贸规则，做大地区共同利益蛋糕，为全球经济发展增添动能。

六　以"二轨"对话为平台、民间交往为纽带，推动中日关系积极正面发展

福田康夫认为，当前两国处于抗疫的艰难时刻，双方仍能如期举办对话会议，国经中心和日本经团联发挥了积极作用。曾培炎表示，希望国经中心和日本经团联一道，继续办好"二轨"对话，为中日关系发展贡献更多正能量。李飞认为，发挥民间渠道作用，凝聚智慧、扩

大共识，以经促政、以民促官，对中日邦交正常化起到重要作用。期待两国企业继续开展更多、更深层次的合作交流。

（"印太战略背景下的中日韩经贸关系研究"课题组

逯新红　刘向东　整理）

国际社会积极推动中美两国抗癌领域监管合作

——2022 年创新经济论坛国际癌症联盟圆桌会讨论综述

2022 年 11 月，由彭博新闻社支持创办的创新经济论坛"国际癌症联盟"召开圆桌会议。前纽约市市长、彭博公司创始人布隆伯格、澳大利亚前总理陆克文和拜耳制药集团总裁奥尔里奇先后致辞，中国国际经济交流中心（简称"国经中心"）常务副理事长毕井泉应邀做主旨发言。会议呼吁中美两国监管部门加强抗癌领域合作，促进抗癌药物同步受理、同步审批。

一 中国政府高度重视癌症防治工作

毕井泉指出，中国政府高度重视癌症防治工作。《健康中国行动——癌症防治实施方案（2019~2022 年）》已实施近三年，在加强癌症早期筛查和早诊早治等方面有明显进展。高发地区重点癌种早诊率已达到 55% 以上。2015 年以来，中国药监部门批准 111 个抗肿瘤新药上市。其中 2022 年 1~10 月获批上市抗肿瘤新药 21 个。在中国开展的肿瘤药物临床试验 2492 项，占同期全部药物临床试验的 49%。近五年来，有 60 多个抗肿瘤药进入国家医保目录。布隆伯格认为，癌症对于老龄化社会是非常严重的威胁。癌症临床研究需要大量的研究人员，需要各利益相关方的密切合作。拜耳制药肿瘤全球主管卡利达表示，中国监管体系改革不断深化，中国已成为拜耳制药全球战略的一部分，所有拜耳肿瘤项目早期的临床试验阶段，都会把中国包括在内。

二　新冠疫情推动癌症治疗方式变革

奥尔里奇建议推动以患者为中心的癌症临床试验和全球监管协调。美国斯隆癌症中心李廷侃提出，缺乏国际监管协调是当前治疗和预防癌症的主要障碍，加强国际合作可极大减少监管批准需要的时间。中国百济神州联合创始人欧雷强认为，药物研发成本90%是临床试验费用，美国每个参与临床试验的患者需花费71000美元，澳大利亚、西班牙、中国和韩国的此项费用分别相当于美国的50%、45%、45%和40%。加强各国监管协调，可有效降低抗癌药物研发成本，加快研发速度，降低药品价格。麦肯锡公司高级合伙人威尔逊认为，来源于不同种族的患者需要世界各国加强监管合作。非洲有14亿人口，开展临床试验的多是人口几千万的小国，临床试验代表性很差。毕井泉认为，公共卫生是人类健康的共同事业，应推动各国监管机构统一抗癌药物的临床试验、审评审批标准，实现数据互认，实现各国监管部门联合审批抗癌药物。来自斯隆癌症中心的专家认为，推动患者通过远程医疗方式参与抗癌药物临床试验，可方便患者参与临床试验，减轻患者负担。

三　加强中美抗癌领域合作

陆克文认为，以中美元首会晤为契机，中美之间不仅要在金融、贸易等领域继续开展对话，还应在公共卫生和气候变化方面加强合作，建立新的合作机制。希望国际癌症联盟起草一个加强监管协调的框架文本，重点在于如何加强中美监管合作，要制订工作计划，明确路线图和行动方案。毕井泉指出，中美两国元首会晤释放了两国关系重回正轨的积极信号，加强中美抗癌领域合作是落实两国元首共识的重要体现。赞赏美国食品药品监督管理局（FDA）抗癌药物国际合作机制（奥比斯项目），希望中国药监部门能够加入奥比斯项目。奥尔里奇认为，健康卫生是世界范围内最重要的主题之一，美中合作可给业界提供前所未有的机遇。彭博公司芬敏格提出，国际抗癌联盟努力推动美国、中国和其他国家监管协作，在全球打造一个癌症临床试验的生态系统。李廷侃希望国经中心能够与美国 FDA 开展更多的双边交流，共同推动癌症治疗领域的合作。

（"生物医药产业创新与政策研究"课题组

窦　勇　整理）

以中欧合作的稳定性应对世界局势的不确定性

——第二届中欧企业领袖峰会主要观点综述

2022 年 7 月，中国国际经济交流中心（简称"国经中心"）与欧盟中国商会联合举办第二届"中欧企业领袖交流会"。会议就供应链可持续性、碳中和背景下中欧合作等议题进行深入交流。国经中心常务副理事长、执行局主任张晓强，中国欧盟商会主席伍德克，以及中欧跨国企业领袖及相关负责人出席会议。主要观点综述如下。

一　新形势下中欧合作的全球性和战略性更加凸显

（一）中欧应携手应对全球经济复苏的挑战

张晓强指出，当前，百年变局叠加世纪疫情，乌克兰危机持续加剧，世界进入新的动荡变革期，不确定性继续增加，世界经济进入衰退阶段的可能性进一步加大。中欧作为世界主要经济体，彼此经济结构互补，利益深度交融，合作潜力巨大，理应深化合作，携手应对挑战。2022 年以来，中欧双方都面临全球经济复苏的严峻挑战。对欧盟而言，多个成员国面临高通胀、经济衰退等风险，扩大中欧合作，有助于提振身陷困境的欧洲市场信心，提高对欧盟经济复苏的预期。对中国而言，加强中欧合作，有助于稳定外部市场，推动中国经济持续复苏。

（二）中欧经贸合作是在华欧盟企业关注的头等大事

伍德克认为，近年来中欧双边经贸一直保持高速增长，这是十分可喜的。欧盟非常依赖中国的产品和出口市场，2019年欧盟从中国进口货物贸易额为3630亿欧元，2021年为4720亿欧元；2019年欧盟对中国出口货物贸易额为1980亿欧元，2021年为2230亿欧元。欧盟每天约有13亿欧元的自华进口和6亿欧元的对华出口，这是由欧盟对中国商品的需求所驱动的。

二 维护全球供应链稳定是中欧共同利益和共同责任

（一）中欧在维护全球产业链、供应链安全稳定方面存在广泛利益和合作空间

张晓强表示，中欧之间产业利益相互交织、高度融合，双方在维护全球产业链、供应链方面有很大的合作空间，合作的迫切性十分突出。2022年以来，中国疫情反弹给包括欧盟企业在内的企业生产经营、人员往来带来一定压力。乌克兰危机加剧全球产业链、供应链困难，中欧产业链、供应链也受到影响。中欧工商界应避免政治干扰，共同为全球供应链安全和可持续发展贡献积极力量。

施耐德电气副总裁王洁表示，施耐德电气有专门为企业提供降低碳排放和绿色智能制造方案的咨询团队，希望通过实践经验和技术方案，帮助更多的中国企业，共同提升供应链整体的可持续性、韧性和竞争力。中粮集团战略部副总监王登良表示，中粮集团愿继续深耕欧盟市场，助力国际农粮资源高效配置和要素有序流动。中粮将持续加强与欧盟伙伴的沟通协商和相互支持，深入挖掘农粮合作潜力，与欧盟优秀企业携手，不断深化合作机制，共同应对风险挑战，为全球农粮产业链、供应链稳定贡献更大力量，让发展成果惠及更多国家和地区。

（二）标准规则的分裂以及价值观贸易正严重破坏全球供应链协作

华为副总裁蒋亚非表示，标准和规则的分裂对任何一方都没有益

处，会给整个产业带来严重冲击。中欧是全球通信标准制定中不可或缺的两方。欧洲是全球最大的通信市场之一，欧洲企业拥有全球独一无二的通信标准制定的经验和能力。在全球统一的通信标准下，才能形成市场的规模效应，标准分裂将对全球通信产业造成严重损害。中欧应加强通信标准方面的合作，共同制定通信标准。国经中心首席研究员张燕生指出，中美博弈对中欧供应链可持续发展影响巨大，中欧双方企业受地缘政治影响越来越大，地缘政治和价值观至上正在严重影响中欧供应链合作。

（三）全球化退潮和人口老龄化将显著推高全球产业链、供应链成本

张燕生指出，以 2008 年国际金融危机为标志，世界贸易组织（WTO）等多边体系推动基于规则的全球开放变得越来越困难。老龄化社会和新生代人口减少将会对全球产业链、供应链产生深远影响。消失了 30 多年的通货膨胀再次出现，全球可能进入长期与通胀相伴的新阶段。特别是以乌克兰危机为代表的地缘政治危机将长远影响全球能源、粮食、原料等初级产品的供应链，全球化的退潮可能使全球进入"低增长、高通胀"的滞胀时代。

三 乌克兰危机加速欧能源转型和中欧碳中和合作

（一）乌克兰危机为中欧碳中和合作提供新机遇

张晓强表示，乌克兰危机致使欧洲能源压力显著加大，近期，欧洲多国纷纷推出重启煤电项目等措施，以应对能源之困。但这种"权宜之计"不能从根本上解决能源短缺问题。近年来，中国提出在新能源安全可替代的基础上逐步退出传统能源，既要加快发展风电、光伏等清洁能源，又要立足以煤为主的基本国情，抓好煤炭清洁高效利用，推动煤炭等和新能源的优化组合。新形势下，中欧企业应积极开拓新合作空间，推动实现碳中和。在新能源汽车、风电、光伏发电、氢能、

CCUS（碳捕获、利用与封存）等多个领域，中欧具有优势互补、共同发展的巨大潜力；同时双方在绿色投融资、碳排放交易、"一带一路"沿线第三方市场绿色合作等方面也具有广泛合作空间。

伍德克认为，受乌克兰危机影响，欧盟回归煤炭，凸显碳中和过程中保障能源体系稳定至关重要。全球化没有"死亡"，但会变得更困难，实现碳中和目标就是其中一个挑战，应在"离岸""到岸"的基础上增加"友岸"因素。减少碳排放不能只投资友好国家或生产成本最低的国家，需要从更宏观层面进行考量。长期来看，中国推进碳中和需要更多可再生能源，中国在光能和风能方面取得了成功，但一些领域仍不理想，欧洲企业愿意扩大在华投资，致力于可持续发展和新能源业务。同时，也需要中国政府健全问责制和提高透明度，帮助欧洲企业在华继续发展。

（二）绿色金融标准对中欧乃至全球企业至关重要

法兴银行中国有限公司副行长肖岚指出，中欧发布绿色金融分类标准是这一领域国际合作的典范，有利于全球企业发展。到2060年，中国每年的环境、社会和公司治理（ESG）投资缺口约6000亿美元，其中10%~15%来自政府，其余靠私营部门、金融服务部门填补，因此可持续金融在中国发展潜力非常大。中金研究院执行总经理陈济表示，中欧应加强在绿色金融及未来的转型金融领域开展合作，不仅有利于中欧双方，也有利于推动全球绿色金融和转型金融体系的建设。

（三）实现碳中和目标需要全价值链协同合作

西门子中国执行副总裁吴永新表示，中欧双方应秉承开放、合作、共赢的理念，以第四次产业革命为契机，释放数字化转型潜能，打造零碳产业链，共建产业与市场的生态体系，实现低碳发展。百威中国华北事业部总裁汤波波指出，实现碳中和目标需要加强价值链上下游协同。碳中和背景下的减碳化没有谁能独善其身，企业需要带动原材料供应商、生产商、经销商等各环节，共同减少碳排放，推动可持续发展。ABB 中国有限公司副总裁董慧娟表示，应对气候危机需要持续联合创新。中国在应对全球气候危机中发挥着非常关键的作用。实现可持续增长需要降低对环境的影响，政府、企业和学术界应共同努力，加快技术的开发和应用，实现能源生产端低碳化和消费端的提质增效。中国投资有限责任公司公关外事部总监陈佳表示，实现碳中和目标，企业要增强主动性、系统性和协同性。一要提高参与的主动性，勇于承担社会责任，践行 ESG 理念，关注环境，推动减碳；二要提升应对碳排放的系统性，企业应准确判断新形势带来的新机遇、新挑战。加强系统性应对，坚持目标导向，制度先行，立足自身实际，探索切实可行的方法；三要增强发展的协同性，更好开展绿色领域合作。

四　系统谋划未来中欧经贸合作机制框架

中国和欧洲比以往更需要彼此合作，应系统谋划中欧经贸合作机制，强化政策引导和支持。

（一）加强中欧多领域合作与规则对接，扩大战略互信

张燕生指出，中欧工商界应当增加沟通交流，减少战略猜疑，扩大战略互信，尽早重启中欧全面投资协议。吴永新认为，在当前的形势下，要运用和完善中欧政府间的对话合作机制，促进中欧产业界的战略对话，加强规则和标准的对接和连通。可仿效美欧贸易和技术委员会（TTC），建立中欧规则标准合作平台，着力扩大在数字等领域对欧洲企业的开放与合作。

（二）提高供应链韧性和抗风险能力，持续优化发展政策环境

伍德克表示，供应链要有高度的透明性并能够被证明，逐渐成为企业运营的前提条件。希望中国政府给予支持，为欧洲企业提供许可和更多帮助，以便审计公司完成供应链审计和证明工作。张燕生认为，当前中欧企业界和工商界应加大供应链各环节的合作，消除非经济因素和地缘政治的影响，避免意识形态化和"去中国化"因素的影响，

合作增强产业链、供应链的韧性和逆周期能力。罗氏诊断（中国）医学法规事务部副总裁尹琦曼表示，鉴于医药行业的特殊性，希望相关政府部门帮助解决疫情下医药行业供应链出现的"卡脖子"共性问题，开通特殊通道，加快审批流程。

（三）加强绿色技术研发力度，引导中欧绿色产业发展

在迈向"碳中和"的道路上，中欧双方应进一步深化绿色伙伴关系建设。国经中心副理事长张大卫表示，推动"双碳"目标实现须尽快建立"双碳"目标评价体系，做到可测量、可报告、可核查。吴永新认为，要以第四次产业革命为契机，释放产业数字化转型势能，利用先进数字技术促进低碳发展，利用区块链技术提升碳足迹追溯能力，打造零碳产业链，实现产业链的横向协同。威立雅中国区高级副总裁黄晓军表示，政府应继续加强对 CCUS 等新产业的扶持力度，出台相关生产企业税收减免、终端用户鼓励补贴等政策。

（美欧研究部　张茉楠　谈　俊　宁留甫　孙　珮 整理）

RCEP 专题研讨会专家观点综述

2021 年 11 月，中国国际经济交流中心（简称"国经中心"）与韩国对外经济政策研究院、马来西亚经济研究所、越南中央经济管理研究所等《区域全面经济伙伴关系协定》（RCEP）成员国智库开展线上交流研讨。会议围绕"在 RCEP 框架下如何推动经贸合作和区域一体化""RCEP 与产业链合作"等议题进行了讨论，主要观点如下。

一 推动 RCEP 框架下的经贸合作，有效应对国际不确定性风险挑战，给区域和国家发展带来重大机遇

国经中心首席研究员张燕生表示，在当前新冠疫情全球大流行的背景下，世界经济恢复面临供应链中断、能源价格上涨、缺工缺芯缺电、发展中国家疫苗接种率较低等障碍。RCEP 是目前世界上经济规模最大、最包容的自贸区，在知识产权、电子商务、竞争、政府采购等方面，采用投资负面清单的管理模式。协定生效后，90% 以上的货物贸易将实现零关税。生效后 6 年内，中国服务贸易转化为负面清单，这将给地区经贸合作、区域一体化、供应链合作带来重大机遇。RCEP 生效将促进区域物流、商流、资金流、信息流的互联互通，有利于区域供应链产业链和贸易投资的复苏和发展。韩国对外经济政策研究院北京代表处首席代表李尚勋表示，新冠疫情导致全球经济不景气，贸易

保护主义、本国优先主义抬头。签署 RCEP 可以有效应对多边体制弱化、全球价值链区块化和地区化等问题，通过加强区域自由贸易，建立倡导共同繁荣的亚洲合作模式。RCEP 生效将在区域内制定统一的贸易规则，提高规则水平，如统一原产地标准等，从而提高贸易便利性。韩国政府积极参与制定贸易规则，2020 年出台的新政策提出，将医疗保健、教育、文化、贸易、投资、农村以及城市基建作为与东盟国家加强合作交流的核心领域。

马来西亚经济研究所高级研究员、研究主任尚卡兰·南比亚尔表示，东盟是马来西亚投资贸易的重心，中国是马来西亚最重要的投资和贸易伙伴之一。RCEP 已成为马来西亚关注的重点，在对外政策中处于核心地位。RCEP 将降低关税，带来更多的货物流和服务流，进一步降低服务贸易关税。RCEP 的非关税措施将使中小企业受益更多。马来西亚并不担心 RCEP 对于中国的益处会超过东盟国家，而是更多关注 RCEP 对吸引更多来自东盟、中国以及全球外商直接投资的帮助。越南中央经济管理研究所宏观经济和综合研究部主任阮安东表示，当前疫情对世界经济造成深远影响，复苏是全球经济的主题，可通过签署自贸协定、数字转型来探索更大的经济发展空间，推动经济复苏。中国和其他亚洲国家疫情后的经济复苏非常迅速。RCEP 区域内国家通过与供应商、投资商建立合作，加强贸易和投资联系，改善外贸环境和提高国家财政收入，促进经济复苏。

二　中国进一步扩大对外开放，推动区域经贸合作和一体化迈上新台阶

（一）加快构建"双循环"新发展格局，助力 RCEP 区域经贸合作

张燕生表示，一是中国扩大内需将成为增进 RCEP 成员合作的战略基点。中国扩大消费和进口，将带动区域内出口和经济发展。2021 年第四届上海进博会有力扩大了区域进口，如阿富汗通过直播带货等新

贸易方式，在 2 小时内销售松子 26 吨。中国与 RCEP 成员国最偏远地区的贸易联系得到加强。随着 RCEP 越来越多零关税、零壁垒便利化举措出台，区域综合物流和供应链互联互通水平不断提升，上海进博会促进进口作用将得到更大发挥。二是 RCEP 将有助于形成区域一体化大市场。RCEP 的累积原产地规则将有利于成员国企业更好地进入中国和区域市场，同时促进中国企业扩大对外投资，形成内外贸一体化、双向投资一体化、服务贸易一体化发展的新机遇。三是在 RCEP 框架下，中国西部陆海新通道将畅通中国与东亚、东南亚之间的经贸联系。中国海南自贸港、湛江港、北部湾港口群将形成对东南亚的出海口和组合港群，成为中国与东南亚双向经贸交流的大通道。通过中欧班列，将贯通新亚欧大陆桥，密切与东亚地区的经贸联系。四是在 RCEP 框架下，中国将加强与东亚、东南亚、共建"一带一路"地区、美欧等的第三方市场合作。2020 年，中国进出口贸易额达到 4.65 万亿美元，占世界贸易的比重为 14.7%。2022 年前 10 个月，中国货物贸易进出口同比增长 22.2%。其中，东盟为中国第一大贸易伙伴，同比增长 20.4%，占中国外贸总值的 14.4%。中日韩是东亚地区产业链供应链联系最紧密的经济体。五是中国将与 RCEP 区域企业探索建立开放、包容、共享的区域开放和一体化收益合作机制。探索在公平竞争基础上的强强互补型合作，探索"一带一路"高质量共建的合作模式，共享发展机会和发展成果，不搞赢者通吃，不搞零和博弈，不搞以强凌弱、以大欺小，营造利益共同体。

（二）推动新一轮对外开放，加强制度标准"软联通"，提升 RCEP 区域一体化水平

张燕生表示，一是中国将实施新区域开放战略。RCEP 首次引入新金融服务、金融信息转移和处理等规则，中国作出金融最高水平对外开放的承诺。RCEP 与中国新区域开放战略的结合，将促进本地区互利共赢、开放共享发展。RCEP 覆盖全球五大金融中心，拥有世界最重要

的金融资源、活力和创新力。金融开放将促进区域一体化，为实体经济转型提供更好的金融服务。二是中国将推动新的制度型开放。重点推动规则、规制、管理、标准开放，与 RCEP 承诺落地相结合，扩大中国的市场开放、制度开放和创新开放。2022 年 9 月 16 日中国正式申请加入 CPTPP，推动包括国企、竞争政策等方面新一轮改革开放。中国还将探索形成与"一带一路"地区发展阶段和国情相匹配的先进适用技术、规则、规制、管理、标准，促进本地区建设和各方面发展。

三　把握产业链供应链合作机遇，打造 RCEP 区域合作新模式

李尚勋表示，RCEP 充分考虑最不发达国家的发展阶段和经济诉求，以及所处发展阶段和技术水平的差异，将促进区域市场开放，带动经贸合作，完善区域价值链产业链。RCEP 生效后，区域供应链网络将发生改变，合作模式将转型升级。例如韩国企业将生产基地转移到中国的中西部或南亚地区，形成面向全亚洲的供应网络，向发达国家出口核心零部件或进行再加工，提升产品附加值。中国作为中间材料供应商的作用会得到进一步加强，东南亚地区将发展成为新的生产基地。投资方面，制造业以及半导体、石化等高端产业的投资呈上升趋势，中韩企业可在此方面开展交流合作。区域国家应以 RCEP 生效为契机，有效利用区域生产网络，更多参与全球生产网络，提升参与全球价值链供应链的广度和深度，推动 RCEP 合作行稳致远。尚卡兰·南比亚尔表示，马来西亚将 RCEP 视为东盟地区的投资枢纽及潜在的投资贸易起点。RCEP 进一步打开了马来西亚市场，使其能够更多承接来自日本、美国等发达国家的供应链或价值链转移。马来西亚也可通过与日本、美国的多边合作机制，加强基础设施建设。RCEP 将推动全球价值链进一步转移，尤其是一些中国企业开始将自己的生产设施转移到马来西亚，未来马来西亚将创造更多的附加值，更好地融入全球价值链体系。阮安东表示，受地缘政治因素及疫情影响，区域供应链正发生

转移和转型。尽管越南对中国和韩国等 RCEP 成员国贸易逆差较大，但仍然致力于发展域内供应链。除经贸联系外，东盟与中国、日本、韩国还应促进知识和经验分享，加强产能合作，巩固供应链延展。各国应携手应对疫情后供应链出现的问题，不能走闭关锁国的老路，而应以开放、对话、互信的态度加强合作。RCEP 是推动供应链转型升级的重要举措。各国应首先提出各自改革举措，再共同推动 RCEP 落地。应支持多边主义，健全区域供应链，为世界经济加快复苏提供支撑，避免资源的错配和浪费。

四　加快推进数字经济、绿色发展、知识分享等重点领域合作，加强中小企业能力建设，推动区域经贸合作走深走实

张燕生表示，中国将推动数字经济发展，已正式申请加入《数字经济伙伴关系协定》（DEPA），共同推动数字经济和贸易、跨境电商、数字跨境流动等方面的区域合作。RCEP 将促进区域可持续发展和绿色转型，有利于提高经济效率，增进区域经济福利，促进公平竞争和共同富裕，促进地区可持续发展和节能减排。处理好经济效率、社会公平、绿色发展三者之间协同协调发展的关系，是 RCEP 成员国对人类社会和世界发展的重大贡献。RCEP 成员国内部差异非常大，各国应加强在绿色技术、绿色投资、绿色产业包括新能源调控储存等方面的合作。尚卡兰·南比亚尔表示，疫情后，数字经济已成为经济复苏的关键。在数字经济领域，马来西亚希望借助中国的专业知识和经验，与中国加强在技术和商业方面的交流合作，建立更深入的合作伙伴关系。马来西亚希望通过 RCEP 与中国、日本、韩国在绿色经济方面深入合作。马来西亚通过加入 RCEP 能够提升互联互通水平，尤其是通过积极参与中国"一带一路"倡议，加强与区域内其他国家的经贸联系，提升贸易联通，扩大开放。阮安东表示，RCEP 区域内可推进绿色技术创新合作，推动绿色农业生产，开展技术援助。中小企业面临融资、技术和能力

方面的问题，应加强中小企业能力建设，帮助其更好实现自我调整，以适应 RCEP 的高标准、新要求，包括技术方面以及碳中和、可持续发展方面的新标准，加快行业标准统一和产品升级，提升产品附加值。

（国际交流合作部　方芜一 整理）

RCEP 智库圆桌对话会专家观点综述

2022 年 4 月，中国国际经济交流中心（简称"国经中心"）举办《区域全面经济伙伴关系协定》（RCEP）智库圆桌对话会。澳大利亚、文莱、中国、印度尼西亚、日本、韩国、老挝、马来西亚、新西兰、新加坡、泰国、越南等 12 个 RCEP 成员国约 20 位智库专家学者参加会议，围绕"RCEP 框架下的经贸与投资合作"和"探索 RCEP 区域产业链供应链合作新路径"两个议题进行交流讨论。主要观点如下。

一 当前形势下，推动 RCEP 经贸和投资合作，促进亚太经济一体化，可为区域和世界经济复苏注入新动力

（一）推动 RCEP 区域经济一体化，有效应对全球不确定性风险的挑战

国经中心常务副理事长、执行局主任张晓强表示，当前国际形势错综复杂，保护主义和封闭的区域主义抬头，给亚洲经贸合作带来现实挑战。RCEP 是当今世界上规模最大、最具影响力的自贸协定，充分考虑了各成员国发展水平、产业结构的差异，是开放的区域主义的成功示范。澳大利亚国立大学教授彼得·德莱斯戴尔表示，RCEP 反对保护主义，维护世界贸易组织（WTO）原则，可在中美地缘政治竞争中发挥"稳定锚"作用，成为各国应对疫情导致的经济衰退、推动经济复

苏的重要堡垒。日本贸易振兴机构亚洲经济研究所开发研究中心经济综合研究组长梅崎创表示，在目前国际形势下，各国采取更具保护主义的政策，造成供应链中断、燃料和粮食等大宗商品价格上涨等一系列问题，对国际投资产生负面影响。RCEP 的实施将为解决这些问题提供重要机遇。马来西亚经济研究所高级研究员、研究主任尚卡兰·南比亚尔表示，马来西亚等东南亚国家高度重视 RCEP，将其作为经济复苏政策的重要组成部分。RCEP 将为应对全球不确定性提供平台和避风港。新西兰奥克兰大学亚太经合组织研究中心主任、副教授罗布·斯科莱表示，在疫情和贸易战影响下，RCEP 成员国的经济普遍更具韧性。可通过建立区域法律法规，实现规则简易化、协调化和统一化，减少关税壁垒。越南中央经济管理研究所宏观经济和综合研究部主任阮安东表示，在全球不确定性增加的背景下，更不能闭关锁国，而应开放面向世界。RCEP 可作为多边问题协商的重要平台。

（二）RCEP 维护多边主义和自由贸易，促进开放合作，有利于区域和全球经济复苏，加速全球化进程

张晓强表示，RCEP 的正式落地实施，充分体现了参与方共同维护多边主义和自由贸易、促进区域经济一体化的决心，将为区域乃至全球的贸易投资增长、经济复苏做出重要贡献。国经中心副总经济师张永军表示，2022 年第一季度中国对 RCEP 成员国的贸易占同期外贸总值的 30% 以上，RCEP 带来的红利已经释放。彼得·德莱斯戴尔表示，RCEP 对东亚和全球经济可持续性发展具有重要意义，其成功的根本在于加强各成员国之间的信任和信心，在全球多边体系面临崩溃的严重威胁下，释放合作的积极信号。应加强在抗疫、维护区域金融稳定、基础设施建设、可持续投资等方面的合作。印尼战略和国际问题研究中心执行董事约瑟·达姆利表示，RCEP 可作为推进经济全球化的加速器和催化剂，可作为促进区域合作开放包容的平台，还可作为贸易投资便利化、数字贸易、贸易信息问题等方面新规则的实验区。应从全球和多边角度，解决数字经济的规则制定、贸易投资、气候变化等诸多问题。老挝外交部外交学院副院长宋赛·凡纳赛表示，RCEP 协议再次彰显了整个区域对于开放市场的承诺和决心，有利于加强区域经济一体化，支持开放、自由、公平、具有包容性和基于规则的多边贸易系统。

二　深化重点领域合作，推动 RCEP 合作走深走实

（一）以数字经济为抓手，促进贸易畅通，推动区域经贸合作迈上新台阶

张晓强表示，RCEP 未来可扩大零关税商品比例，缩短过渡期限，缩小国别关税减让差异，优化区域营商环境，让参与国企业获得更多实惠。国经中心科研信息部副部长王晓红表示，RCEP 为各成员国数字贸易发展提供了广阔市场和可遵循的规则标准。应消除数字贸易投资壁垒，放宽市场准入，促进技术、人才、数据、资金等要素的跨境自由流动；推动创新研发平台开放合作，促进数据开放共享、标准互认；加强数字贸易规则和数字治理合作，促进数据跨境自由流动，建立跨境数据流动合作的白名单制度，加强知识产权保护标准和执法合作；加强数字经济基础设施互联互通合作和数字园区合作等。梅崎创表示，RCEP 的 WTO+ 规则能更好维护中小企业的利益。联委会和秘书处的设立，有助于加快协议的落地实施。各成员国在发展电商方面做出了规则承诺，应积极推动基于信任的数据自由流动。宋赛·凡纳赛表示，应当重视民众对于数字产业发展规模，特别是 RCEP 数字贸易发展规模的关切。RCEP 应为服务业实现结构性转型、向数字创新和自动化方向发展提供政策框架。约瑟·达姆利表示，印尼将研究制定 RCEP 落实的具体措施，包括原产地规则，以及与现有贸易规则和系统的整合、非关税壁垒、边境后相关措施的实施等。罗布·斯科莱表示，应重点推动服务贸易、数字贸易转型，完善服务贸易标准设置，解决

好数字服务贸易面临的知识产权限制问题。泰国发展研究所高级顾问维萨恩·普帕韦萨表示，RCEP 各成员国承诺将促进电子电器和汽车产业转型，使区域供应链更加现代化、更高效、更具竞争力。RCEP 单一窗口将促进贸易投资便利化，应推动 RCEP 成员国有效降低保护主义，消除各政策工具之间的不一致性，提高非关税措施的透明度和便利性，促进产业结构调整，开展技术和财政援助。

（二）支持中小企业参与，加强绿色发展、基础设施、能力建设、人才交流领域合作，全面提升 RCEP 区域合作水平

文莱达鲁萨兰大学商学院经济学教授艾哈迈德·哈立德表示，文莱政府特别关注贸易和投资、扩大就业以及基础设施发展，旨在通过加强与区域内国家的贸易联系和投资合作，增强区域设施联通性和经济一体化，吸引 RCEP 成员国对文莱制造业和高科技行业的直接投资。张永军表示，要尽快制定 RCEP 落实的具体政策措施，特别是涉及原产地规则和关税减让方面。加大对企业的宣传力度，开展培训活动，使企业尽快熟悉 RCEP 规则，利用好 RCEP 贸易和投资便利化政策，智库和专家在这方面应发挥积极作用。约瑟·达姆利表示，RCEP 可帮助中小企业更好进入国际市场，促进其参与区域经济一体化进程；进一步缩小发展差异，使成员国受益。宋赛·凡纳赛表示，提升工作者技能是 RCEP 经济合作的重中之重。RCEP 框架能够帮助解决气候变化和环境问题、区域绿色转型等；应抓住东亚经济发展机遇，大力发展基建和商务，打造新的大都会和城市中心。尚卡兰·南比亚尔表示，RCEP 重视知识产权保护和数字贸易、电商发展，注重推进新业态和新技术实施，将使更多中小企业从中获益。政府应加强对创业的支持力度，为独角兽企业提供更多优惠政策。澳大利亚国立大学克劳福德公共政策学院澳大利亚—日本研究中心、东亚经济研究所主任希罗·阿姆斯特朗表示，RCEP 将有效缓解企业压力，提升区域供应链的韧性。各国应加强政策协调和能力建设，促进经验共享，改善投资和法律环境，加

深对市场开放的信心，建立成员国之间的信任。韩国对外经济政策研究院北京代表处首席代表李尚勋表示，RCEP 框架下应开展卫生、教育、人力资源开发、文化、农村、城市基础设施、未来新产业等领域合作，加强数字经济合作，提高成员国通关能力。

三 探索产业链供应链合作新路径，打造 RCEP 区域合作亮点

张晓强表示，RCEP 将促进区域产业链、供应链和价值链融合，促进区域内经济要素自由流动，强化成员间的生产分工合作；拉动区域内消费市场扩容升级，推动区域内产业进一步发展；促进各国主动优化产业布局，重塑生产网络。宋赛·凡纳赛表示，RCEP 有利于推动经济增长、促进贸易、拓展区域出口市场、提升本国制造业水平，但同时也会给本国产业带来挑战。老挝政府必须提供更多的基建和服务，以更好与其他 RCEP 成员国相匹配。国经中心首席研究员张燕生表示，RCEP 将促进东亚生产方式转型，聚焦科技、产业、人才合作，推动科技、管理和商业模式创新。应探索构建统一大市场，推动 RCEP 市场规则、市场设施、要素市场、商品市场、市场监管和反不当竞争规则的一体化，构建区域生产网络；探索建立现代金融和多层次资本市场体系；解决好全球失衡、开放的损益分配和补偿、地缘政治和大国冲突等问题，建立 RCEP 框架下跨境电商、产业数字化、企业合作、人文合作的新机制；解决好公共产品和安全资产的供给问题，建立利益共同体、责任共同体、命运共同体。可考虑在亚太经合组织（APEC）框架下推动建立亚太自由贸易区（FTAAP），推动美国加入亚太地区合作。李尚勋表示，RCEP 将提升成员国对全球产业链的参与度，提高区域供应链的稳定性，促进东亚经济整合。RCEP 统一的原产地规则，有利于消除"意大利面碗效应"，有助于企业以不同国家发展阶段和技术水平为基础，考虑经济效率再进行投资和贸易。菲律宾发展研究所高级研究员兼菲律宾 APEC 研究中心网络主任弗朗西斯·昆巴表示，RCEP 关

税减让可使成员国间的贸易增加 50% 以上，其中粮食、农业、电子电器产业受益最大。RCEP 在规则简化、市场准入、知识产权保护和法律执行、竞争政策以及稳定可预测的营商环境方面，可为菲律宾带来巨大益处，吸引国际投资者进入菲律宾市场，汽车产业、造船业和数字经济及电商行业将从中受益。阮安东表示，RCEP 各成员国应增强互信，通过创新加强供应链联通性，实现贸易投资的数字化转型。通过改革建立更安全、赋能和有竞争力的营商环境，促进相互学习和技术转移，提升制造业能力。

四　加强政策协调，完善机制标准，推动 RCEP 提质扩容升级

张晓强表示，中国已正式申请加入全面与进步跨太平洋伙伴关系协定（CPTPP），未来可按照 CPTPP 确定的方向研究 RCEP 的提质升级，让 RCEP 规则逐渐向边境后延伸。同时，通过相关规则引领数字贸易、新能源等新兴产业发展，为经济复苏与发展提供新的动力。张永军表示，尽管目前印度尚未加入 RCEP，但协议实际上为印度未来加入 RCEP 留下了窗口和渠道。可适时考虑 RCEP 扩容问题，研究南亚、南美等其他地区和亚太地区其他国家加入 RCEP 的可行性。新加坡国立大学东亚研究所所长、李光耀公共政策学院实践教授郝福满表示，应完善 RCEP 机构设置，促进全面发展。在 RCEP 框架下把贸易纠纷和地缘政治区分开，以缓解紧张局势，促进贸易发展。未来可推动 RCEP 标准逐步向 CPTPP 调整，包括数据管理、国有企业、环境、劳工标准等。中国已申请加入 CPTPP，表明其愿意在这些方面做出必要改革。

（国际交流合作部　方芜一　整理）

金砖国家智库圆桌对话会专家观点综述

2022年9月，中国国际经济交流中心（简称"国经中心"）举办金砖国家智库圆桌对话会。来自巴西、俄罗斯、印度、中国和南非5个金砖国家的智库专家学者参加会议，围绕"金砖国家在推动全球可持续发展中的作用"和"金砖国家科技创新合作前景"两个议题进行了交流讨论。主要观点如下。

一 加强金砖国家合作，维护多边主义和经济全球化，推动世界经济均衡复苏，促进全球可持续发展

（一）充分发挥金砖国家合作机制作用，增强金砖国家"话语权"，推动全球治理体系变革

巴西前驻华大使、巴西国际关系中心国际顾问委员会成员卡拉穆鲁表示，当前国际环境十分复杂，全球化发展受到冲击，开展国际合作面临困难，但国际社会仍可在抗击疫情、可持续发展等议题上加强合作。金砖国家作为主要的新兴经济体，在区域乃至全球扮演着领导角色，应进一步提升影响力，加强国家间合作，寻找新的合作模式，明确合作重点，提高合作层次，推动金砖合作取得具体成果。国经中心世界经济研究部部长徐占忱表示，全球面临新冠疫情、地缘冲突、贸易保护主义、单边主义等挑战，不确定性增加，金砖国家合作机制在

此背景下应发挥更大作用。应坚持多边主义，反对霸权主义、强权政治、阵营对抗，积极主动发声，增进共识，增强金砖国家"话语权"，推动全球治理体系变革。各国应从全球视野和长远眼光来看待金砖合作，共同推进建立金砖国家高质量伙伴关系，提升合作质量，拓展合作内容，使金砖国家合作机制惠及各国人民，增强民众的获得感。印度国际大学中国学院院长阿维杰特·班纳吉表示，金砖国家已成为推动世界经济发展的引擎，在安全、经济、政治方面的合作取得了很多进展。作为新兴市场国家代表，金砖国家需要得到国际社会的承认，增强话语权，在国际经济领域发挥更大作用。当前国际环境不稳定，经济和安全方面面临更多挑战，疫情和气候变化成为重要议题，金砖国家应发挥各自特长，推进南南合作，建立新的国际秩序，共同应对全球经济面临的挑战。巴西应用经济研究所高级研究员费尔南多·里贝罗表示，全球正处于非常关键的时期，面临前所未有的挑战，全球经济和贸易增速大幅放缓，价值链面临巨大挑战，大国之间力量对比发生变化，东西方正在分裂。在此背景下，金砖国家在维护经济全球化和多边主义、完善全球治理体制机制等方面能够发挥更加重要的作用。

（二）加快金砖国家转型，推动全球可持续发展

俄罗斯科学院中国与当代亚洲研究所学术主任亚历山大·卢金表示，金砖国家在促进 2030 年可持续发展议程方面潜力巨大，在改善环境卫生、应对气候变化、可持续工业化、性别平等领域取得了很大进展。金砖国家在致力于改善环境的同时，要确保自身发展目标的实现。西方国家向中国、俄罗斯和其他金砖国家提出的要求，目的是遏制他们的发展，而不仅仅是保护环境。金砖国家有能力就应对气候变化提出自己的方案、措施和项目，可建立国际机构或制度协调实现可持续发展目标。卡拉穆鲁表示，金砖国家应寻找新的合作模式，在投资、贸易等重要领域开展合作。应发挥各自优势在能源和安全、低碳

减排、环境保护等方面加强协作，增加可持续发展的全球融资。阿维杰特·班纳吉表示，金砖国家都面临诸多经济社会和环境问题，包括收入不平等、饥饿、教育不足、基础设施落后等，给经济活动带来不利影响。金砖国家转型发展中，确保乡村发展是关键目标之一，实施可持续农业、将农业发展过程中对环境的影响降到最低是发展中国家面临的共同问题，这要求各国加大科技投入。在这方面，西方国家应成为发展中国家的合作伙伴，而不是竞争者。印度政府试图解决收入不平等问题，在确保生物多样性的同时采取更加多元化的农业政策，提高农民收入，并推进数字化发展，为实现联合国 2030 年可持续发展议程做出贡献。徐占忱表示，全球存在发展赤字、治理赤字、信任赤字、和平赤字，必须坚持把发展作为解决各方面问题的钥匙。金砖国家在减贫、粮食安全、抗疫和疫苗、投融资、绿色发展、工业化等领域开展了良好合作。加快推动金砖国家发展方式转型，重点在应对气候变化、能源转型、绿色发展、数字经济、互联互通等方面开展合作，走低碳可持续发展道路。加强金砖国家技术合作，特别是风能、太阳能等新能源相关技术合作。共同推动全球气候治理，敦促发达国家落实帮助发展中国家应对气候变化和减排责任，帮助发展中国家提高应对气候变化的能力。推动金砖国家减贫与贫困治理，通过加强基础设施合作，改善生活条件，提高抗击重大传染病的能力。南非约翰内斯堡大学非洲研究中心主任孟大为表示，在全球局势紧张加剧、发展问题边缘化的背景下，金砖国家有能力为可持续发展做出贡献。应推动落实《巴黎协定》，开展节能减排，提升贸易便利化程度，增强公众对应对气候变化重要性的认识。发展中国家可采取分步骤、分阶段、更加负责任的方式来实现公平、公正转型。金砖国家可加强先进技术研发合作，有效平衡经济社会可持续发展与能源转型的关系。

二 加强科技创新、数字经济等重点领域合作，推动金砖合作提质增效

（一）以科技创新为核心，促进合作取得新突破

费尔南多·里贝罗表示，应避免技术进步沦为经济和政治势力的工具。各国之间存在技术鸿沟，特别是中美脱钩，为技术进步和全球化发展带来不利影响。各国应当谈判制定新规则，适应新的经济和技术现实，从技术进步和全球化中获益，解决其带来的问题，规避其中风险。俄罗斯科学院世界经济与国际关系研究所、中国国际政治研究中心主任谢尔盖·卢克宁表示，金砖国家拥有高质量人力资源、巨大的消费市场、可持续的合作网络和平台等优势，但在科技创新领域仍面临障碍，包括没有建立超越国家的机构、缺乏战略规划的指引、美西方对俄罗斯的制裁和对中国的战略遏制等。应推动金砖国家科技合作机制化、机构化，可先在基础科学等领域开展合作，确定具有实际应用价值的项目，成立相关国际联合体，制定国际标准，开展研发合作，并在政府采购方面适当给予优惠条件。印度发展中国家研究与信息系统副教授普利亚达什·达什表示，推动科技创新助力经济实现跨越式发展是金砖国家的共同目标。金砖国家开展数字技术、金融科技领域的合作具有重要现实意义，且发展潜力巨大。可重点关注区块链、人工智能等数字技术，提高数据的可及性；发展金融科技，提高金融包容性，改善资源配置，推进普惠金融。可在金融监管方面加强交流与合作，对接相关规则要求，改善现有的金融服务，有效应对金融风险。国经中心创新发展研究部部长李锋表示，金砖国家就加强科技创新合作已达成重要共识，近十几年来在此领域取得了积极进展。金砖国家已成为区域科技创新领头羊，引领周边国家科技创新和经济社会发展。未来可加强重点领域的科技创新合作，如信息通信技术、纳米技术、先进制造和机器人技术、空间运输系统、节能、可再生能源的开发、

生物技术、5G、工业互联网、大数据、人工智能等。充分发挥金砖创新基地的平台作用，在政策协调、人才培养、项目开发等方面为金砖国家科技创新合作提供支持。

（二）加快发展数字经济，加强知识产权保护

费尔南多·里贝罗表示，金砖国家必须加强知识产权保护，维护商业安全，避免非法技术转让。加强双多边合作研发，扩大科技创新的范围，促进科技界之间、企业和政府之间的互动，提高技术成果利用率。充分利用金砖国家科技创新部长级会议合作机制和金砖国家技术转移中心、科技创新中心等平台，开展知识和经验分享。孟大为表示，加强在能源生产和管理方面的技术创新和专利转让，推广绿色技术应用，促进能源结构平衡，提高能效，支持低碳技术投资，为清洁技术发展提供资金。促进基础设施绿色融资，将先进数字技术应用于交通体系，制订可持续的城乡发展计划，建设智慧城市。普利亚达什·达什表示，金砖国家可发挥各自丰富的经验优势，共同抗击新冠疫情，在疫苗研发生产、医疗设备和物资供应等方面合作。加强数字赋能方面的合作，提高数字经济的包容性，为社会提供更多的数字公共产品。推动科技创新、经济、粮食安全、卫生健康领域的合作，促进知识分享和经验交流，实现互补性发展。

三 加强智库和人才的交流合作，为金砖国家务实合作提供智力支持

国经中心国际交流合作部部长许朝友表示，金砖国家智库在推动可持续发展和科技创新的交流与合作方面可发挥建设性作用，为政府和企业之间合作积极建言献策，提供智力支持，促进金砖国家合作伙伴关系不断走深走实。徐占忱表示，智库在提高金砖国家合作水平方面可发挥润滑剂的作用，探讨具体合作路径和合作方式，夯实合作基础，丰富合作成果。孟大为表示，金砖国家智库不仅要就可持续发展

等重要议题交流意见，还要确保金砖国家峰会能够进一步推进这些议题，开展切实协作。智库可以发挥至关重要的作用，推动政府签署协议，推进落实联合国和相关国际机构的目标。李锋表示，应突出科技创新合作在金砖国家新工业革命伙伴关系中的重要作用，共同把握新工业革命带来的发展机遇。加强科技人才合作，落实好金砖人才培养计划，建立金砖人才培养联合体，持续开展人才培训活动，聚焦工业互联网、区块链、人工智能、大数据等金砖国家合作的重点领域，开展多语种线上线下的培训课程，鼓励金砖国家大学开展教师互派、学生互换、学分互认、学位互授等合作，合理搭建人才培养和交流平台，增强金砖国家人力资本优势，为金砖国家合作提供人才支持。

（国际交流合作部　方芜一　整理）

中美经贸关系线上交流会专家观点综述

2022 年 5 月，中国国际经济交流中心（简称"国经中心"）与美国布鲁金斯学会举行中美经贸关系线上交流会，重点围绕"宏观经济协调"、"中美经贸关系"和"数字经济"等议题深入探讨。主要观点如下。

一 全球发展挑战增多，管控化解分歧尤为紧迫

（一）世界经济风险和不确定性上升

国经中心常务副理事长、执行局主任张晓强表示，当今世界正处于百年未有之大变局，全球仍未走出世纪疫情阴霾，世界经济复苏脆弱乏力，各国面临气候变化、数字治理、能源和粮食安全、全球产业链稳定等重大挑战。乌克兰危机使世界经济和各国民众持续付出沉重代价，美联储近期货币政策调整也对全球产生重大影响。布鲁金斯学会约翰·桑顿中国中心非常驻高级研究员彼得·佩里表示，需特别防止出现严重的全球衰退。全球经济增长率大幅下降，市场信心非常低迷，全球债务风险加剧，而政府应对工具有限。各国需联合采取行动，阻止负面事件恶化，避免全球阵营分化。

复旦大学美国研究中心主任吴心伯认为，经济问题政治化和安全化导致国家间合作意愿不断下降，这一趋势可能会继续。上海国际问题研究院世界经济研究所所长王中美表示，目前处于新干预主义高峰期。

经济全球化所需的多边主义环境正在消失，非传统安全因素被纳入经贸政策范畴，全球将重返大国主导而非集体决策，对抗和分裂可能成为重要特征。

（二）乌克兰危机影响全球经济复苏进程

中国社会科学院世界经济与政治研究所所长张宇燕表示，美国及其盟友对俄制裁产生溢出效应，与俄有正常贸易往来的企业也可能受到制裁，对全球经济复苏产生不利影响。国经中心副理事长、国务院发展研究中心原副主任王一鸣认为，乌克兰危机加剧全球能源和粮食紧张，尤其对非洲、中东和亚洲低收入群体带来巨大冲击。国际社会应共同努力，建立维护全球能源和粮食供应安全的有效机制。国经中心副总经济师张永军表示，乌克兰危机致使中美安全和政治关切较以往增加，应推动中美经贸关系良性发展，避免正常的经贸活动政治化。

二　中美加强宏观政策协调是履行大国责任的表现

（一）中美合作对世界和平与发展具全局性意义

张晓强表示，美方将经贸问题政治化，加剧美国国内通胀，甚至影响全球产业链供应链正常运转。中美应以相互尊重、和平共处、合作共赢为原则，推动双边关系重回健康稳定发展的正确轨道。布鲁金斯学会约翰·桑顿中国中心高级研究员杜大伟认为，美中关系面临非常严峻的考验，贸易保护主义和地缘政治问题影响两国关系未来走向。两国间存在诸多合作空间，美中智库学者应本着相互尊重的态度，进行坦诚和开放的交流，为两国下一阶段合作寻找利益共同点。

国经中心副理事长姜增伟表示，全球经济平稳健康发展面临新的不确定性，中美各自宏观经济政策具有显著外溢效应，应加强政策协调。王一鸣认为，中美关系正处于两国建交以来最困难时期。全球经济体系重现集团化态势，改善中美关系更加艰难。双方应从两国长远利益和促进世界经济繁荣角度出发，在宏观政策、经贸合作、应对气候变化和抗击疫情等领域加强沟通，增进理解，避免相互对抗，并对国际社会发挥示范带动作用，增进国际社会团结，维护全球和平与稳定。

（二）中美加强宏观政策协调尤为重要

王一鸣认为，中国经济面临需求收缩、供给冲击和预期转弱三大压力，需继续加大财政和货币政策支持力度。美国宏观政策正处于重要关口，美联储加快加息和缩表节奏，造成新兴市场和发展中经济体本币贬值和资本外流压力增大。中美加强宏观政策对话和沟通具有必要性。张宇燕表示，两国需加强货币政策协调，消除分歧，推动形成统一、自由的全球市场、国际分工和贸易格局。

彼得·佩里认为，新冠疫情对美国国内生产，尤其是结构性需求造成冲击，美联储等控制通胀愈发艰难。国经中心美欧研究部副部长张茉楠认为，美国政策取向正由经济全球化让位于经济主权化，由自由贸易让位于价值观贸易，由市场经济逻辑让位于政府干预逻辑，由遵守国际道德准则和经济规则让位于"长臂管辖"。拜登政府继续采取逆全球化策略，对自身也产生了"回旋镖"效应。

三 中美应携手推动全球经济平稳健康发展

（一）中美经贸关系发展前景广阔

国经中心美欧研究部部长张焕波认为，中美可开展多领域经贸合作：一是建立开放自由的亚太经贸协议，避免中美经贸博弈在亚太地区进一步扩大和泛化；二是推动更加广泛、稳定和可持续的经贸合作，增强市场主体信心，减少投资观望情绪和疑虑，共同维护世界贸易组织原则；三是坚守市场经济底线和价值观，以及长期遵守的经济规则，提倡良性科技竞争，引导全球共同繁荣发展。布鲁金斯学会高级研究员何瑞恩表示，美中应先处理自身事务，对当前形势保持清醒认识，加强预期管理，并探索更多合作渠道。

彼得·佩里表示，美国拟建立较松散、无系统框架指导的亚太区域同盟，为放弃跨太平洋伙伴关系协定（TPP）寻找替代方案。美中两国政府可以2023年美国主办亚太经合组织（APEC）会议为契机，开展对话，缓和两国关系。吴心伯表示，中美在多边机制协调中存在合作点。一是发挥二十国集团作用，采取负责任的积极政策，避免地缘政治冲突外溢至世界经济。二是加强国际货币基金组织框架内协调，维护国际金融规则。三是加强APEC机制内协调，促进开放、自由、包容和一体化的亚太地区经济合作。

（二）中美应共同推动双边经贸关系重回正常轨道

王一鸣认为，在美国内通胀持续走高背景下，美方应从本国消费者利益出发，逐步取消对华加征关税，并为恢复中美投资协定谈判营造良好气氛，为推动双边经贸关系重回正常轨道创造有利条件。张宇燕表示，中美贸易战是双输的。降低中美间关税，使其逐步回到正常水平，防止"脱钩悖论"情况出现，对提振两国和世界经济信心具有正面价值。中国将坚持对外开放，实现出口市场多样化。彼得森国际经济研究所非常驻高级研究员尼古拉斯·拉迪认为，自2019年以来，中国全球贸易份额急剧上升，美中贸易份额却在下降。中国致力于推动贸易自由化，不断降低关税，已成为全球贸易非常重要的参与者，而美国贸易政策却愈发倾向于保护主义。

张茉楠认为，中美经贸关系呈现以下特征：一是双方产业贸易关联非常紧密，合作基础未发生本质变化；二是双方产业链上下游合作非常紧密，产业互补性不断上升；三是高科技领域竞争的对抗性与互补性并存。中美之间可能会科技脱钩，但在市场层面会再融合、再挂钩。布鲁金斯学会约翰·桑顿中国中心主任兼高级研究员李成表示，双方需就多边主义和脱钩等事宜达成谅解和共识，进行有效讨论和谈判。两国智库学者应就此保持对话，不断发声，推动双方政府务实合作。

四　中美数字经济合作挑战与机遇并存

（一）中美在数字经济领域各有所长

张永军表示，数字经济对经济社会发展的重要性较过去更为突出。美国在原始创新方面居全球领先地位。中国在数字化转型及场景应用方面实践较多，但与美国有较大差距。双方应成为重要合作伙伴，发挥积极的示范带动作用。国经中心总经济师陈文玲认为，数字经济是一个集贸易、投资、科技于一体的主题。中国数字经济规模增长快，在创新方面具有最广阔的市场和空间，美国是数字经济占国内生产总值比重最大的经济体。两国应优势互补，扬长避短，形成带动世界数字经济发展的强大动能。

（二）中美数字经济合作机遇大于挑战

布鲁金斯学会经济研究高级研究员艾伦·克莱恩认为，数字货币和支付系统是数字经济的重点应用领域。社会越来越关注数字货币，生产越来越数字化。中国推出数字货币和数字人民币，跨越式超越了美国市场的支付系统。美联储和拜登政府也正在推进实施商业银行数字货币计划。

陈文玲认为，中美应避免科技战和更深的数字鸿沟，防止切割世界合理分工和交易。双方可合作建立数字货币互联互通互认机制，在数字产业化和产业数字化，以及数字原创性的技术场景化、业态化等方面合作，加强数字和网络空间治理，建立有利于全球数字经济发展的新秩序。王一鸣认为，中美可合作推动数字化转型，并与国际社会共同努力，构建各方普遍接受、行之有效的规则，增强产业链供应链韧性和资本市场信心，为世界经济复苏注入新动能。国经中心创新发展研究部部长李锋表示，中美可推动数字经济共建共享。目前中美间缺乏数据跨国流动安全保护机制和个人数据隐私保护机制，全球数字贸易规则也未形成共识。中国正大力推进制造业数字化转型，积极推进数字治理改革与创新，大规模开展数字基础设施建设，规范数字平台发展，中美在数字化领域可拓展合作空间。

布鲁金斯学会外交政策非常驻高级研究员克里斯托弗·托马斯认为，美国当前半导体行业出口管制政策陈旧，新的网络安全和数据法加大全球企业对华数据服务投资难度，阻碍中国企业发展成为全球企业。中方应继续推动技术行业和初创企业更好发展，优化技术监管环境。中国半导体行业协会副秘书长刘源超表示，中美有必要消除半导体行业供应链限制、对立和分割。半导体产业是数字经济的基石，半导体产业链重构将极大地增加企业成本，减缓全球数字化和气候变化治理进程。建议美方听取产业界意见，无条件取消纯商业性技术和大众化商品出口管制。建议两国政府管控分歧，推动半导体产业发展重回良性竞争和市场化配置资源的轨道。

（国际交流合作部　马瑞洁　整理）

中英智库线上交流会专家观点综述

2022年4月，中国国际经济交流中心（简称"国经中心"）举行中英智库线上交流会，围绕"全球化再起步"主题，重点就"全球产业链安全"、"全球债务管理"和"后疫情时期全球宏观经济"等议题进行了深入探讨。主要观点如下。

一 全球经济和金融体系风险点增加

（一）全球产业链供应链面临极大考验，世界经济发展引人担忧

国经中心副理事长王一鸣表示，新冠疫情叠加俄乌冲突给全球产业链供应链安全带来百年一遇的冲击，进一步放大疫情以来全球供应链体系的脆弱性。国际能源、粮食、矿产等大宗商品供求缺口迅速扩大，造成价格剧烈波动。国际货运通道风险上升、国际运力趋于紧张，海运价格抬升，加之与半导体产业链相关的汽车、电子行业芯片短缺，主要经济体物流体系和生产系统受到严重冲击。如短期内全球供应链无法得到有效恢复，将对全球经济造成很大外溢影响。英国工业联合会驻华首席代表刚毅认为，全球供应链是全球化发展的核心领域，但现在面临长期风险。特别是人才领域的互动交流受阻，对中国企业家和学者造成困扰，令人关切。

王一鸣表示，全球产业链布局是全球分工的产物。随着生产集中

度不断提高，对制造中心的依赖加深，产业链、供应链的稳定性和韧性比以往任何时候都更加重要，其韧性取决于最薄弱环节的稳健程度。只有增强全球产业链、供应链韧性，才能有效对冲风险。面对全球化是否会解体和全球经济是否会重回滞胀局面的担忧，全球如何开展合作，将是下一阶段重点工作。

（二）全球债务安全面临风险，新形势对世界金融体系发展提出更高要求

国经中心首席研究员张燕生表示，当前世界主要国家面临高油价、高通胀率、高负债率压力。国际环境呈现以下特点。一是美国通胀和财政赤字未来趋势，以及宏观政策未来走向引起全球高度关注。美国可能宁愿付出通胀和财政赤字的代价，也要为其基建、科技和民生融资。二是在长期通胀、缺少宏观政策协调机制和全球经济治理合作平台的新时代，全球债务管理风险显著增大。三是世界格局进一步分裂，各国需安全渡过货币政策紧缩周期。

伦敦政治经济学院系统风险中心副研究员、伦敦商学院金融学客座教授、全球宏观人口统计机构创始人安兰·罗伊认为，现在是完全不同的时代，信息技术的发展促进了全球思想传播和金融全球化加速。全球增长放缓，将对金融稳定构成巨大威胁。很多30年前创建的国际机构，现已不能适应新形势。贸易危机凸显了合作的重要性。

二　全球化进程和世界发展面临严峻挑战

（一）后疫情时期世界经济发展遭受多重冲击

国经中心美欧研究部首席研究员张茉楠表示，后疫情时代，全球遭受供给和需求的双重冲击。"发达国家消费、发展中国家生产"的趋势没有发生根本变化。从总体看，发展中经济体增速高于发达经济体，而实际上，发达经济体普遍实施政府财政补偿、宽松政策和大规模财政投入计划，消费维系了较高增长，经济增速和整体复苏因而快于新兴经济体。相比之下，很多东南亚国家的制造业虽增速较稳，却消费乏力。同时，金融部门复苏远快于实体部门，表现为金融市场的资产价格上涨远大于实体经济投资收益。高技术部门，特别是数字经济和新兴技术部门的总体复苏速度远大于传统部门和非高科技部门。全球财富分配再次失衡，社会分工更加不平衡，社会矛盾激化。新冠疫情后民粹主义等国家主权意识进一步回归，导致各国内政外交政策出现新变化，经济全球化被经济主权化相关政策所取代。全球市场资源愈发稀缺。区域贸易协定越来越成为主导区域发展的经济框架和规则框架，加速了产业链的碎片化、区域化和本土化。

（二）当前全球发展危机严重影响世界团结和稳定

安兰·罗伊表示，世界对全球化看法不一。有人认为，全球化没有帮助新兴市场，反而扩大了这些国家的不平等，同时给发达国家也造成了不平等。也有人认为，全球化所涉人员、货物和服务流动，并没有真正给所有参与方带来收益。大部分人认为，可改善而非彻底推翻全球化。

牛津大学全球化与发展教授，牛津·马丁技术和经济变革、工作和发展未来研究方案主任伊恩·戈尔丁表示，新冠疫情对世界产生重大影响，而全球化也处在十字路口。全球化有正面影响，帮助很多国家摆脱贫困，实现跨越式发展，特别是在新冠疫情期间，世界科学家合作更紧密，各国人民更团结。全球化也存在负面影响，新冠疫情、金融危机和网络攻击证明，联系越来越紧密、相互依赖的世界也是风险来源，政治不满和不稳定加剧，全球面临再次分裂的风险。世界正经历历史上最严峻的发展危机，越来越多的人口陷入贫困，全球经济停滞，团结合作遭到破坏。粮食和能源进口国面临国际收支危机和粮食危机，但这并不是全球化的必然结果。冲突和紧张的不断上升是最大风险，会导致全球化放缓，世界需要明智的政策和领导者确保全球化继续推进。

张茉楠认为，全球化在逐步衰落。从 2008 年持续至今的中美大国博弈，再到俄乌冲突以及新冠疫情，都给全球化带来损伤。世界面临"去全球化"和"去碳化"两大挑战。数字领域依然是全球贸易至关重要的增长引擎，数字贸易和绿色贸易可能会重构全球价值链和产业链，更是科技和规则之争。如美国希望重构国家间双多边经贸体系，特别是以美国为主的经贸框架，将强化数字领域博弈。

三 全球化再起步需中英等各国通力合作

（一）中英两国间存在巨大合作潜能

刚毅表示，中国是英国第三大贸易伙伴，仅次于美国和欧盟。2021年和2022年，中英双边贸易额接近1000亿英镑。英国有自由经济体系和强有力的法治监管制度，在服务和学术研究领域具有优势。英国也是全球市场核心，在绿色金融和生命科学领域居全球领先地位。英国是中国企业进入欧洲的通道和桥梁之一，是外国直接投资最大目的地之一。中英可在很多领域结成伙伴关系，如在零碳排放方面，英国可向中国分享实践经验，英国在山东威海地区与中国私营企业合作开展了可再生能源项目。中英企业可借助"沪伦通"机制，共同应对供应链方面冲击。期待通过即将开展的中英间战略对话加强两国联系，也期待早日恢复中英直航，确保两国间直接交流和供应链通畅，只有面对面交流才能更好地促使各方采取行动。

张茉楠表示，中英可通过推行双边协定加速数字领域对等合作，加强金融市场和金融工具设计，如发行以人民币为基价的相关债券，有利于借助多元化工具提高债务稳定性。安兰·罗伊认为，中国在金融科技、人工智能和大数据方面非常领先，英中可在数据科学、人工智能和生物安全，以及学术科研等领域开展合作。

（二）中英可携手其他国家在全球化各领域共同努力，推动世界发展重返稳定安全

王一鸣表示，贸易保护主义升温、冷战思维和地缘政治冲突，使全

球贸易和产业领域结构性问题加速暴露和集中爆发。贸易保护主义威胁全球产业链供应链安全，逆全球化没有出路。人类面临很多共同挑战，互利合作有巨大潜在需求，冷战思维和地缘对抗没有前途和未来。唯一有效的办法是合作解决全球化中的矛盾和问题，推动全球化适应时代变化，并运用新一代信息网络技术提高供应链韧性和抗冲击能力。

张燕生表示，完善全球化需解决三个问题：一是建立全球失衡再平衡机制；二是建立全球化损益的协调补偿机制；三是建立地缘政治和大国冲突矛盾的协调机制。在中英以及世界第三方合作推动全球化方面，一是合作稳增长。中英作为科技革命和全球化的支持者和参与者，需共同为世界提供公共产品和安全资产。二是合作扩内需。中国通过进口，英国通过服务贸易出口，共同帮助可能陷入债务困境的国家。三是合作推动减债务。世界主要大国通过保持宏观杠杆率基本稳定，减少自身债务，稳定全球债务安全形势。四是合作促团结。推动全面合作，包括科技、产业和金融合作，以及人才全球化、数字全球化和人民币国际化。五是树立榜样，合作推动国际宏观政策协调。共同推动市场、企业和人文驱动的全球化，打好微观基础。六是搭建合作桥梁，积极参与和推动多边治理合作和发展。

安兰·罗伊表示，全球化会继续下去，每个国家都必须选择适合自己国情的道路。伊恩·戈尔丁认为，世界经济越发复杂，需要持续动态管理。全球化的不断推进带来新责任，大国之间、英中之间和其他各方之间要加强互联互通，化解矛盾分歧，分析具体问题，促进共同发展，更好地管控和应对全球化发展中的风险和挑战。

（国际交流合作部　马瑞洁　整理）

跨国药企促进生物医药创新发展的建议

——第四届国际医药创新大会暨跨国药企全球 CEO 圆桌会和跨国药企全球研发负责人论坛综述

2022 年 11 月，由中国国际经济交流中心和中国外商企业协会联合主办的"第四届国际医药创新大会暨跨国医药企业全球 CEO 圆桌会"和"跨国药企全球研发负责人论坛"在京举办。来自科技部、商务部、国家卫健委、国家医保局、国家药监局、国家知识产权局等政府部门领导和几十位全球大型跨国制药企业 CEO 及全球研发负责人交流对话，就促进医药创新与国际合作，助力健康中国建设献言献策。会议主要观点如下。

一 取得的成绩和进步

跨国药企高度评价中国在促进卫生健康事业和医药产业创新发展方面所作的努力，以及所取得的突破性进展。

美国药品研究与制造企业协会国际事务部高级副总裁泰勒表示，中国在支持生物医药产业创新发展，推动关键性改革方面作出了巨大努力。葛兰素史克洲际地区高级副总裁克莱顿指出，中国在加快创新药品审评审批和改善监管环境方面取得了极大的成功，在提高药品和疫苗可及性、改善人民健康等方面取得重大进步。麦肯锡全球资深董事合伙人王锦指出，2016~2021 年创新药临床试验申请获批时间从 25 个月缩短到 3 个月，临床试验机构数量从 440 个增加到 1156 个，新药获批后进入医保目录的平均时间从 7.8 年缩短到 1.4 年，创新药获批上市数量从 7 个增加到 69 个。武田首席财务官萨鲁科斯表示，过去 4 年，中国累计将 250 余种药品纳入医保，价格平均降幅超过了 50%，大大提高了相关药物的可及性。艾伯维全球开发副总裁加拉格尔指出，中国药品监管部门在实施国际人用药品注册技术协调会（ICH）指导原则、以实现全球同步开发方面取得了实质性进展，为创新治疗药物研发的全球关键性研究做出了重大贡献，例如药品瑞福（Rinvoq）在中国获批特应性皮炎适应征，与美国 FDA 审批几乎同步。安进全球研发负责人泰西指出，中国药监局和药审中心在全球卫生监管中领导起草药物研发指导原则，2019 年发布了真实世界证据指导文件，为医药研发企业以真实世界证据进行法规注册提供了重要指导。礼来全球高级副总裁王莉表示，得益于近些年中国监管体系改革以及临床开发能力的快速成熟，跨国企业在中国的药物开发和新产品上市方面都取得积极成果。多数跨国企业已经将中国作为企业提升全球研发创新能力战略的首选国家之一。

二　主要诉求和期待

跨国药企 CEO 和全球研发负责人期待中国的医药创新发展制度和政策环境越来越完善，愿意加大创新投资，深耕中国市场。

（一）医药创新政策环境

王锦认为，实现创新发展，需聚焦五个关键要素：基础研究、临床研究、监管审批、多元化保障以及知识产权保护。泰勒表示，要在医药创新生态系统的各环节鼓励创新，包括建立快速、有效和以科学为基础的监管流程，推动中国监管规则与国际规则对接，实施强有力的知识产权保护，提高创新药进入医保程序的透明度，建立全面可持续的商业健康保险体系。

（二）新药医保谈判制度

萨鲁科斯认为，创新药谈判应加强药品的临床价值评估，建立基于创新药价值的药品评价机制。爱施健全球战略执行官尼古拉乌认为，谈判价格要评估对药品供应链安全的影响，提高企业将更多创新药投放进入中国市场的积极性。应允许医院采购未进入医保目录的药品，保证患者有药可用。礼来执行副总裁尤夫认为，应优化基于价值的药品谈判和续约评估机制，充分考虑具有可替代作用的新药节省医保基金的影响。

（三）多层次医保支付体系

尼古拉乌认为，应区分创新药价格与医保支付价格，探索对高价值创新药的基本医疗保险和商业保险的共付模式，实现支付模式多样化。萨鲁科斯表示，中国有2000万罕见病患者，建议建立罕见病专项基金，延长罕见病药品创新保护的市场独占期，降低罕见病患者自付比例，减轻患者疾病负担。

（四）知识产权保护

尤夫表示，建议进一步澄清"新药"的定义，明确"新型化学实体"的定义，仍在专利期内的药品到中国上市不给予专利期补偿是不合理的。要明确生物制品的数据保护年限。尼古拉乌表示，应加强创新制剂药和药械联合创新药物的专利保护。

（五）临床研究能力建设

诺和诺德全球执行副总裁朗格认为，中国开展全球多国多中心临床研究与欧美日存在差距，应着力解决启动时间晚、研究能力弱等问题，完善中国医药创新生态系统，促进在中国进行全球同步研发。加拉格尔表示，希望中国进一步加强医药创新生态系统与国际接轨，促进新药与国外同步研发、同步递交。

（六）临床试验审批效率和能力

克莱顿希望人类遗传审查与临床试验审批程序同步进行。默克集团执行副总裁周虹建议，要设立新药临床试验申请绿色通道，建立药监部门与企业的高效沟通渠道。勃林格殷格翰高级副总裁布罗德尔表示，希望药审中心进一步缩短审评时间，推动《多区域临床试验计划与设计的一般原则》（ICH-E17）落地实施，促进全球药物在中国同步研发。建议药审中心扩大人员规模，确保有足够的审评员，满足日益增长的临床试验和新药申请需求。

（七）慢性病防治

诺和诺德总裁兼首席执行官周赋德认为，慢性疾病是全球最大的公共卫生挑战之一。可通过早期诊断、治疗和监测等手段，加强对慢性疾病的综合管理。建议出台慢性病防治行动计划，拟定重大慢性病在分级医疗体系中的"诊断—治疗—管理"方案。

（八）成人疫苗列入国家免疫规划

克莱顿提出，中国大多数的成人疫苗，比如宫颈癌疫苗、流感疫苗、肺炎疫苗、带状疱疹疫苗都要自费，成人疫苗接种率很低。应将成人疫苗按品种列入国家免疫规划，鼓励社区卫生服务中心的全科医生开具疫苗处方，促进疫苗的可及性。

（九）"细胞和基因疗法"准入限制

萨鲁科斯建议，进一步明确外商投资准入负面清单中关于"人体干细胞、基因诊断与治疗技术开发和应用"具体技术种类，实行分级管理，尝试在部分地区放开对人体干细胞和基因疗法的外商投资。

三　相关部门的回应

针对跨国公司CEO和全球研发负责人发言中提出的建议与期待，参与会议的相关部委领导进行了回应。

（一）鼓励外资企业为我国卫生健康事业发展发挥更大作用

跨国医药企业立足中国患者，为中国百姓带来了高品质的创新药物，对中国医药研发创新起到了带动作用。当前中国的对外开放正在向制度型开放纵深发展，希望与跨国医药企业，开展更高层次、更多形式的合作，共同建设开放包容的医药市场。充分利用全球卫生健康领域的新产品、新技术，提高人民群众的健康水平，推动中国与全球同步开展临床试验。

（二）营造市场化、法治化、国际化的营商环境

支持外商投资生物医药领域，2022年版《鼓励外商投资产业目录》继续鼓励新型化合物药物或活性成分药物的生产，新增了医药制造业相关耗材及罕见病用药、儿童用药的开发。中国将继续推进投资便利化，营造市场化、法治化、国际化一流营商环境。

（三）促进医保高质量发展

要把鼓励创新作为医保的一项重要工作，优化医保目录的动态调整机制，统筹药品创新、群众用药需求、医保基金承受能力，促进医疗、医保、医药协同发展。健全多层次、多元化的医疗保障体系，鼓励商业医疗保险发展。研究对创新药报销比例的动态调整机制，保证医保资金安全，促进产业创新发展。

（四）完善药品审评审批制度

对企业提出的意见，将在制定的《药品管理法》和《疫苗管理法》实施条例中，作出进一步规定。中国将不断提高药品监管国际化水平，推进临床评价与国际同步。

（五）加强知识产权保护

完善药品知识产权保护制度，加强知识产权法治保障，营造更加良好的创新环境和营商环境。

（六）人类完善遗传资源管理

加快推进《人类遗传资源管理条例实施细则》的制定，规范信息备份程序，加强管理制度建设，加强专家体系建设和分级分类管理，推进管理规范化、科学化、便利化。

（"生物医药产业创新与政策研究"课题组

孙　珮　张岳洋 整理）

美 FDA 官员表示欢迎新的伙伴加入抗癌药物国际合作机制

——第五届 MSK-CTONG 年度研讨会综述

在 2022 年 12 月 3 日由中国胸部肿瘤研究协作组（CTONG）与纪念斯隆凯特琳癌症中心（MSK）合作承办的"第五届 MSK-CTONG 年度研讨会"上，美国食品药品监督管理局（FDA）肿瘤卓越中心主任帕兹杜尔表示，欢迎新的伙伴加入美国等 8 个国家监管部门参加的抗癌药物国际合作机制（奥比斯项目）。

澳大利亚第 26 任总理陆克文、中国国际经济交流中心常务副理事长毕井泉以及 CTONG、MSK、彭博创新经济论坛、福布斯等相关机构代表参加了会议。围绕"联合中美、联合世界、抗击癌症"这一议题，代表们展开了坦诚交流与深入讨论。会议主要观点如下。

一 推动中美两国抗癌药物领域监管合作

帕兹杜尔表示，奥比斯项目是由美国 FDA 与加拿大、澳大利亚药品监管部门于 2019 年共同发起的一项倡议，旨在为相关政府监管者就抗癌产品申请和审批建立国际合作机制，加快抗癌药物审批流程。2019 年瑞士和新加坡、2020 年巴西和英国、2021 年以色列监管部门加入该合作项目，现在已有 8 个合作伙伴。奥比斯项目存在一些限制因素，比如要与所有合作伙伴签署保密协议，欢迎新的合作伙伴加入。

毕井泉指出，奥比斯项目成立以来，中方监管机构参加了一些实质性问题的讨论，但目前还不是项目合作成员国。希望中美两国监管部门共同排除中方参加奥比斯项目合作的障碍，使中国国家药监局成为奥比斯项目的正式成员，推动中美两国监管部门抗肿瘤药物同步受理、同步审批，加快药物上市进程。当年，中方申请加入国际人用药品注册技术协调会（ICH）也曾陷入僵局。2017 年 5 月 17 日，时任 ICH 主席的美国 FDA 负责仿制药国际合作的穆琳博士来华访问，我们共同努力创造性地解决了中国台湾成为 ICH 成员的问题，排除了中方加入 ICH 的障碍。中方未与美方签署过保密协议，这确实是个很现实的障碍。据了解，美方与其他监管机构签署保密协议是在 2004 年，那时中国药品监管制度刚刚建立，各方面法律制度还不完善。经过持续努力，中国药品监管制度发生了根本性变化，现在与美国 FDA 签署保密协议不存在不能克服的困难。希望双方监管部门能够就此问题加强沟通，启动中美监管部门保密协议的起草和签订。

二　把卫生健康合作作为落实中美元首会晤共识重要内容

陆克文表示，中美过去五年来在抗击肺癌方面的合作实现了很多进展。在中美元首会晤确定的双边合作框架下，双方仍有许多工作需要去具体落实。双方可以深化在气候变化、公共卫生、金融稳定及防核扩散等领域的合作空间，为世界提供公共产品。要保证国家之间互认对方的技术和标准，保证中国、美国以及其他参与国能够协作。中美双方在抗癌领域的合作，将会促进中美关系向好发展。

毕井泉强调，11 月 14 日中美两国元首巴厘岛会晤，就开展两国公共卫生对话合作达成重要共识。加强两国监管部门抗癌领域合作，是落实两国元首共识的具体体现，符合两国人民的利益，也会造福全人类健康事业。近年来，中国生物医药研发取得了很大进步，审评审批制度基本实现与国际接轨。中国生物医药发展有着市场规模大、医疗资源和科技资源丰富的优势，能够为全球抗癌事业做出更多的贡献。

MSK 高级副总裁布伦南表示，目前全球面临许多挑战，希望医生和科学家能够携手推进癌症方面的研究，美中双方可以友好交流、团结一心，一起应对共同面临的问题。陆克文资深顾问、中国分析中心总经理钱镜指出，习近平主席和拜登总统的巴厘岛会晤打开了中美两国的政治空间，双方的交流开始扩大，这是一个关键性变化。在此背景下，中美现有的卫生健康合作平台和渠道都可以进一步深化和创新。

三　中美抗癌领域的交流和合作前景广阔

毕井泉表示，CTONG 与 MSK 的年度研讨会是中美两国抗癌领域交流合作的重要平台，也是两国医学科学界合作抗击癌症、推动人类卫生健康事业发展的重要体现。中美两国药品监管部门有着很好的合作。双方于 2007 年、2014 年签署过两个监管合作协议，2017 年中国成为 ICH 成员。现在，中美双方监管部门每年制订合作计划，每季度召开会议进行技术层面交流，涵盖肿瘤药物临床试验和审评机制、实施肿瘤药物相关 ICH 指南、监管科学进展等内容。CTONG 主席吴一龙指出，中美过去五年来在抗击肺癌方面取得很多进展，相信通过进一步的合作，可以在早期检测、早期诊治、临床试验方面有所突破。

福布斯资深编辑弗兰纳里表示，中国在国际舞台中扮演着很重要的角色，希望中国可以扩大和其他国家的合作，进一步参与全球临床试验，在 2023 年能有更多好消息带给患者。MSK 外科主席德雷宾表示，美中之间有非常大的合作潜力，不仅是肺癌，很多疾病都需要跨学科之间的合作，这对于各个方面的工作来说非常关键。MSK 高级副总裁诺顿强调，加强美中国家间、城市间、研究中心间等在抗癌领域的多层面合作，可以使国际临床试验更加准确、快速且降低不确定性，使美中以及全球在抗击癌症方面取得更大成就。彭博创新经济论坛首席执行官芬尼根表示，卫生健康领域合作可以拯救更多生命，应当成为美中双方深化合作的重要方向。例如，在建设以患者为中心的临床试验方面，需要美中两国建立共识，推动合作，让更多临床试验项目的患者受益。

（"生物医药产业创新与政策研究"课题组

张焕波　张岳洋 整理）

推动落实全球发展倡议加快构建全球发展命运共同体

习近平主席在第七十六届联合国大会一般性辩论上的讲话中，发出了全球发展倡议。深入学习习近平总书记重要讲话精神，正确理解全球发展倡议、共建"一带一路"和构建人类命运共同体的关系，具有重要意义。

一 全球发展倡议提出的背景

近年来，美英等西方国家贸易保护主义抬头，逆全球化趋势凸显，加上近两年疫情对世界经济的严重冲击，全球产业链安全受到威胁和冲击。疫情还严重威胁人民的生命健康安全，也严重阻碍了社会发展。广大发展中国家以及全世界的普通百姓更容易受到疫情冲击致病致贫。习近平总书记提出全球发展倡议，强调实现"平衡协调包容""更加强劲、绿色、健康"的全球发展具有重大现实意义。

发展是解决一切问题的总钥匙，也是各国民心所向。新冠疫情发生以来，国际社会多年积累的发展成果遭受严重侵蚀，发展中国家面临前所未有的冲击和考验。2021 年 7 月联合国秘书长古特雷斯表示，2020 年，全球有 7.2 亿至 8.11 亿人面临饥饿，比 2019 年增加了约 1.61 亿人，数据表明，在 2030 年实现可持续发展目标方面，世界"在很大程度上未在既定轨道之上"。古特雷斯还指出，几年来饥饿一直在增加，在 2021 年，"我们未能为全世界人民提供（获得食物）这一基本权利"。他强调，新冠疫情不仅让情形变得更糟，还凸显了不平等、贫困、食物和疾病之间的联系。他表示，尽管自 20 世纪 60 年代中期以来全球粮食产量增加了 300%，但"营养不良则构成导致预期寿命缩短的一个主要因素"。

中国始终高度重视发展议题，积极开展国际发展合作，大力推动全球发展事业。推动共同发展是联合国和二十国集团等国际组织与合作平台的重要使命，习近平总书记在许多重要国际场合反复强调，要落实好 2030 年可持续发展议程，推动共同发展。特别是所提出的全球发展倡议，引起国际社会广泛关注，国际社会纷纷积极响应和支持。这些充分展现了中国重视共同发展、推动实现共同发展的坚定决心。

二 全球发展倡议的内涵

全球发展倡议内涵是"六个坚持"，即坚持发展优先、坚持以人民为中心、坚持普惠包容、坚持创新驱动、坚持人与自然和谐共生、坚持行动导向。重点是加快实现联合国 2030 可持续发展目标，目标是构建全球发展命运共同体，核心是推动共同发展。

联合国 2030 可持续发展目标在联合国千年发展目标基础上，增加了气候变化、经济不平等、创新、可持续消费、和平与正义等新领域。其主要使命是从经济、社会和环境三个维度解决好发展问题，进而解决人类共同面临的环境、粮食安全、抗疫等问题。按照联合国开发计划署网站的解释，这些目标相互联系，一个目标实现的关键往往依赖于其他相关问题的解决。全球发展倡议与联合国 2030 可持续发展目标高度契合，因此中方提出全球发展倡议将同联合国 2030 年可持续发展议程深入对接，共同推进全球发展。

三　全球发展倡议与共建"一带一路"的关系

共建"一带一路"以共商、共建、共享为基本原则，以和平合作、开放包容、互学互鉴、互利共赢的丝路精神为指引，以政策沟通、设施联通、贸易畅通、资金融通、民心相通为重点，秉持开放、绿色、廉洁的理念，以高标准、可持续、惠民生为目标。共建"一带一路"旨在通过高标准、可持续、惠民生的项目，实现基础设施的互联互通，推动实现包容性发展，促进各国"民心相通"，加快构建人类命运共同体。

共建"一带一路"的核心是实现更高质量的经济发展，而全球发展倡议的核心是推动共同发展；共建"一带一路"的目标是推动构建人类命运共同体，而全球发展倡议的目标是构建全球发展命运共同体。二者无论是在理念层面还是在目标层面都高度一致。

全球发展倡议在理念上强调公平公正的发展机会以及人与自然的和谐共生；从时间维度上，强调战胜疫情、复苏经济，重点解决当前人类面临的减贫、粮食安全、抗疫等最紧迫的问题，强调通过具体的行动倡议努力完成联合国 2030 年可持续发展议程；从方法上，强调抓住科技革命和产业变革机遇，挖掘疫后经济增长新动能，携手实现跨越式发展。共建"一带一路"高质量发展，强调夯实发展根基，稳步拓展健康、绿色、数字、创新等新领域合作，更好服务构建新发展格局，与全球发展倡议既有共同之处，又有策略和战略之分。在时间维度上，共建"一带一路"倡议指向更加长远的未来，为促进全球治理提供了新的路径，为完善全球治理体系指明了新的探索方向，需要各国人民的广泛参与和推动，是我国长期而伟大的历史任务，旨在实现人类命运共同体。在方法手段上，共建"一带一路"更加强调搭建国家间贸易、投资、全球治理等平台，开展双边和全球性的国际经济合作。在相互尊重、合作共赢基础上，根据市场和商业原则推进。

四　全球发展倡议与构建人类命运共同体的关系

构建人类命运共同体，是面对复杂严峻的国际形势和前所未有的外部风险挑战，以习近平同志为核心的党中央统筹国内国际两个大局，对中国特色大国外交作出的战略谋划，旨在弘扬和平、发展、公平、正义、民主、自由的全人类共同价值，引领人类进步潮流。全球发展倡议的重要目标是构建全球发展命运共同体，这是构建人类命运共同体的重要一步。同时，人类命运共同体是共建"一带一路"的理念指引，而共建"一带一路"是构建人类命运共同体的成功实践，是构建人类命运共同体的重要实践平台。因此，可以说全球发展倡议是构建全球发展命运共同体的重要实践平台，在发展这个意义上，全球发展倡议和共建"一带一路"都是构建人类命运共同体的实践平台，全球发展倡议强调首先要完成联合国 2030 年可持续发展议程，而共建"一带一路"从一个更长的时间维度上强调更大规模、更加深入、更加长远的国际经济合作。

五　推动落实全球发展倡议的几点建议

一是坚持人与自然的和谐共生。坚持绿色低碳发展，促进环境合作，加大生态和水资源保护力度，促进人与自然和谐共生，推进绿色和可持续发展。着力建设环境友好和抗风险的基础设施，加强项目的气候和环境风险评估。借鉴国际上公认的标准和最佳实践，鼓励相关企业承担社会责任，保护生态环境。不断推进清洁能源开发利用，加强可再生能源国际合作，确保发展中国家获得经济可负担、环境可持续的能源。鼓励各国和国际金融机构开发有效的绿色金融工具，为环境友好型和低碳项目提供充足、可预测和可持续的融资。

二是敦促发达国家切实履行发展援助承诺，为发展中国家提供更多资源。中国是一个中等收入国家，更是一个发展中国家。加强同广大发展中国家团结合作，更好维护发展中国家共同利益，始终是中国外交政策的基本立足点。要坚定支持发展中国家探索符合国情的发展道路，把自身发展同发展中国家的共同发展结合起来，构建休戚与共、守望相助的利益共同体、命运共同体。

三是以联合国和二十国集团为平台和抓手，完善全球发展治理机制。利用好以联合国为代表的国际平台和机制，为发展中国家发声，提高减灾、抗疫、粮食安全等方面政策协调力度，努力在联合国框架下建立更符合发展中国家利益，更加公平、公正、透明、普惠、包容的全球发展治理规则、制度框架，为构建全球发展命运共同体和人类命运共同体做出贡献。通过二十国集团平台处理好大国关系，做好大国之间政策协调。在中美、中欧、中日之间建立多渠道沟通对话机制，并统筹二十国集团合作机制，作为推动全球发展治理机制改善和变革的主路径。加强中美两国对气候变化、公共卫生、基础设施、能源安全、反对恐怖主义、核不扩散等全球治理议题的协商与政策协调，扩大合作基础，营造互信氛围。同时，继续将二十国集团作为我国参与和引导全球发展治理的主平台，推进建立二十国集团常设秘书处，构建以中美对话为重点，统筹中欧、中日、中俄、中印等交流互动，覆盖整个二十国集团的协调机制。在国际货币基金组织、世界银行、金融稳定理事会、世界贸易组织（WTO）等传统国际经济治理平台，讨论和寻求解决份额、话语权、投票权等问题，推动建立责任与权利相匹配的全球发展治理机制。

四是健全我国参与全球发展治理政策协调的体制机制和能力。首先，建立统筹协调各部门各地参与对外政策协调的沟通交流机制。尽快落实国家关于建立部门间信息互通共享和定期沟通会商机制的要求，健全宏观政策研究、制定、实施、评估和绩效考核的政策全链条协调机制，形成对外政策合力。其次，借鉴美国、欧洲、日本等发达国家和地区宏观政策协调的经验教训，探索构建中国特色的综合性、专业性、战略性中枢联动的协调机制。中美互为战略竞争对手博弈，涉及国际、国内、经济、政治和安全的方方面面，建立高质量综合协调机制具有重大意义。最后，发挥高端智库联盟和网络的作用，在全局性、战略性、趋势性重大事件、重大转折、重大风险和安全隐患等方面开展前瞻性研究评估，并组织综合性专业性力量，就全球发展治理可能出现的重大外溢影响和冲击进行政策预研，形成政策协调建议。

（张永军　李浩东）

中国对外开放与全球经济治理专题研讨会专家观点综述

2022 年 11 月，第五届虹桥国际经济论坛"中国发展新蓝图与全球发展新机遇"分论坛在京举行。中国国际经济交流中心（简称"国经中心"）承办主题为"中国对外开放与全球经济治理"的专题研讨会，围绕"中国对外开放的新部署和新机遇"与"全球经济治理的新挑战和新路径"两个议题进行深入探讨。

一 推动更高水平开放，建设开放型世界经济

（一）奉行互利共赢的开放战略，坚持经济全球化正确方向

国经中心常务副理事长、执行局主任张晓强表示，当今世界百年未有之大变局加速演进，中国将坚持对外开放，主动作为、善于作为，实施更大范围、更宽领域、更深层次的对外开放，包括稳步扩大规则、规制、管理、标准等制度型开放，放宽服务业市场准入，继续以高水平开放促改革、促发展、促创新，更充分发挥市场在资源配置中的决定性作用。北京大学新结构经济学研究院院长林毅夫指出，中国需要按照比较优势来推动技术创新和产业升级。在国内继续深化开放，包括推出自贸区试点和进口博览会等开放措施，使中国的发展给世界其他国家带来机遇。同时，推动更高水平的对外开放，包括加入区域全

面经济伙伴关系协定（RCEP）以及准备加入全面与进步跨太平洋伙伴关系协定（CPTPP）等，发挥多边贸易机制作用。国经中心副理事长、国务院发展研究中心原副主任王一鸣表示，中国正稳步扩大制度型开放，通过高水平实施 RCEP，积极推动加入 CPTPP，主动对接国际高标准经贸规则，推动自由贸易试验区、自贸港等各类开放平台先行先试，构建与国际高水平规则相衔接的制度体系和监管体系。坚持维护多边贸易体制，积极参与世界贸易组织改革谈判，推动贸易和投资便利化。中国（海南）改革发展研究院院长迟福林指出，中国以 RCEP 为重点优化开放布局，有利于增强国际国内两个市场、两种资源的联动效应，有利于推进亚太区域经济一体化进程，为世界经济做出重要贡献。

（二）提升贸易合作和投资水平，推动与世界经济良性互动

王一鸣表示，2021 年中国对外贸易数据表明，中国正努力推动货物贸易优化升级，创新服务贸易发展机制，积极发展数字贸易。进一步缩减外商投资准入负面清单，落实准入后国民待遇，促进内外资企业公平竞争，创新对外投资合作方式，推动形成互利共赢的产业链。迟福林表示，应以服务贸易为重点，加快服务贸易开放进程。以 RCEP 为抓手，尽早实现具体承诺，由正面清单向负面清单转换，在健康、教育、信息、文化等领域加快推进服务业对内对外开放进程，促进传统服务贸易数字化转型，提升数字贸易、金融等生产性服务贸易的国际竞争力。北京大学光华管理学院院长刘俏表示，恢复全要素生产率的增长水平，增加投资强度是应对未来问题的关键。应加强全球经济合作，保持投资强度，以更积极的财政政策，强化市场配置资源作用，在关键领域和节点进行更优化的资源配置，使经济增长新动能更具活力。

（三）加强制度型开放和体制改革，增加高水平开放的透明度

日本国际协力机构中国事务所所长佐佐木美穗指出，中国应在创新制度建设、新技术支持体制和人员往来交流等方面，加快改革进程，强化以公平竞争为重点的制度型开放。迟福林指出，制度型开放应成为中国高水平开放的突出特点。强化在公平竞争、反垄断、市场透明、知识产权保护等方面的制度安排；以制度型开放促进形成区域一体化大市场。启动与 RCEP 成员国在规则、规制、管理、标准等方面的互认，提升管理标准与国际标准的一致性，建立推进法律、会计等重点制度规范衔接转换的机制。

二　全球治理和全球经济发展面临多重危机和挑战

（一）全球经济持续疲软面临危机

国际货币基金组织（IMF）驻华首席代表史蒂文·艾伦·巴奈特指出，2022 年全球经济增长的预测是 3.2%，2023 年将下降到 2.7%，有 25% 的概率降至 2% 以下，意味着占全球产出约 1/3 的经济体在前两个季度会出现负增长，这是一种衰退。清华大学中国经济思想与实践研究院院长李稻葵表示，当下全球经济处在危机边缘，全球产业链供应链面临完全被打破的风险，全球政治经济形势可能会急转直下，重现 20 世纪 40 年代的大危机。

（二）全球通胀率高企

史蒂文·艾伦·巴奈特指出，预计 2022 年全球通胀率将达到 9.5% 的峰值，过度的货币紧缩政策可能导致全球经济严重衰退，对未来宏观经济稳定产生较大影响，必须果断采取行动控制通货膨胀。外交部原副部长何亚非表示，世界经济下行压力有增无减。世界经济面临滞胀风险，经济增长乏力，通货膨胀加剧。美联储从量化宽松货币政策转向收紧银根，全球金融风险倍增。

（三）全球产业链供应链面临诸多挑战

国经中心首席研究员张燕生表示，世界大国正在推动回岸制造、近岸制造、友岸制造。市场机制受到政治干扰，科技、产业和金融等重点领域面临脱钩挑战。只有对外开放才能提高产业链供应链的韧性和安全水平。新加坡国立大学东亚研究所所长郝福满表示，疫情反复可能再次导致全球生产和供应链中断。墨西哥前驻华大使、墨西哥国际事务委员会成员何塞·路易斯·贝尔纳尔指出，疫情之后全球通胀加剧，货币政策失衡，收入不平等，保护主义上升，技术竞争日益白热化，特别是全球供应链遭到破坏等状况成为常态。世界经济需要通过保持开放的贸易体系和增加投资才能得到持续性发展。

（四）地缘政治风险彰显

何亚非表示，国际环境的复杂严峻前所未有，地缘政治紧张局势不断升温，和平与安全难题没有解决，美国全球霸权情结难解，美俄围绕乌克兰已展开后冷战时期的战略博弈，军事冲突风险巨大。中国式现代化是走和平发展道路的现代化，和平发展是根本特征，中国特色大国外交是坚持真正的多边主义。日中经济协会北京事务所所长川合现表示，乌克兰危机和大国间博弈，加剧了企业全球经营风险，各国政府的政策调整往往滞后于企业经营调整速度。张燕生表示，亚太地区现在存在 RCEP 和印太经济框架（IPEF）之间的竞争，即市场力量和地缘政治力量之间的较量。中国努力改善自己的开放环境，用扩大对外开放推动和增进全方位的国际合作。郝福满表示，地缘政治的分裂可能会阻碍贸易和资本的流动，并进一步阻碍气候合作。

三 推进全球化和全球经济治理体系改革，促进全球可持续发展

（一）改革全球治理体系，促进共同发展

张燕生表示，要改变全球治理的微观基础透明度和国际合作，要从微观做起，从数字全球化、绿色全球化、创新全球化做起，从人类命运共同体视角探索全球治理的新思路和新途径。李稻葵表示，各国应有底线思维，充分利用好宝贵的国际交流平台，尤其是二十国集团（G20）首脑峰会平台，希望达成"不破坏跨国基础设施、不中断基础

性战略性货物贸易、不中断物流"三个共识。郝福满表示，解决所有风险和挑战需要强大的全球机构。现代化经济治理的基石是世界贸易组织、国际货币基金组织和世界银行。希望全球治理改革能够为未来提供新动力。联合国驻华协调员常启德指出，中国在增加对发展中国家的优惠资金、加大债务减免以及扩大资金的流动性等方面拥有独特能力，可为全球经济合作和治理带来新方法和创新性解决方案，并与公认的国际规范和标准保持一致。俄罗斯科学院世界经济与国际关系研究所中国经济政治研究中心主任谢尔盖·卢克宁表示，现行全球治理体系存在弊端，对欠发达国家考虑不够，容易出现滥用制裁、贸易限制等损人利己的做法，造成国与国之间经贸联系减少。当下冷战思维抬头，应对现行治理体系进行调整与更新，使之更有效应对新挑战，更好发挥金砖机制、上合组织等在全球治理中的作用。

（二）加强中美沟通，推动全球经济发展

中国美国商会主席华刚林表示，美中关系是最为重要的双边关系。双方应进行友好交流合作，坚持国际贸易准则，继续支持现有多边贸易规则，避免保护主义，稳定和加强全球供应链韧性，实现更好的经济发展。美国布鲁金斯学会外交政策非常驻高级研究员克里斯托弗·托马斯表示，全球治理的关键是中国和美国之间的技术竞争。全球技术发展对于人类发展至关重要，尤其是半导体等高技术行业。与其耗费大量人力、物力和时间闭门造车，不如两国共同合作，共同分享数据，彼此开放，确保技术发展和供应链完善。加拿大国际治理创新中心前执行董事托马斯·伯恩斯表示，美中两国在当前世界局势中具有核心作用，尤其是在技术、人工智能、贸易和创新方面，应共同承担起大国责任，避免发生经济战。乔治·布什美中关系基金会首任总裁兼首席执行官方大为指出，全球经济正走在一条既不稳定又危险的道路上，美中两国领导人在观点、思维方式上有所不同，希望两国能加强沟通，让经济和贸易关系回到正轨，实现全球繁荣。

（三）推动经济低碳化，促进可持续发展

联合国政府间气候变化专门委员会原副主席、斯里兰卡莫纳辛发展研究所主席莫汉·莫纳辛表示，要实现经济繁荣、摆脱贫困、保护环境，其核心内容是协调可持续发展的三角平衡与整合，需要在系统性框架下实现平衡包容绿色增长，共同进步。经济合作与发展组织国际应用系统分析研究所系统思维、预期和弹性工作组主席马丁·李斯指出，全球经济治理最大的挑战是如何实现低碳可持续发展之路。各国应联合采取有效行动，遏制气候危机，建立公平和可持续的世界。在世界绿色低碳发展上中国应继续发挥引领作用。美国全国商会亚洲事务高级副总裁傅瑞伟表示，应对气候危机需要美中两国抛开分歧，为人类的共同利益加强合作，缓解紧张局势。韩国对外经济政策研究院院长金兴钟指出，在当前不信任时代和大转换时代背景下，各国应在人类普遍价值和原则上达成共识，探索包容性更强的国际合作方式，应对可持续增长和发展必须解决的环保、气候变化和资源开发等问题。美国环保协会执行副主席阿曼达·利兰表示，气候危机是全球性挑战，应通过合作推动技术创新和发展，促进全球绿色增长。清华大学经济管理学院院长、弗里曼经济学讲席教授白重恩表示，要提高国内碳达峰碳中和进程的质量和速度，借鉴国外绿色能源技术，推动多边全球治理机制，实现更高水平开放。

（国际交流合作部　董韦韦　整理）

助力科技自立自强

关于推动汽车芯片自主可控尽快取得突破的建议

2021 年以来，全球车规级芯片供需失衡，对汽车产业造成较大冲击，暴露出全球化背景下汽车产业链供应链脆弱的一面。应全面研判汽车产业发展趋势及芯片产业分工格局的演变，瞄准关键环节和重要领域，增强我国汽车芯片的自主可控能力，维护产业发展安全。

一　原因分析

车规级芯片供需失衡源于新冠疫情冲击以及汽车供给结构和需求超预期变化。汽车芯片短缺是全球性现象，但对我国而言，则是困中之困。

（一）新冠疫情叠加意外事件冲击芯片供应

受新冠疫情冲击和自然灾害影响，部分芯片工厂短暂停工。2021年 8 月马来西亚芯片工厂因疫情停产，日本 AKM 晶圆厂因失火、瑞萨因地震短暂停工，意法半导体遭遇罢工，美国暴风雪影响英飞凌、三星等短暂停产。近期乌克兰危机及连锁反应、我台湾地区大范围无预警停电，均对全球芯片供应造成冲击。

（二）汽车电动化智能化网联化增加芯片需求

汽车电动化智能化网联化发展提速，对传感器芯片、计算芯片、功率半导体的需求大幅增加。据有关方面估计，智能汽车单车搭载芯片500~600 颗，电动汽车 1000~2000 颗。同时，自动驾驶技术将增加对高端芯片的需求，预计汽车芯片用量占晶圆产能比重将由 15%~20% 提升至 25%~30%。

（三）消费电子挤占汽车芯片产能

受疫情影响，"宅经济"逆势上扬，导致全球消费电子领域芯片需求激增。以 2020 年第一季度为例，全球笔记本电脑、电视、手机、汽车、服务器等出货量大幅提升。受此影响，全球芯片厂商下调的汽车芯片产能几乎全部转移至此领域，汽车芯片出货量降至谷底。

（四）汽车供应链信息错配加剧芯片短缺

新冠疫情初期，汽车产销大幅下滑，对芯片需求同步萎缩。汽车消费短期内超预期恢复，但芯片排产供应至少需要两个季度的提前期，致使汽车零部件供应商不能及时履行订单。不少汽车厂商纷纷恐慌性备货，甚至囤积居奇，进一步放大了汽车芯片供需缺口。

二　几点认识

（一）全面看待我国汽车芯片的供需失衡

不同种类的汽车芯片，由于技术壁垒不同，紧缺程度有所差异。用于电源管理的模拟芯片紧缺程度正在缓解。该类芯片工艺较为成熟，除头部企业大量占领市场外，不少中小型厂商已实现技术追赶并逐步进入区域供应链，国产替代效应初显。功率芯片（IGBT）紧缺程度中期有望缓解。IGBT 芯片生产工艺相对成熟，车规级 IGBT 芯片已突破技术壁垒，国内产能可满足短期市场需求。微控制器（MCU）芯片紧缺程度最高且短期难以缓解。车规级 MCU 芯片研发周期长、配套要求高，短期内国内设备厂商或芯片企业在高端车规级 MCU 芯片产业链上难以突破。全球前五位头部企业分别是恩智浦、英飞凌、瑞萨电子、意法半导体、德州电气，合计占全球 95% 份额。另外，全球约 70% 的车规级 MCU 芯片为台积电代工，在台积电产能调整到位前，该类芯片将一直处于短缺状态。

（二）芯片成为汽车产业创新发展的关键

汽车行业曾出现大量创新，包括：福特 T 型车（1908 年）、空调（1953 年）、安全带（1958 年）、防抱死刹车（1971 年）、数字仪表盘显示器（1974 年）、安全气囊（1974 年）、混合动力汽车（1997 年）、GPS 卫星导航（2000 年）、高级驾驶辅助系统（2010 年）等。目前，汽车产业正经历几个关键领域的创新推动，其中最引人注目的是连接性、电气化和自动驾驶，这些方面的创新很大程度上要通过集成更多电子设备来实现，而这些电子设备由大量且不断增长的芯片提供动力。

（三）对整车和芯片行业起到纽带作用的是汽车零部件企业

汽车芯片的直接需求方是汽车零部件供应商，而不是汽车整车厂商。全球整车企业主要依靠博世（德）、电装（日）、采埃孚（德）、麦格纳（加）、爱信精机（日）、大陆集团（德）、现代摩比斯（韩）等七大汽车零部件供应商。国内还没有具有国际竞争力的汽车零部件供应商，这是制约我国汽车产业升级的主要因素。

（四）追求芯片自主可控成为主要国家的目标

随着数字化、网络化、智能化趋势的升温，美欧日等已着眼增强芯片产业链供应链的自主可控，并开始战略布局。美国众议院通过《2022 年美国竞争法案》，拟拨款 520 亿美元支持半导体产业发展，采取又拉又打的方式让台积电、三星等赴美建厂。欧盟颁布《欧洲芯片法案》，将动员 430 亿欧元用于半导体行业，力争到 2030 年使欧洲在全球芯片生产中的份额达 20%。发达经济体的这些举措，旨在通过制定长期的半导体创新路线图指导投资决策，塑造蓬勃发展并有弹性的供应链，应对可能的供应中断。

（五）谨防美国利用芯片限制我国新能源汽车发展

对美欧日来说，此轮"缺芯"仅是新冠疫情冲击下暂时性的供需错配，但对缺乏芯片产业链自主掌控能力的我国而言，有可能转变为重大结构性失衡。我国已成为新能源汽车产销大国，基本摆脱传统燃油车技术、品牌等跟跑美欧日的局面，且已具有较强的国际竞争力。但在中美竞争日趋白热化的大背景下，我国汽车行业芯片供应随时有被"断供"和"卡脖子"的风险，相比暂时性的减产、停产，这一隐患值得高度重视，应尽早谋划对策。

三 对策建议

（一）将汽车芯片作为我国芯片整体突破的抓手

与电子消费类芯片不同，汽车芯片对制程先进性要求不高，但对湿度、耐高温、使用寿命等安全指标要求高，需经长时间性能测试和可靠性验证。我国在芯片先进制程上与国际大厂存在较大差距，但已具备汽车芯片制程要求的技术和制造能力，这决定了我国在汽车芯片方面最有可能冲破美西方的限制和打压，进而带动我国芯片整体战略取得突破，摆脱受制于人的被动局面。

（二）设立电动汽车芯片国家重大专项

建议在国家发改委、工信部的支持下，设立由电子信息行业的国家龙头企业牵头，国内整车科研水平较高的车企、零部件厂商、芯片企业，以及国家科研机构、高水平研究型大学等参加的电动汽车芯片国家重大专项，推动整车、系统、芯片等开展跨界创新和联合攻关，全面提高我国汽车芯片设计、制造、测试应用水平。可优先把握激光雷达、第三代半导体、射频芯片等美西方国家占有率还不高且处于高速成长的细分领域，加快支持我国企业快速成长和积累，形成对西方的非对称优势，牵制其对我国实施"断供"和"卡脖子"的图谋。

（三）完善国产化替代支持政策，破解我国芯片企业不敢投和汽车企业不敢用的两难困境

发挥大基金的引领撬动作用，引导社会资本积极投资芯片生产制造和封装测试。加快完善汽车芯片保险补偿支持政策，促进保险机构提高保险赔付率，降低芯片企业的保费负担和赔偿成本。落实"首台

套""首版次"等优惠政策，降低汽车企业使用国产替代设备、材料的潜在风险，使整车和零部件企业对国产芯片"愿意用、敢于用、主动用"，形成市场份额扩大与技术迭代加速的良性互动。加快建立健全与国际接轨的汽车芯片标准体系和细分领域技术标准，建设汽车芯片测试认证和应用推广服务平台，确保国产芯片产品质量达标。

（四）支持发展通用汽车芯片，增强供应链韧性

在电动汽车芯片国家重大专项中，应重视通过芯片集成技术开发更多通用汽车芯片，扩大在车身控制器、车载信息娱乐系统、驾驶辅助控制器等零部件系统上的应用，化解因单一汽车芯片短缺造成整体断链的风险，增强产业链供应链自主可控能力。同时，通过软件升级增强通用芯片的连通性、互补性和替代性，扩大应用规模和应用空间，降低对汽车芯片"硬"性能的依赖。

（五）培育本土汽车零部件领军企业，积极引导国外供应商开展本地化生产

大力培育能够连接汽车和芯片两个行业的电子零部件领军企业，促进汽车芯片上下游需求精准传递，形成上下游畅通的产业链生态，为国内汽车芯片企业提供产品迭代的稳定需求，推动汽车芯片超前设计、功能持续迭代。坚持开放发展，在推动跨国汽车零部件企业增加中国市场供给份额的同时，鼓励博世、电装、大陆集团等国外优秀供应商在中国投资扩产，带动我国汽车芯片产业发展，增强产业链供应链韧性。

（"国内外热点问题研究"课题组

执笔：杨绪珍　李　锋　刘向东　马晓玲）

主要经济体半导体产业强链补链做法及对中国的启示

美欧日韩与中国台湾等经济体的半导体产业发展较为成熟，在不同的产业链环节各具优势，特别是在提升产业链竞争力方面具有丰富经验，值得中国在半导体行业强链补链行动中借鉴。

一　美国强链补链主要做法

（一）从国家安全角度立法支持半导体产业发展

近年来，美国政府出台制造业回流政策举措，通过产业补贴、国际合作等方法保障供应链安全。2021 年 1 月，《为美国创造有益的半导体生产法案》获得通过，提出设立半导体安全基金，给每个项目提供最多 30 亿美元补贴。2022 年 2~3 月，美国参众两院通过《2022 年美国竞争法案》，提出重点发展半导体等高科技制造业，为半导体产业提供 527 亿美元的资金支持。

（二）通过模块化、标准化来引领产业发展方向

早在 1987 年，美国政府联合以英特尔为首的 13 家半导体公司启动了半导体制造技术战略联盟（SEMATECH）计划。该计划曾帮助美国半导体产业在 1995 年重回世界第一。SEMATECH 的理念是联盟企业共同开发设备和材料，将制造工艺标准化，节约企业合作的成本。此计

划有两个效果：一是集中研发，减少重复浪费，并在半导体行业内共享研发成果，为企业减轻负担；二是把半导体制造技术模块化，使设计与制造分离成为可能，促进了资金规模较小的芯片设计行业大发展。这一计划改变了整个半导体产业生态，令习惯于自己做全产业链且各自为政的日本各大综合电机厂商在竞争中优势不再。

二 欧盟强链补链主要做法

（一）出台供应链安全法案解决供应不稳定问题

2021 年 7 月，欧盟委员会成立了处理器和半导体工业联盟。2022 年 2 月，欧盟委员会出台《欧洲芯片法案》，提出短期内要解决芯片短缺造成的供应链不稳定问题，中期要加强欧盟半导体制造能力，以支撑欧盟供应链安全和创新，长期要打通实验室到产业的创新转化，发挥欧洲创新优势，成为半导体产业全球领导者。具体措施上，提出为数字化转型提供 1345 亿欧元投资，明确建立"欧洲芯片基础设施联盟"负责落实欧洲芯片战略，并成立由欧委会专员直接领导的"欧洲半导体委员会"，在行业规划、技术路线等方面提供决策建议。

（二）坚持逆周期投资是阿斯麦尔（ASML）公司成功的关键

荷兰 ASML 公司 1984 年成立，最初技术和规模远远不及日本佳能和尼康两家光刻机巨头。在尼康和佳能研发 157nm 光刻机出现瓶颈时，ASML 研发出浸没式光刻机，一举颠覆了市场。2015 年，ASML 经过 10 年的研发，终于将极紫外线（EUV）光刻机开发到了可量产的状态。ASML 成功实现技术赶超的关键在于，一是坚持逆周期投资，持续投入研发，坐足冷板凳；二是聚焦主业，发展核心能力，不盲目扩张；三是抓住行业发展时机。

三 日本强链补链主要做法

（一）政府主导研发推动半导体产业升级

20世纪70年代开始，日本半导体产业发展重视产官学联合研发。这一时期，日本政府加大了对专门技术的研发资助，开始参与研究开发活动，鼓励企业间研究合作，促进产官学联合研发。日本通商产业省（今经济产业省）在70年代中后期组织了超大规模集成电路（VLSI）开发项目，该项目由日本电气公司（NEC）、日立、三菱、富士通和东芝五家公司以及日本通产省电气技术实验室、电子技术综合研究所、日本电信电话公社联合参与，为日后日本动态随机存取存储器（DRAM）产业的大发展奠定了技术基础。

（二）组建供应链联盟，强化国际研发合作

当前，日本半导体产业发展更加重视国际合作。2021年6月，日本发布了"半导体和数字产业发展战略"，其中很多内容对强链补链进行了部署。一是重视下一代技术开发，通过国际合作补短板。开展"3D微处理器技术开发计划"，与海外先进的晶圆代工厂进行高端逻辑芯片制造技术的共同研发，给未来独立建设晶圆代工厂打下基础。2022年6月，台积电宣布其在日本的无尘室工程完工并投入使用。二是维持技术优势，立足技术研发锻长板。日本在其半导体战略中提出了维持"瓶颈（choke point）"技术的口号，旨在保持日本在装备制造、材料等产业链重要节点上的技术优势，防止研发中心向海外转移。2022年6月，日本政府宣布，根据相关法律，已批准台积电等企业在熊本县建厂计划，并提供高达4760亿日元（约239.9亿元人民币）的补贴。

（三）立法限制技术交流

2022年5月，日本通过《经济安全保障推进法》，规定关系到国家和国民安全的重大发明专利可以不予公开，防止相关情报泄露；规定特定技术领域专利必须先在日本申请，不能首先到国外申请；提出强

化半导体和医药品等"重要物资"的产业链供应链，增强相关物资在日本国内的生产能力。

四　韩国强链补链主要做法

（一）通过总体战略规划补短板

自 20 世纪 80 年代以来，韩国锻造了内存制造这个长板。韩国在 80 年代中期到 90 年代初期追赶日本产业之时，也曾推出了韩国版的 VLSI 计划，以韩国政府所属的国家电子研究所为主，三星、现代、LG 等大企业联合研发超大规模集成电路技术。以此为基础，韩国三星、海力士长期占据 DRAM 销售额世界前两位，两家企业市场份额超过 70%。韩国在非内存领域原本只有 5% 左右的市场占有率。近年来，韩国开始有计划地补"非内存"领域短板，制定半导体行业的强链补链总体战略规划。未来 10 年内，韩国将斥资约 4500 亿美元打造"K-半导体战略"，建立集半导体生产、原材料、零部件、尖端设备、设计等于一体的高效产业集群，在 2030 年前构建全球最大规模的半导体产业供应链。韩国三星也计划到 2030 年，成为全球最大的逻辑芯片制造商。

（二）坚持发展芯片代工和接触式图像传感器（CIS）业务

三星代工业务起步于 2005 年左右，三星抓住通信产品迅速发展的东风，实现了技术赶超。目前，三星和台积电是唯一竞逐 5nm 及以下最先进制程的半导体制造企业。SK 海力士紧随其后，其代工子公司"SK 海力士系统 IC"具备 8 英寸晶圆代工能力。2022 年 8 月，海力士完成对 Key Foundry 公司的收购，进一步增强 8 英寸代工能力。在接触式图像传感器（CIS）方面，三星率先推出超 1 亿像素 CIS 和 2 亿像素 CIS。海力士在这一领域已经有超过 10 年的布局，并以培养增长支柱和进入第一阵营为目标，持续提升研发和生产能力。

（三）提升材料和设备的自主化能力

韩国政府积极推进本地相关企业的自研、自产、自销。2019 年日韩贸易摩擦爆发后，日本政府限制氟化氢、光刻胶和氟化聚酰亚胺三种材料对韩出口，造成了韩国在半导体材料领域被"卡脖子"。为摆脱对日依赖，韩国政府一直致力于推进三种材料的本地化生产。三星、海力士、LG 等头部企业在生产过程中引入本地企业生产的氟化氢。同时，基于企业和研究院的联合攻关，韩国电子通信研究院等机构推动实现了显示屏光刻胶的商用化，尽量降低对日依赖。

五　中国台湾强链补链主要做法

（一）把握了世界半导体产业分工细化趋势，首创专业晶圆代工模式

20 世纪 80 年代，以台积电为代表的台湾半导体产业没有盲目追求当时产业通行的设计、制造、封装、终端产品等环节垂直一体化的经营模式，而选择以代工方式切入集成电路产业。彼时美国正在推动产业模块化、标准化分工体系建设，逐渐将半导体生产环节向外转移，台湾适时抓住了这一机会，大力发展晶圆代工，避开与美、日等厂商直接竞争，比较顺利地切入全球集成电路产业链价值链。

（二）企业采取独特的国际化结盟策略

以台积电为例，一是其"散财集权"的分散型股权结构作用独特。尽管外资在台积电持股比例高达 70% 左右，分走了大部分红利，但换来的是台积电经营决策权牢牢掌握在管理层手中，在最大限度避免来自岛内外非经济因素干扰的同时，使企业能优先获得融资及外部先进技术和设备。二是与拥有关键技术、设备的企业进行利益捆绑。台积电直接参与 ASML 最先进设备研发，并成为其大股东之一，借此优先拿到最新设备和技术的使用权，持续在集成电路制程上保持世界领先地位。

六　增强我国半导体产业链竞争力的建议

（一）打造行业大规模企业集团，提升产业集中度

可积极借鉴日本做法，鼓励行业龙头企业兼并重组，形成几个规

模较大的企业集团。产业政策方面，汲取光伏等产业发展初期的教训，避免对个别企业、终端产品进行大范围补贴。可以参考燃料电池汽车产业"以奖代补"的做法，对符合技术标准的企业进行奖励，同时结合国家区域经济战略，鼓励有条件的地区，在企业集团带动下建设产业集群，打破地方保护主义，避免重复建设和资源浪费。

（二）打造中国版的 VLSI 计划

推进中国版 VLSI 计划，一方面可以结束国内半导体研发各自为政的状态，另一方面可以参考美国 SEMATECH 计划的方式，以共同研发为基础，构建符合中国半导体产业特点的技术标准和研发模式，推动构建 28nm 或 14nm 芯片为平台的半导体产业生态体系。

具体而言，一是由相关部门统筹中芯国际、华为海思等产业链上下游龙头企业以及相关科研院所、高校，组成芯片技术联盟，集中优势攻关上下游产业共同面临的"卡脖子"问题。二是上下游企业在芯片技术联盟范围内共享技术标准，为联合研发和技术共享打好基础，依照共同的技术标准，围绕 14nm 芯片构建具有我国特色的产业生态体系。三是发挥大基金的引导作用，让大基金在项目中占较小比例股份，企业联合体占主要股份，引导有实力的企业跟进投资。大基金不要与企业争利，项目达成目标之后，大基金可以适时退出。让企业既可以从中获益，又可以提升技术水平，增强供应链上下游整合程度。

（三）前瞻性布局，谋划第三代半导体芯片

第三代半导体技术以氮化镓、碳化硅等为主要原料，在导热率、抗辐射能力、击穿电场、电子饱和速率等方面优点突出，在半导体照明、新一代移动通信、智能电网、高速轨道交通、新能源汽车等领域有广阔的应用前景。目前，国际高端芯片制造巨头在第三代半导体领域尚未形成专利、标准垄断，产业规模尚未形成。这一时期，我们应加大力度率先布局和发展产业，这将有助于获取先发优势，在高端芯片制造领域实现变道超车。

（四）坚持开放原则，强化全球半导体产业链合作

积极融入国际供应链体系，维持高端芯片产业链供应链稳定与安全。鼓励和支持高端芯片企业参与国际标准制定，加强自主标准体系在国际芯片产业的应用推广，努力培育话语权和反制能力。更好发挥我国大规模市场优势，加强与东亚、欧洲等非美地区合作，支持海外并购，减少美国对我国高端芯片打压影响。加强国家间沟通协调与利益互联，积极发挥《区域全面经济伙伴关系协定》（RCEP）作用，与日韩大企业进行利益绑定，放开一些不必要的限制，给中日韩经贸合作创造良好环境。利用日韩大企业对本国政府的政治影响力拉住日韩政府，避免其一边倒偏向美国。

（世界经济研究部　李浩东）

关于推动建立半导体行业数据平台的建议

党的十九届四中和五中全会、我国"十四五"规划、"十四五"数字经济发展规划都指出，要加快数字化发展，优化升级数字基础设施，充分发挥数据要素作用，强化高质量数据要素供给。但当前我国半导体行业数据在客观性、完整性、准确性、及时性等方面都存在不足，难以为半导体产业发展提供精准指导。亟须构建高质量的行业数据平台，为产业健康安全高效发展提供支撑。

一 我国缺乏科学有效的半导体行业数据

（一）统计数据多依赖国外机构，客观性不够

国内关于全球及我国半导体产业状况的研究分析，大量引用了世界半导体贸易统计协会（WSTS）、国际半导体产业协会（SEMI）、美国半导体产业协会（SIA）、高德纳公司（Gartner）、IC Insights、Yole 等国外机构，特别是美国行业咨询机构的数据。这些国外机构在统计我国半导体行业数据时主要依赖模拟预测，存在源头不清、客观性不够等问题。据我国相关半导体公司反映，WSTS、SEMI 等协会发布的部分统计数据，与我国实际情况相差甚远。

（二）统计数据颗粒度粗，完整性不够

目前我国半导体行业仅有大类统计数据，未能提供细分数据。仅可

反映行业概貌，无法为分析行业优势和短板提供支撑，难以对规划投资形成有效指导。如功率器件是当前发展的重点，但由于其只是分立器件下的小类，并未看到对此类半导体产品出货量、生产厂商等统计信息。同样，微控制单元（MCU）、射频、中央处理器（CPU）以及部分材料、设备、电子设计自动化（EDA）软件的型号和类型等数据也没有纳入统计。

（三）统计数据口径不一，准确性不够

半导体产业链条长，各环节的数据、对象应在统一的标准下进行统计，以保证各个环节的数据能实现有效关联。目前，国内半导体行业数据来源较多，也有部分细分数据统计，但因统计口径不一、统计对象定义混乱，造成不同统计对象之间存在包含、重叠等现象，产值、市场规模、进出口等指标概念还存在模糊不清的问题。例如，在集成电路进出口数据中，晶圆作为半成品和成品芯片混在一起进行统计，很难厘清我国芯片对外需求情况。此外，针对显示驱动、指纹识别等新型芯片，国家标准和分类目录难以及时修订更新，导致统计结果存在很大分歧。

（四）统计数据更新慢，及时性不够

当前，各行各业对半导体的需求与日俱增，半导体产业进入高速发展阶段。半导体供应链具有全球高度分工、高资本密集度、高知识密集度、长制造周期、国际分工复杂和消费黏性强等特点，极易受到外部因素影响，导致供需失衡。要避免出现芯片短缺等问题，必须增强半导体供应链的弹性，排查核心环节，对半导体订单和库存等敏感数据进行实时分析，诊断供应链中的瓶颈，及时调整生产。但我国半导体行业数据更新慢，如中国半导体协会仅有年度统计报告，不能实时动态反映产业链情况，难以为构建具有弹性的供应链提供数据支撑。

二　建设我国半导体行业数据平台需关注的几个问题

我国半导体数据统计的落后制约了产业发展，中国半导体协会等相关部门对改进半导体数据统计进行了积极探索，并在已有工作基础上，参照国外优秀行业咨询机构实践经验，筹备成立中国半导体行业数据平台，以更好收集、应用和运营行业数据。在此过程中，尤需重点注意以下几个问题。

（一）经营模式亟须探索

一方面，我国相关行业数据平台发展缓慢，在运营主体、运营模式、数据权属等方面，还没有较成熟的经验借鉴。部分重要行业数据平台，如半导体、汽车等行业，还没有实现细分领域的数据统计追踪，也未从产业链、零部件等角度进行产业发展监测。另一方面，国外一些行业咨询机构的半导体产业数据统计模式较为成熟，相关经验可以借鉴。例如，以 WSTS、SIA 等为代表的非营利性公益组织和行业协会，在数据平台构建、数据统计、行业发展监测和预测方面发挥了重要作用；IC insight、国际数据公司（IDC）、Gartner、埃信华迈（IHS Markit）等数据公司，提供了更具体和更有特色的数据服务，其企业会员制、数据服务购买等机制，吸引了大量企业参与数据平台建设，并为平台的持续运行提供了造血能力。

（二）数据安全亟待保障

行业数据既包括一般性的行业宏观数据，也包含属于商业机密的企业数据，对安全可靠性要求非常高。而行业协会或第三方机构运行的数据平台一般属于民间数据平台，与具有较强安全敏感性的行业数据存在信任壁垒，安全问题成为制约数据平台发展的重要因素。欧盟于2018 年出台了通用数据保护条例（GDPR），大力推动数据隐私条例的强制执行。相比之下，我国亟须建立和完善用户数据收集、存储、保护和使用，以及数据分类等标准。2021 年 11 月出台的《网络数据安全管理条例（征求意见稿）》目前尚未落地执行，行业数据、隐私数据运维相关定义和管理标准等，仍有待进一步完善。

（三）各方配合难度较大

一方面，我国半导体企业规模庞大，获取企业数据难度大。天眼查数据显示，我国目前半导体企业达 4 万余家，企业体量大，单个企业规模小而散，加之担忧数据安全，企业获取相关数据服务的兴趣不高；第三方数据平台激励企业的手段有限，数据平台获取企业数据的难度也较大。另一方面，海关总署、国家统计局、行业协会等统计数据，在统计标准方面还存在差异，统计口径和统计对象定义不明确，统计渠道不统一、不畅通等问题，亟须各机构合作解决。

三 推动建设我国半导体产业数据平台的建议

（一）借鉴国内外运营模式，支持地方先行先试

美国商务部 2021 年的百日供应链分析报告，采用的就是美国半导体协会的数据。可借鉴国内外先进经验，积极探索行业数据或第三方机构采集、处理和开发利用机制，发挥行业协会在数据采集、管理和运维等方面的经验优势，探索行业协会牵头的第三方数据平台建设模式。鼓励地方政府及相关部门先行先试，在保障数据安全情况下，支持地方半导体协会与企业建立合作关系，对相关数据进行采集、处理，探索数据权属分明、安全保障到位、可持续发展的行业数据平台运营模式，推动我国行业数据要素市场化快速发展。

（二）保障数据安全，引导各方主体积极参与

加快推动国家数据分类分级保护制度落地，尤其是对行业数据密级进行细化定义。加快落实网络数据安全管理具体细则，完善数据开发利用与安全保护相关标准。强化行业数据平台运营主体的责任义务，对重要数据平台要加强监督检查力度。强化国家网信、安全部门对行业数据平台的宏观管理职责，对关键行业数据平台进行定期监测，对规范、合法的数据平台予以认证，强化平台安全可靠性，积极引导各方参与数据平台建设。

（三）统一数据标准，打造行业数据平台标杆

可统筹海关总署、国家统计局和国家网信办等相关部门，对半导体行业数据标准进行明晰确认，统一国内半导体产业链的数据定义、采集渠道、口径标准等。支持行业数据平台完成标准数据对接，补充完善数据平台所需的政府公开数据，推动公共数据安全有序开放。基于数据平台，大力释放公共数据红利，开展要素市场培育试点工程，推动数据质量提升工程，打造我国行业数据平台标杆。

（创新发展研究部　马晓玲　韩燕妮）

推进"区块链 + 双碳"新模式
助力破解碳排放数据造假难题

2020年9月，习近平主席作出碳达峰、碳中和（"双碳"）重大宣示，体现了我国积极应对气候变化、推动构建人类命运共同体的大国担当。对任何经济体来说，"双碳"不仅意味着生产、消费、技术等模式的重塑，还关乎国际治理话语权甚至国运之争。实现"双碳"目标的关键之一，在于能否形成一套客观公正的碳资产核证、定价和交易机制，以及与国际接轨的标准体系。我国是全球最大碳排放国，但碳排放数据的真实性、可信性始终难以解决。一些地方大胆创新，探索运用区块链技术赋能碳交易（"区块链 + 双碳"）、化解碳排放造假难题，获得有关方面认可。建议鼓励支持这一新模式不断发展完善，为"双碳"目标实现和我国在国际碳领域话语权的提升夯实基础。

一　碳排放数据造假是影响碳市场发展的关键症结

建设国内互联国际互通的碳市场意义重大。从国内看，统一碳市场可激发企业减排的内生意识和动力，形成用市场手段解决气候问题的长效机制。特别是对新能源产业来说，通过自愿减排机制从碳市场获得收益，既有利于吸引社会资本进入该领域，也有助于减轻财政压力。

从全球看，建设透明公正的碳市场，有利于在碳排放目标设定、配额初始发放、核算规则和标准体系等方面与国际市场特别是欧盟对接，争取国内碳排放数据认定、价格机制、交易规则等获得国际认可，进而通过市场化、国际化的碳资产交易，对冲欧盟等提出的碳边境调节机制或碳关税。

我国 2011 年开启碳排放权交易试点，2021 年启动全国性碳交易市场，但碳排放数据造假一直屡禁不止。究其根本，在于碳市场的底层架构——碳核证体系的客观、真实、透明、标准化问题未得到解决，造成碳资产信息的可靠性、准确性不足，核证审定过程烦琐、信息管理和监督成本高，以及市场活跃度不足等。

碳数据造假迟滞了国内碳市场建设及绿色金融类政策的落地。有关方面根据我国"双碳"目标测算，如果未来在交易品种和机制上有所突破，并适时开展多层次碳金融业务，国内碳资产交易将达到数万亿元。截至 2021 年底，全国碳市场交易规模仅为 76 亿元，交易标的主要是政府支持的新能源、可再生能源的补贴类和政策支持类项目。碳基金、碳债券、碳抵/质押融资等创新绿色金融产品和服务处于零星发展状态，关键在于底层碳资产模糊不清，无法被采信，金融产品缺乏发行和依托的基础。

碳数据造假严重影响了国际市场对我国碳产品的认可。2010 年，中国数十个风电、水电、化工类清洁发展机制（CDM）项目遭到联合国CDM 执行理事会"特别审查"或"封杀"，理由是"怀疑项目上报的数据"。由于未能建成一套透明公正的核证机制，国际市场对我国碳数据至今仍持较强怀疑态度，直接影响我国在国际碳领域的话语权。因此，丰富完善现有碳交易机制，探索形成一套客观公正的核证体系迫在眉睫。

二 基于区块链技术的核证体系提供了新的有效选择

随着现代信息技术发展，碳数据造假愈发隐蔽和便捷，依靠制度

"补丁"和加强监管难以治本，技术"打假"的必要性愈发凸显。区块链技术具有不可篡改、不可造假、可追溯等属性，配合智能合约，在数据存储核证、资产开发交易等方面具有先天优势。习近平总书记在2019年10月24日中央政治局第18次集体学习会上指出，要重视区块链技术应用，发挥区块链在促进数据共享、优化业务流程、降低运营成本、提升协同效率、建设可信体系等方面的作用。

面对"双碳"时代的压力与机遇，河北省针对本地产业结构偏重、减排压力较大的现实，在省政府支持下，省发改委、环保厅、国资委大胆创新、主动作为，委托河北建设投资集团有限责任公司（"河北建投"）会同中国建设银行河北省分行，利用上海祺鲲信息科技有限公司的技术，探索建设基于区块链技术的碳资产核证及金融交易服务系统，即"区块链＋双碳"模式。该模式的逻辑是：采用区块链技术，实时抓取企业运营过程中的碳排放相关数据，直接采集上链，发挥区块链技术可跟踪、可溯源、不可篡改、交叉验真的特性，构成各方共同认可的数据证据链条；将碳排放核算方法学转化为可自动执行的程序，内嵌于碳核证的全流程，再结合客观数据链条，实现了项目批量化核证，大幅提升核证效率、降低核证成本。通过保障数据客观性和增加信息透明度，使核证过程中的真实性、标准化和公平性得到保障。

截至2022年3月底，系统已搭建完成，并在河北建投下属的3家风电厂和1家火电厂开展试运营。经该系统认证的碳资产数据得到了包括国内碳交易机构（深圳排放权交易所、湖北碳排放权交易中心等）、国际首家数字化碳资产场外交易市场（OTC）交易平台极净星球（Very Clean Planet）以及国际绿证权威机构 I-REC Services B.V. 的认可。该模式得到了包括全球环境、社会和治理（ESG）合规审计机构、碳会计信息披露核实方普华永道、德勤的高度认同，并与河北方面签署了长期合作协议。摩根士丹利、国网英大等国际国内碳资产管理机构高度看好基于此模式的碳金融发展，并积极参与相关交易。2007年凭借联合国气候变化政府间专家委员会（IPCC）气候变化报告获诺贝尔和平奖的丹尼尔·科曼博士，在彭博、路透社等全球财经媒体上表示："该系统平台用技术解决碳资产核证及交易的真实性、及时性、可溯性等关键问题，并基于此完成了全球首例可被技术追溯的I-REC国际绿证跨境交易，是各参与方对于技术核定的碳资产在国际市场进行商业化流通的一种互信和认可。"

另外，中国建设银行河北省分行基于试点火电厂实时形成的碳排放数据，以及电厂实际生产经营产出，预估出未来可获得的配额量，依据配额量数据进行抵押品估值，为该电厂发放了5000万元的国内第一笔基于区块链技术的碳资产绿色贷款。

该模式打破了目前碳资产核证体系中的人为主观因素壁垒，代之以世界认同的区块链技术及数据。其主要价值体现在：一是探索建立了一个可信任、可追溯的碳资产溯源机制，消除了重复计算、虚假数据、人为篡改等问题。二是形成了一套碳资产核证标准，并通过这个标准构建统一的碳交易市场及标准化的、以数据驱动的信息化碳核查体系，推动形成公平公正的交易机制。三是基于该模式的碳资产真实可信可溯源，得到国际市场的认可，有利于国内市场与国际市场的连通，提升我国在国际碳领域的话语权。

三　建议

实现"双碳"目标，解决碳排放数据造假刻不容缓。建议按照积极稳妥的原则，支持河北围绕"区块链+双碳"模式深入探索，经实践检验行之有效后，在更多区域复制推广。

第一，允许基于区块链技术的碳核证及备案监管模式在河北辖区试点运行。建议在政策层面，认可该模式下碳排放核证数据及报告与目前传统人工核证模式并行，作为可以市场化交易的碳减排产品，由中碳登、全国自愿减排登记注册系统完成登记核销等工作。鼓励河北研究出台具体支持政策，组织区内重点行业企业、可再生能源企业加入区块链核证与交易平台，实现碳资产的唯一性和可追溯性。运用该系统对河北省内降碳产品或碳普惠等减排量进行核证和备案监管，开发的减排量可满足省内钢铁、水泥、化工等控排企业的碳中和需求。

第二，支持开发基于区块链技术碳资产的金融供给服务。一方面，鼓励银行业金融机构继续围绕基于区块链技术的碳资产发放绿色贷款；另一方面，试点支持金融机构探索基于该模式的碳资产证券化，即券商类机构发行碳资产的 ABS 等，由银行购买，帮助可再生能源类企业与强制减排类企业完成碳资产融资。鉴于前期国有金融机构已基于该模式下的碳资产开展碳汇资产证券化产品的创新探索，建议开通以区块链技术核证碳汇资产证券化形成绿色债券的试点发行通道，允许上海、深圳两地交易所开展此类产品上架交易。

第三，鼓励基于区块链技术碳核证模式获取更多的国际认可。利用该模式及其核证结果已获国际市场初步认可的优势，建议鼓励河北方面积极与国际机构和市场合作，探讨推进基于该模式的自愿减排产品（CCER）的认可及信任度，推动我国 CCER 产品进入国际市场、参与国际交易，提高我国自愿减排碳市场对国际碳市场的影响力。支持河北增加基于该模式碳减排产品申请获取 I-REC 国际绿证等，对申请国际自愿减排的项目（包括但不限于 CDM、VCS、GS、GCC、I-REC 等项目），不影响其在国内补贴的申报；享受国家补贴的可再生能源企业也可以参与 I-REC 国际绿证交易等。鼓励和支持河北围绕"区块链 + 双碳"模式，探索客观公正的碳资产核证标准体系，以自有技术认证下的 I-REC 国际绿证、VCS 自愿碳减排等国际认可的碳减排交易产品带动国内标准输出，提升我国在全球碳领域标准制定中的话语权。

第四，设立雄安新区碳排放权交易中心。立足中央赋予雄安新区"生态优先、绿色发展"的定位，鉴于河北在碳核证体系建设方面的创新探索，建议设立雄安新区碳排放权交易中心，与"区块链 + 双碳"

模式相呼应，开展利用区块链技术实现碳配额和 CCER 减排量等碳资产的实时监测、自动核证、有序交易。利用雄安新区碳排放权交易中心健全碳汇补偿和交易机制，加快培育碳减排服务业，促进节能服务行业健康高效发展。

（"国内外热点问题研究"课题组

执笔：杨绪珍　刘红灿　崔　璨）

关键核心技术攻关的模式研究

中央全面深化改革委员会第二十七次会议审议通过《关于健全社会主义市场经济条件下关键核心技术攻关新型举国体制的意见》，健全关键核心技术攻关新型举国体制、坚决打赢关键核心技术攻坚战尤为紧迫。探寻关键核心技术攻关的有效模式，首先要对技术的不同特征进行分类，分析不同关键核心技术"卡脖子"原因，根据技术的发展阶段、市场需求特征和商业属性，找准关键核心技术攻关主要切入口，并根据技术商业化应用价值高低和技术集成度，选择不同的技术攻关模式。

一 关键核心技术"卡脖子"的原因分析

整体看，关键核心技术"卡脖子"原因主要包括基础研究薄弱、技术积累不足及对后来者形成的专利生态壁垒。

（一）基础研究薄弱

基于科学研究以及技术前沿的创新为关键核心技术提供基础理论支撑，正成为当前产业界共同需求。如生物医药产业的创新高度依赖基础研究，美国国立卫生研究院（NIH）通过七年时间、投入上千亿美元直接或间接促成了 210 种新药诞生，格列卫伊马替尼（Glee vec Imatinib）等创新药也是基础医药研究持续数十年的研究成果。世界顶尖企业均不断加大基础研究投入以维持竞争优势，相比之下，我国企业基础研究投入比例整体不高，企业基础研究投入占企业全部研发投入的比例只有 0.2%，日本和韩国分别为 7.5% 和 10.6%，美国为 6.5%。

（二）缺乏技术积累

在技术创新过程中，领先企业积累了大量解决实际问题的技能和诀窍，这些缄默知识构成了后来者难以赶超的关键核心技术。我国在很多关键核心技术领域缺乏长期技术积累，导致性能、工艺、精度等方面与高端水平存在差距。如光刻胶的研究开发，需从低聚物结构设计和筛选、合成工艺的确定和优化、活性单体的筛选和控制等多个技术层面进行调整，其中技术诀窍和工艺知识是光刻胶技术的核心。又如，特种钢材最核心的技术攻关在于其所添加的金属元素比例，需要大量的试验和技术积累。

（三）存在专利和商业生态壁垒

专利是保护创新者的重要工具和手段，同时也是阻碍追赶者突破的重要障碍。领先企业为保持市场竞争优势，通常围绕其具备的关键核心技术，设置重重专利保护措施，使后来者很难沿袭现有技术路径模仿和赶超，尤其是在基础性、通用性技术上设置专利壁垒，实现对特定市场的垄断性经营。如高通垄断了 3G 通信标准中的码多分址移动通信技术（CDMA）的全部专利，并通过专利授权使用收取了大额的专利费用。同时，领先者的商业生态对后来者也形成了一定的进入壁垒，在操作系统领域尤为明显。例如，桌面操作系统、手机操作系统的核心竞争力均在于其市场规模和商业生态，微软占全球桌面操作系统市场份额的 75% 左右，安卓和苹果占据全球手机操作系统的 95%。该生态使用户和合作伙伴对操作系统提供商形成高度依赖，我国操作系统企业多次试图突破领先者形成的生态壁垒，但均以失败告终。

二　找准关键核心技术攻关切入口

关键核心技术攻关可依据技术、产品和市场特性的不同，找到技术攻关的切入口。后来者可通过制度设计实现赶超，提升关键核心技术攻关的成功率。

（一）从技术角度看，处于任何时期的技术均存在赶超的机会窗口，但也存在相应壁垒

当技术处于起步阶段时，不同新兴技术竞争激烈，对原有技术积累要求不高，后来者通过快速学习，存在技术赶超的机会。当技术处于成熟阶段时，技术范式基本成形固定，技术演进相对缓慢，后来者可通过引进、消化、吸收、模仿、再创新的方式，实现细分市场切入。当技术处于变革期时，成熟技术的传统范式面临挑战，后来者能够通过范式转变，在另一技术路线上实现赶超。但具备强累进特征的技术变革为后来者增加了不少挑战，如半导体行业遵从摩尔定律，芯片制程从微米级逐渐演化到 5nm、2nm，在已有的范式上迅速迭代，领先者没有停歇，后来者也始终与领先者保持代差，很难实现赶超。

（二）从产品角度看，具备一定公共品属性的产品更容易获得政府支持，迈出发展第一步

承载关键核心技术的产品是否具备公共品属性，决定了其发展早期是否能够获得政府的大力支持。例如，我国高铁、大飞机以及第三代移动通信技术等关键核心技术产品，虽然其终端用户是普通消费者，但相关重要基础设施可得到国企和央企的直接采购。公共品属性最强的关键核心技术产品，如"两弹一星""探月工程"和航母等，通常还具备国防战略价值。从我国关键核心技术攻关经验来看，公共品属性强的技术产品在举全国之力的扶持下，均获得了卓有成效的攻关成果。其他国家的经验也同样证明，政府支持对关键核心技术发展具有重要作用。如美国半导体在发展初期，美国军方一直是晶体管和硅晶体管

的重要客户，其国内军方合同采购推动了美国半导体产业早期快速发展。

（三）从市场角度看，市场需求多样化为技术赶超提供机会窗口

市场是关键核心技术不断发展成熟、迭代试错、建立应用生态的重要场所，而市场特殊需求则帮助后来者从细分市场积累技术和运营经验，进而为开拓更大市场提供可能。如我国盾构机技术整体水平落后，最初由国外企业垄断，但由于其特殊地理和地貌需求，盾构机市场朝着定制化、多样化发展，这一市场特征为我国盾构机企业改进现有技术、满足客户特殊需求、进入细分市场提供了机遇。在智能语音领域，中文市场的独特性无疑为我国智能语音技术发展提供了天然的市场保护。微软、Nuance 等国际科技巨头市场份额大、技术领先优势明显，但科大讯飞以其突出的中文智能语音识别能力，在国内市场迅速形成了领先优势。

三　探索关键核心技术攻关的可能模式

从关键核心技术的发展路径看，一方面，关键核心技术产品的集成度越高，意味着攻关的主体组成更为复杂，整合资源的力度要更大；另一方面，关键核心技术商业转化价值高低决定了组织攻关的成本及市场参与主体的积极性。因此，可依据集成度和商业价值，分为以下四种可能模式。但真正解决关键核心技术"卡脖子"问题，仍需深化我国基础研究，解决内在难题。

（一）高商业价值、低技术集成度的关键核心技术产品要着力以龙头企业为主体，强化技术产品生态建设

此类技术攻关要以龙头企业为主，协同推进以龙头企业为中心的生态建设。坚持市场导向，以更多市场手段激励龙头企业进行关键核心技术攻关，多采用政府合同采购、产业基金支持等市场化方式。同时，支持龙头企业联合上下游和用户形成产业联盟，尤其是在工业软件、

操作系统等领域，要形成围绕该产品的技术和服务生态。大力支持自主技术产品形成产业化应用联盟，如支持自主桌面系统麒麟软件联合其合作伙伴，共同打造操作系统联盟；支持华为鸿蒙操作系统与合作伙伴共同打造覆盖手机、电脑、物联网设备和车机等多种智能终端的物联网生态系统。

（二）高商业价值、高技术集成度的关键核心技术产品要发挥创新联合体作用，以系统带动零件共同发展

此类关键核心技术的系统性、集成性强，商业价值高，既要以市场为攻关主体，也要发挥政府调配资源的能力，可推动建立以企业为中心的创新联合体，强化政产学研深度合作。借鉴我国"大型飞机重大专项"、863"盾构机"专项等成功经验，以大企业制造商为主体，以商品为导向，联动相关零部件、材料等中小企业供应商，以及相关高校、科研院所形成创新联合体。通过对该类型关键核心技术攻关，不仅能够攻克产业共性技术，还能够带动上下游关键技术环节共同发展，实现产业链自主可控。如我国商用大飞机的成功攻克，使我国同时掌握了五大类、20个专业、6000多项民用飞机技术，带动了提供300万到500万个零部件的中小企业供应商发展。

（三）低商业价值、低技术集成度的关键核心技术产品要积极发挥"专精特新"中小企业作用，实现技术攻关"多点开花"

此类技术攻关模式要充分发挥市场机制作用，发挥"专精特新"中小企业运转灵活、专注细分领域的特点，引导企业参与技术攻关。如电子设计自动化（EDA）全球市场规模为110亿美元左右，EDA的领先企业Synopsys、Cadence等均为小而专的技术密集型企业。一方面，要提升"专精特新"中小企业的创新能力，加大对"专精特新"中小企业的财力物力支持，加大研发补贴、合同采购力度，鼓励高校、科研院所对接中小企业技术研发需求，围绕产业共性技术和关键零部件攻关，为"专精特新"中小企业设立研发项目。另一方面，以大企业需求为抓手，带动产业链中小企业参与关键零部件和元器件研究开发。同时，针对"专精特新"中小企业"小而散"的情况，推动组织企业联盟，或鼓励同类企业的兼并收购，壮大"专精特新"中小企业实力。

（四）低商业价值、高技术集成度的关键核心技术产品要强化政府主导作用，加强产学研合作

此类产品的公共品属性强，国家意志是这类大型技术系统赶超的启动器与加速器。要发挥政府在此类技术攻关中的组织协调、监督验收作用，以重大专项、重大工程为依托推动关键核心技术攻关。借鉴我国"两弹一星""探月工程"等成功经验，对涉及国防军事、战略安全的重大项目工程，从国家层面进行系统规划和长远安排，加强关键核心技术攻关统一领导，协同跨领域、跨学科的组织配合，加强产学研合作，进一步推进相关体制机制创新，激发科研人员创新活力。

（创新发展研究部　韩燕妮）

数据资产化助力我国科技创新换道超车

世界正在进入智能时代。数据、算力和算法加速发展，正在改变科学研究的方法，开启以数据为主导的智能化科研。数据由此成为创造力、生产力、竞争力和财富的起点。中国毫无疑问将是数据大国，数据优势是智能时代的核心国家竞争力。让数据有效运作的关键在于数据的资产化，必须把数据从"资源"转变成"资产"，让市场承担起应有的经济功能，推动科技创新，助力中国科技创新换道超车，实现科研创新自主可控，大规模走向世界科研前沿，改变中国经济发展的历史轨迹。

一 从信息时代走向智能时代，数据成为科技创新的出发点

近年来，人工智能加速发展，整个物理世界和经济、社会生活都正在数字化和智慧化。人工智能的三大支柱（数据、算法和算力）都在发生跨越性和结构性的变化。算力在持续提升，云计算、弹性计算技术已经可以组织近乎无限的算力。算法的效率也在大大提升，帮助人工智能从感知走向认知、从关联走向因果，实现蓬勃发展，从根本上拓展了深度学习的能力和领域。深度学习已经能解1200个空间维度以上的难题，正在突破传统理论的维度"诅咒"。世界数据的规模急剧增加。在信息时代，人是信息的使用者和决策者，应用程序先行，数

据由程序运行产生。在智能时代，以数据为载体的信息逐渐转向由机器和人工智能来使用，数据先行产生机器智能化，智能化的系统能处理更多数据，并源源不断地产生更多数据。据国际数据公司（IDC）测算，到2025年全球数据量将达到175泽字节（ZB），是2016年的10倍，其中超过一半（90ZB）来自物联网设备产生的数据，而不是以人为主体的互联网数据。海量数据的挖掘需求又进一步加快机器智能的技术成熟。

这些从根本上改变了传统科学认识和研究的方法。2007年图灵奖得主Jim Gray曾提出人类科学研究有四种演进范式，最早是传统的观察假设的实验范式，以后是推理归纳的理论范式，进而到模拟仿真的计算范式，目前进入以数据为先导的"第四范式"。在数据、算力和算法跳跃发展下，人类开始从传统的假设驱动科研向基于大量数据进行探索总结的科研方法转变。人类有史以来第一次找到和人类认知平行的机器认知，人工智能和人类智能平行发展，扩大了知识的绝对空间，在人类观察和归纳达不到的地方，机器可以发现以前因为认知原因看不到的科技发展空间，数据成为科研创新最根本的出发点。

数据由此和知识成为一体两面，数据流通就是知识流通。在智能时代场景下，解决人类智能问题的核心变为数据问题，数据是打开未来智能社会的钥匙。传统的人类智能是从观察走向科学，从试验走向技术、走向产品。但在智能时代，是从数据开始，用机器去归纳演绎导出结果，在实践上再应用到化学、材料、生物、分子等科学方面，经过人工智能直接变成知识，变成产品。整个生产过程路径缩短，效率提高，更重要的是在这个过程中将产生更多的数据，会迭代优化起点的数据，从数据出发，再回到数据，形成持续自我发展的闭环。智能在不断迭代和反馈的过程中演进提升，这种自主生成的科技创新路径是对传统科研科创的巨大颠覆。

二 数据从资源成为资产，是开启智能社会的钥匙

让数据有效运作的关键在于数据资产化。当数据以公共资源的形态出现时很容易被滥用，产生经济学上的"公地悲剧"。数据具有良好且独特的经济学特征，以及作为虚拟资源的无限性和共享性，可重复使用；固定成本高而复制成本接近为零；是具有有限非竞争性和非排他性的准公共品。

数据资产化的主要挑战包括数据产权模糊、数据隐私安全问题突出、数据定价和估值困难，以及数据开放和流通问题等。明确和稳定数据的权属是数据能否资产化最重要的第一步，国际上和法理上对数据权属都有很大争议。我国在改革开放中创造了一批符合中国实践，也符合市场化经济运行的好经验、好模式。如20世纪80年代的"农村家庭责任承包制"就创造性地分离了土地所有权和经营权，开启了我国轰轰烈烈的、伟大的经济改革大幕。随后几十年间，我国不断完善土地制度，形成了包括所有权、使用权、经营权和分配权等一系列法律法规，推动了土地流通和使用，提高了土地使用效率，促进了经济发展。在对数据的权属上，我们可以采用同样的方法，分离数据的所有权、使用权、经营权和分配权，明确数据共享流通的经济价值。

数据隐私、合规、机密、安全等处理涉及重要的、非传统产品的理念，为数据资产化带来了巨大挑战。数据资产化的第二个挑战是隐私保护。但是随着人工智能的发展和算法效率提升，现有隐私安全计算，如同态加密、安全沙箱计算等已经能在原始数据不交换、不暴露、不输出的情况下授权使用数据，只输出数据的价值和结果，保护了数据隐私。

数据资产化的第三个挑战是数据具有很强的外部依赖性，体现在时效性、应用场景、应用算法和网络效应等方面，这些决定数据的结构、存量和价值。数据的生成性决定了数据本身没有价值，只有在使用的时候才产生价值，数据资产化要解决多方参与者对未来收益流的收入

分配问题，已有基于智能合约架构和经济学共享激励机制来解决数据价值定价和分配的尝试。

我国数据商业化使用走在世界前列，市场上已经出现基于单项解决方案的商业化运营，如技术层面的隐私安全计算、法律层面的权属分离、经济层面的价值和分配评估，以及商业层面的模式研究等。数据问题需要整个社会治理予以解决，当下迫切需要形成数据资产治理框架和机制。总结现有市场经验教训，加强顶层设计，抓紧构建包括法律、监管、平台和运营的安全可信、可交易、有效率的数据资产生态，促进数据规模化流通，打造大规模数据资产市场。

三　中国是数据大国，具有助力科研科创换道超车的优势

目前中国在全球人均流量方面领先经济合作与发展组织（OECD）国家 50%，到 2030 年将是 OECD 国家的 2 倍。中国在全球物联网链接上全球领先，正在源源不断地产生企业级的结构性数据。相比美国，2018 年中国数据量为 2.76ZB，仅为美国的 40%。预计到 2025 年，中国将有 48.6ZB 数据量，约为美国 30.6ZB 的 1.6 倍，成为世界上最大的数据国。

我国经济驱动力正从土地、石油等传统资源和传统基建，走向数据、算法、算力等新资源和新基建，从资源型经济全面转向数字经济。中国也正在走向独立自主的核心科技赶超和前沿科技创新，自主创新的重要性日益凸显。疫情下科技创新也正在成为最重大的全球竞争领域，"双循环"战略下科技创新的独立自主和安全可控也变得日益重要。数据正在成为最关键的基础和生产要素，成为科研赶超的第一推动力。利用我国数据优势，推行以数据为前导的科技创新战略变得更加重要。化数据为资产，以市场化机制推动科研创新换道超车是中国巨大的战略机遇，中国可以也完全可能走在世界前列。

（朱　民）

中小制造企业数字化转型应因企施策、重点突破

中央经济工作会议提出，加快数字化改造，促进传统产业升级。制造业数字化转型是关键。与大企业相比，中小制造企业转型过程中存在"不敢转""不想转""不会转"问题，需找准企业转型痛点难点，因企施策，创新数字化转型路径与模式。

一 我国中小制造企业数字化转型现状

（一）企业数字化转型整体处于初中期

随着新一代信息技术普及应用，特别是疫情以来，线上办公、视频会议、远程协同等应用快速推广，我国制造业数字化转型进入快速发展期。但总体来看，中小制造企业转型进程仍处在初中期水平。按照工业4.0发展路径，企业数字化一般分为"计算机化、连接、可视、透明、预测及自适应"六个阶段。根据德勤公司对200家制造企业调查数据，有19%的企业尚未完成"计算机化"改造，41%停留在"连接"阶段，28%处于"可视"阶段，完成"透明""预测""自适应"阶段的企业占比分别为9%、2%和1%。《中小企业数字化转型分析报告（2020）》对2608家中小制造企业的调研结果显示，有89%的企业仍在初始状态下探索数字化转型路径，8%处于数字化转型践行阶段，仅有3%的企业完成数字化深度应用。

（二）企业核心业务数字化水平较低

制造企业数字化转型包含信息化、网络化和智能化，三者从底层到高层，从简单到复杂，逐步深入企业生产制造核心业务。目前，大多数中小制造企业数字化转型重点在信息化、网络化，核心业务智能化水平较低。综合第四次全国经济普查和亿欧智库调研数据，中小制造企业办公网络平均覆盖率已接近90%，40%以上的企业能够通过条形码、二维码、射频识别技术（RFID）等标识技术采集数据，生产过程信息覆盖比约40%，已具备一定的数字化基础。但关键工序的数字化装备应用比例不到45%，采用企业资源计划（ERP）和客户关系管理（CRM）方案的企业仅占20%，只有23%的企业完成了关键业务系统间的集成，5%的企业能应用大数据分析技术对业务各环节提供决策支持，不足1%的企业能够采用智能化技术支持核心业务发展。

（三）关键软硬件供给受制于人，成本高

目前，我国企业数字化转型所需工业软件、操作系统、关键设备、材料、仪器仪表、零部件等严重依赖进口，企业转型成本相当高。《中国工业软件产业白皮书（2020）》数据显示，我国80%的工业软件来自外资企业，电子设计自动化（EDA）、计算机辅助设计（CAD）、计算机辅助工程（CAE）等研发设计软件国产化率仅为5%，70%以上的运维服务软件需要向外国采购。30%左右的关键材料我国无法自主生产，95%的专用芯片、70%以上的智能终端处理器以及绝大多数存储芯片需要进口。截至2021年，国产高端数控机床系统的市场占有率不足30%，大型工程机械所需30Mpa以上液压件全部进口。高端机床中的精密数控系统、主轴、丝杠、刀具等零部件的更换和升级均依赖从日本、美国、瑞士等国家进口。高端机器人严重依赖进口，减速器、伺服电机、控制器等关键零部件被日本、德国、瑞士等掌控，导致企业购买零部件的成本远高于国外整机价格。

（四）企业自身转型基础和条件差

传统制造业并不基于数字技术部署，大部分中小制造企业受限于资金、人才等，错过了计算机化和互联网发展浪潮，导致企业生产设备等设施联网率和数字化程度偏低，工业软件使用较少，生产作业没有实现可视化，整体上还处在机械化和自动化向数字化过渡阶段。短期内想从自动化到数字化"三级跳"，障碍多、难度大。根据国家工业信息安全发展研究中心发布报告，原材料行业生产设备数字化程度最高，也仅有 50% 左右，机械制造、纺织、轻工等行业的设备数字化率刚突破 30%。多数制造行业的平均设备联网率不足 40%，部分消费品制造企业的内部联网率低于 20%。同时，中小企业设备上云率低，交通设备制造、机械、纺织、石化等行业的设备上云率均在 15% 以下。

二　原因分析

（一）成本收益看不清，企业难拍板

数字化涉及对企业生产、业务、管理、支持体系等进行系统分析、集成与规划，实施信息化、自动化布点和改造，包括单个系统建设、多系统集成和互联互通等，流程复杂、线索多、个性化要求高，单点故障可能引发全局问题。企业要持续投入大量资金和人力，也面临转型失败或收效甚微的风险。青岛某公司投入近 3000 万元进行信息化和自动化改造，试错资金将近 500 万元，智能工厂建造还需更多资金。对于小企业而言，随时可能出现生产制造流程优化、工艺改进、设备更新、生产线更迭，甚至转产转行，大规模数字化投入很可能变成沉没成本。

（二）缺乏合格系统解决方案供应商

数字化浪潮下出现了大量形形色色的系统解决方案和数字化服务商，大幅增加中小企业筛选甄别成本。艾瑞咨询发布的《2021 年中国企业数字化转型路径实践研究报告》指出，有 2/3 的企业认为高额技术投入后的数字化转型效果未能达到预期。企业难以找到合适的供应商，

原因在于：一是绝大多数服务商没有制造业背景，很难提供与企业核心业务深度融合的服务产品；二是制造领域细分行业差别大，企业情况各异，缺少可以照搬的模板，服务商更倾向于提供已有的模块化产品，系统的整体解决方案耗时长、成本高，客户企业也难承受；三是政策支持下，部分重政策、轻服务的供应商以拿补贴为名误导企业，扰乱市场秩序。

（三）人才、数据安全等问题成为重要障碍

一方面，数字化转型需要既懂技术又懂制造的综合型人才，中小企业缺少财力培养或引进这类人才，制约企业转型。e-works 对 600 家制造企业调查的结果显示，53.9% 的企业认为缺少专业人才是阻碍数字化转型的主要因素。2608 家中小制造企业调查数据显示，只有 15% 的企业有能力建立数字化人才培养体系。另一方面，数据安全状况差，监管体系不健全，使企业不敢转型。大数据、云计算快速发展，但与之相关的数据资产确权、数据标准、数据监管、法律体系等工作仍大幅滞后，企业生产制造、经营管理和财务数据易出现泄露或被滥用。根据红杉中国的调查数据，2021 年有 90% 的企业发生过数据泄露事件。

（四）制造与数字化结合的天然瓶颈难以突破

企业生产制造包含研发设计、试验验证、工艺流程、检验检测等一系列严密复杂的环节，是多重技术秘密（Know-How）的集合，是不同场景大量应用、反复试验、常年积累、不断优化形成的一套固有模式，有制造业"黑盒子"之称。制造企业的竞争优势体现在独到的制造工艺和独特的产品性能上。数字化的优势是边际成本为零和规模效应，强调标准化、模块化，更容易解决共性、通用性问题。二者融合存在天然瓶颈，要将整个制造过程进行数字化改造、网络化集成和智能化升级，难度极大。因此，以消费互联网为代表的服务类产业率先实现数字化，制造企业的财务、办公系统等数字化应用多、普及快，即便

是研发设计等生产性服务环节数字化也相对容易，但核心业务智能化耗时费力、效果难保证。

三 对策建议

（一）因企施策推进数字化转型

按照"政府支持＋企业自主＋市场化运作"的思路，把握"宜信则信、宜网则网、宜智则智"原则，引导企业结合实际需要和既有条件，选择适宜路径实施数字化转型，不搞大撒网式的全民数字化。将私有云或局域网部署作为智能化的主战场，采取"重点突破＋优化生态"的模式，有针对性地推动典型行业特定环节的中型企业突破智能化瓶颈，带动供应链上下游企业数字化转型。满足大多数小型企业信息化、网络化需要，构建供需匹配、竞争有序、服务有效的数字化转型生态。政府政策的发力点在于，减轻企业成本压力，为企业转型提供资金支持；降低企业转型风险，帮助企业科学评估现状，制定合理化方案；提供有效供给，维护市场秩序，打击欺诈或寻租行为；提供要素保障，强化人才支撑，优化数据安全环境。

（二）实施中小制造企业智能化示范工程

数字化转型主要有供给推动和需求驱动两大路径，即由服务供给商主导向制造业核心领域不断深化，或由制造企业主导按需部署智能化系统，逐步完成转型。前者适合解决共性问题和非核心业务领域，以市场化推进为主。后者涉及企业智能化关键，需政府给予支持。建议由政府、行业协会等联合，选择代表性行业、智能化水平较高的龙头企业，作为智能化解决方案的供应源。基于该企业的智能化服务商或企业单独成立的服务机构，将企业成熟的智能化系统解决方案分割、提炼、融合，形成可供行业参照的标准化、模块化解决方案包。支持上述服务机构进驻有资金储备、人才资源支持、有意愿、有需要开展智能化转型的中型企业，利用1年左右时间，进行"一对一"贴身服务。对目标企业数字化转型的基础和条件进行细致评估，对照行业解决方案包深度磨合，确定并实施适宜目标企业的数字化改造和智能化转型方案。企业转型费用按"财政支持一点、服务商让利一点、企业承担一点"的原则分摊，目标企业可考虑从高技术企业、科技型中小企业、专精特新"小巨人"企业、制造业单项冠军企业等优质群体中选择。在定点服务过程中，逐步树立一批智能化转型标杆企业，提升解决方案的适用性，降低服务成本，为市场化推广奠定基础。

（三）以"担保+保险+服务"方式推进企业信息化和网络化

加快培育、筛选一批合格的数字化产品和服务供应商，为小型企业提供模块化、易部署、低成本、柔性化的软件和系统解决方案，提高易用性、通用性，能满足企业转型、转行、转移需要。借鉴网络安全保险的运营经验，探索由小型制造企业发起，政策性担保机构或中小企业信用担保资金支持的担保机构帮助企业获取银行贷款，保险公司开发数字化转型保险产品，数字化服务商提供服务的模式，降低企业资金占用压力和转型失败风险。可利用各级中小企业发展专项资金给予支持，发放数字化转型服务券，加强资金使用的闭环管理，考核企业转型效果。

（四）完善支持政策与保障措施

一是加强关键技术与核心部件攻关。实施由大企业牵头的产学研协同攻坚计划，加快实现多轴减速器轴承、传感器、IGBT、高端数控机床、数控操作系统以及关键工业软件等国产化进程。二是切实缓解企业资金压力。加大中央财政资金、国家中小企业发展基金等支持，引导银行提供长期低息贷款，支持保险产品开发。试行"技术准备金制度"，将企业转型资金纳入免税范围。企业转型费用视同研发费用，适用加计扣除政策。三是加强人才支撑。鼓励发展数字化人才外包服务，支持企业与服务机构联合培养综合性、跨行业、跨领域人才，强化政策保障，帮助企业留住人才。四是健全数据安全与监管体系。加快推进数据确权、网络安全、风险识别、防泄露等领域法律体系建设，打击平台企业滥用中小企业数据行为，营造数字化转型良好环境。

（科研信息部　王成仁　赵天然）

数字化背景下我国生活服务业发展的新机遇、问题与建议

2019 年我国人均国内生产总值（GDP）突破 1 万美元，标志着我国继续向高收入国家跃升。伴随居民收入和生活水平迈入新阶段，人工智能、物联网、大数据及云计算等新技术正推动行业变革和业态重塑，给生活服务业发展带来新机遇与挑战。

一 新需求带来新机遇

（一）中高收入群体持续扩大带来新机遇

按照世界银行标准，成年人每天收入在 11~100 美元区间为中等收入群体，也即年收入为 2.8 万~26 万元人民币。根据全国居民五等份（人数各占 20%）收入分组初步估算，2020 年我国中等及以上收入群体约为 5.6 亿人。庞大的中高收入人口规模意味着消费者需求和选择将发生结构性变化，消费升级更多地与服务业相关。2021 年前三季度，我国服务业增加值占国内生产总值比重为 54.8%，对经济增长的贡献率为 54.2%，拉动国内生产总值增长 5.3 个百分点。近些年，服务消费占居民消费支出比重逐年提高，已达 50% 左右。"十四五"期间，我国经济服务化特征将更加明显，服务业主导地位进一步巩固，我国将迈入服务经济稳定发展时代。

（二）家庭小规模化与类型多样化催生新机遇

全国人口普查数据显示，家庭户人口规模从 2000 年的 3.44 人 / 户减少到 2020 年的 2.62 人 / 户。空巢家庭、独居家庭增多，折射出我国家庭小型化的趋势，低生育率、寿命延长、人口流动等也导致家庭户规模缩小。随着现代化、城镇化进程加速，年轻职业流动性增加，家庭成员间空间距离变大，年轻人更可能离开父母独立居住；经济发展和住房制度改革使人们有能力、有可能拥有多套住房，实现代际分居，一人户、"空巢"家庭、"纯老户"、"流动家庭"和"留守家庭"数量与比例增加，家庭类型呈现更加多样化。家庭小规模化与类型多样化使家庭功能社会化日趋明显，满足老年人日常生活和医疗保健等需求，以及减轻青年人群子女入托、家务劳动等压力的生活服务需求也将日趋增长，社交媒体、家庭送餐、小包装食品、单独用餐和旅行、新型住宿等生活服务将迎来新发展机遇。

（三）以老年人为服务对象的生活服务业迎来发展机遇

据国家统计局分析，预计到 2022 年左右，中国 65 岁以上人口将占到总人口的 14%，以老年人为服务对象的生活服务业将迎来发展机遇。在各年龄阶段人群中，中老年群体生活服务数字化消费增速最快，折射出人口老龄化带来的新需求。美团数据显示，2020 中秋假期间，60 岁以上用户同比增长 130.46%，外卖订单同比增长 133.33%。同时，越来越多助老订单涌现，订单数同比增长 15.1%，其中为老人送生活用品、送饭送药、提供日常服务等需求猛增，教老人使用智能设备的跑腿订单增长 121.43%。美团外卖平台的小吃消费中，40 岁及以上消费人群的客单价增长幅度大。

（四）数字技术的普及拓展了生活服务增长空间

我国互联网、大数据、人工智能等数字技术发展及基础设施不断完善，推动服务业线下场景线上化和服务业数字化转型进程加快。截至2021 年 6 月，我国网民总体规模增长至 10.11 亿，成为全球最大数字社会。其中，网络购物用户规模达 8.12 亿，占网民整体的 80.3%；网络支付用户规模达 8.72 亿，占网民整体的 86.3%。数字赋能催生新生活服务，推动新经济、新业态、新模式不断出现，消费者需求被不同程度整合的数字生态系统聚合与满足。外卖下单、直播购物、速达快递、共享出行、线上酒店、线上旅游、在线教育、无人驾驶等行业快速崛起。同时，监管和消费者行为发生变化，新的消费类别出现，使低收入人群能够获得并负担得起想要的商品和服务，消费曲线变得更加平坦。低收入人群能更容易地进入游戏、数字音乐、在线医疗等消费行列。截至 2021 年 6 月，中国网约车用户规模达 3.97 亿，较 2020 年 12 月增长 3172 万，网民使用率达到 39.3%。中国在线医疗用户规模达 2.39 亿，较 2020 年 12 月增长 2453 万，网民使用率达到 23.7%。未来数字化新生活服务还有巨大发展空间。

二　数字化背景下生活服务供给面临的主要问题

为顺应消费趋势变化，补齐新型消费短板，以新业态新模式为引领加快新型消费发展，我国出台了《加快培育新型消费实施方案》《关于推动生活性服务业补短板上水平提高人民生活品质的若干意见》等一系列政策文件，为生活性服务业高质量发展奠定了重要政策基础，但生活服务供给跟不上需求趋势变化仍然是制约生活性服务高质量发展的主要因素。

（一）要素供给不足与成本上升

生活服务业要求资金周转快，且多为劳动密集型产业，企业普遍存在资金流不足、贷款难等问题。同时，厨师、美容美发师、服务员等"招工难"，家政服务、健康管理、养老照护、母婴照护等一线高素质技术技能人才严重匮乏等问题长期存在。即便市场紧缺、行业利好，但职业类院校反映，这些行业普遍存在"招生难"。长远来看，生活性服务业还将面临更大的人才缺口，劳动力成本大幅上升也是未来生活性服务业面临的重要挑战。此外，餐饮企业原材料成本占主营业务成本比重较大，原材料价格波动大对餐饮企业盈利造成了较大影响。线下成本居高不下，线上成本不断攀升，也成为制约生活服务业转型发展的突出问题。还有一些企业中，50岁以上高年龄就业群体占比高，智能手机利用率不高，线上转型难。要素供给不足、成本上升导致企业难以形成独特的竞争优势、可持续创新能力和核心竞争力，也造成生活服务供给不能满足服务需求高端化的需要。

（二）生活服务与服务数字化发展不均衡

从区域来看，我国服务业主要集中在人口密集的京津冀、长三角等大城市和城市群，2019年，京津冀、长三角服务业营收占全国比重分别为18.9%和30.7%，广东省服务业营收占全国比重为12.7%，人口不断聚集的成渝两省该占比从2010年的2.7%上升到2019年的6.0%。以2019年外卖用户为例，一、二线城市用户月均订单量均高于三、四线城市，线上体检产品消费者近80%集中于一、二线城市。农村人口密度相对小于城市，服务供给规模效益小，生活服务供给更是存在较大城乡差距。同时，生活性服务供给与消费仍然存在不平衡问题。2019年1~11月，生活性服务业增加值增速明显高于同期整体服务业增加值年均增速，但不同类别的生活性服务业增加值增速分化明显，也说明了我国生活性服务业供给与需求不平衡，供给结构尚不能很好地适应需求结构变化。

（三）精准支持生活性服务业及其数字化发展的政策亟须加强

近年来，我国出台了一系列以新业态新模式为引领促进生活性服务业发展的相关政策，但各政策分散在不同的细分行业，精准鼓励和支持生活性服务业发展的政策少，多为分散在各类文件中的某个支持条款，政策之间缺乏持续性和协调性。同时，一些政策没有得到很好的贯彻落实。以2020年疫情期间对生活性服务业企业的纾困解难政策为例，部分企业反映，相比于直接的扶持政策，更加期待公正、有效、健全的营商环境。不少企业正由此前更加期待税收、社保等普惠性政策，转向更具行业特色的资金链稳定、用工等政策。

（四）市场竞争更为激烈

2021 年 1~11 月，我国服务业实际使用外资同比增长 17%，占全国实际使用外资的 79%。欧美等发达国家的生活性服务业发展远早于国内，多数企业对该行业研究更为深入，并已积累更为成熟的管理经验，有更为充沛的资金支持，具有品牌优势。我国服务业领域扩大开放，将迎来更多国际生活性服务业的竞争者和合作者，这对国内企业将是一个重要挑战。

三 主要建议

积极应对挑战，坚持战略和现实相结合，不断深化供给侧结构性改革，推动生活服务供给不断适应新需求变化。

（一）进一步优化营商环境

持续深化"放管服"改革，消除各类障碍，为多种形式创业和灵活就业松绑，支持发展共享用工、就业保障平台，为灵活就业者提供就业和社保线上服务。创新融资担保模式，对优质项目免除反担保要求，缓解中小微企业和个体工商户融资难，盘活应收账款，推动全产业链金融服务，保证资金链稳定。引导市场主体，加大人力资本投入，加强从业人员培训，提高从业人员专业素质和技能。

（二）着力推进生活服务数字化转型

顺应生活服务向精细化、专业化、个性化和便利化转变要求，加快5G 网络、数据中心等新型基础设施建设进度，推进城乡生活服务及数字基础设施建设升级与提速。积极引导企业利用数字化运营工具，降低经营成本，提升服务水平，加大数字化生活服务平台投入，积极推动服务线上化、电商本地化，以远近、上下、软硬、虚实等多维立体化融合，创造全渠道、全场景的消费者触达，推动传统生活服务企业数字化转型，提升企业抗风险能力，拓展企业生存发展空间。

（三）加强政策研究，精准支持生活性服务业发展

积极推动《加快培育新型消费实施方案》《关于推动生活服务业补短板上水平提高生活品质的若干意见》等政策性文件落实到位。出台精准支持生活服务业数字化转型的政策性文件，支持互联网企业加大技术研发，创建更多有价值的数字化生活服务平台。在风险可控的前提下，增强政策供给的及时性和有效性，支持"互联网＋生活服务业"健康稳定发展。要同步完善生活服务数字化相关法律法规体系，创新监管方式和手段，构建与生活服务数字化相适应的监管体系。健全行业法规，建立信用、标准、风险等监管新机制，引导市场形成稳定预期。优化市场监管组织架构，有效整合相关监管资源，统一线上线下监管标准，形成适应建设高标准市场体系要求的监管组织体系，完善监管职能，补齐监管力量"短板"，形成多部门协同监管合力。

（四）打造有竞争力的生活服务企业

面向未来更为激烈的市场竞争，企业更应利用好国内超大规模市场优势，把握中高收入群体数量增长、人口老龄化、"00后"消费个性化、人口城镇化等趋势，抓住生活服务高质量需求增长及数字技术普及等重大机遇，以客户为中心，坚持创造价值的商业本源，以建立供应链效率和需求管理流程相结合的跨企业组织为目标，加大技术研发投入，积极提升有形和无形资产整合能力，深挖增值服务，建设有核心竞争力的优质企业。抓住企业"走出去"机遇，构建全球服务数字网络体系，提升综合服务能力，打造具有全球竞争力的优秀企业。

（"数字化背景下我国生活服务业发展趋势和'十四五'时期的

重点任务"课题组

执笔：李　娣）

构建新型能源体系

以绿色氢能助力新型能源体系建设

党的二十大报告提出，要积极稳妥推进碳达峰碳中和，加快规划建设新型能源体系。2022 年 3 月，我国发布《氢能产业发展中长期规划（2021~2035 年）》，向国内外释放了支持氢能绿色低碳发展的强烈信号。可以说，中国氢能规划的初心使命就是推动我国可再生能源规模化高效利用、助力"双碳"目标实现，完全符合二十大报告精神。立足风光大基地建设，积极支持绿色氢能耦合相关产业，可为促进新能源大规模就地消纳、规划建设新型能源体系和带动大基地经济发展提供新思路和新方案。

一 新型能源体系应氢电融合、多能互补

"新型能源体系"要求在着眼"双碳"目标、深入推进能源革命、构建现代能源体系的进程中，能源生产和消费要有新路径。新型能源体系建设应以"双碳"为牵引，主要以沙漠、戈壁、荒漠地区等大型新能源基地为基础，探索形成最大化消纳可再生能源的、新型的能源供给消纳体系。新型能源体系可理解为"新型电力系统"的"升级版"，但这种新体系，不应只是电力系统，而应是氢电融合的多能互补新体系；不仅要部署大基地的新能源集中外送，也要考虑如何就地消纳。

新型能源体系要突出四个融合。一是化石能源与新能源融合。推动化石能源和新能源的优化组合，在"先立后破"的基础上，循序渐进推动化石能源减量替代和减碳降碳。发挥煤电对新能源电力的支撑性和调节性作用。二是一次能源与二次能源融合。通过"氢—电"耦合等方式，实现煤油气、电热氢等灵活转换、多元互补的现代能源供应体系。三是集中式和分布式融合。将大基地电力集中外送和分布式利用、就地消纳结合起来，最大化利用新能源。四是"源网荷储"融合。以配电网为主战场深化电力体制改革，发展源网荷储一体化的配电网络，实现虚拟电厂、智慧能源、综合能源、分布式电源等多元融合发展格局，促进新能源就地消纳。

新型能源体系应具备五个特征。第一，能源结构以绿色低碳能源为主。第二，终端能源消费以电为主、氢电融合。随着电动车、分布式电源、储能等的不断发展，电力市场的不稳定电源越来越多。氢能可以把风、光等不稳定电源通过储能的形式转变为稳定、优质的电源，所以新型能源体系一定是氢电融合的多能互补的新体系。第三，运行安全灵活可靠，运用数字化、智能化电网技术，夯实集中式输电网络安全基础，大力发展智慧化分布式能源，提高电力系统灵活性和可靠性。第四，科技创新引领发展。第五，市场体系完备有效，深入推进电力市场、绿电绿证市场、碳排放市场协同联动，保障煤电角色转换后有合理收益，最大化兑现新能源绿色价值。

氢能在新型能源体系建设中可发挥独特作用。利用大基地绿电制绿氢，可以在新型能源体系中发挥多重作用。作为清洁优质二次能源，在交通领域减少汽柴油消费；作为高品质热源，在工业领域减少煤炭、天然气等化石能源消费；作为大规模、长周期、跨季节储能方式，可以提高电力系统灵活调节能力，促进大基地新能源电力集中外送；作为清洁化工原料和还原剂，以"风光氢储"一体化、"绿电—绿氢—绿氨（绿色甲醇）"一体化等方式，与当地工业、农业相耦合，既能促进大基地化工等相关产业绿色低碳转型，又能带动大基地经济发展，还能为新能源就地消纳提供解决方案。

二 氢能绿色发展面临的痛点

目前，氢能绿色发展还面临诸多痛点，贯穿于制、储、输、用全产业链。

痛点一：制氢——"灰"氢如何变"绿"。全球氢气制造仍以化石能源制氢为主。根据国际能源署（IEA）的数据，2021年全球氢气产量达到9400万吨，与此相关的二氧化碳排放超过9亿吨，"绿氢"占比只有0.4‰。我国是世界最大的制氢国，可再生能源制氢不到1‰。由于碳捕捉与封存（CCS）技术尚不成熟且成本偏高，近期无法与大规模煤制氢形成有效匹配，难以满足"双碳"要求。大规模低成本绿氢技术路线尚存在技术难题。碱性电解水（ALK）制氢缺少规模化应用，难以适应风光电力的间歇性和波动性；质子交换膜（PEM）制氢成本高、关键技术和核心部件受制于人；阴离子交换膜（AEM）、固体氧化物电解水（SOEC）、光解水制氢、热化学循环水解制氢技术还处于基础研发或试点示范阶段。

痛点二：储氢——任重道远。氢能是实现长周期、季节性储能的重要选择，可带动可再生能源规模化发展，也是我国氢能发展的重要目标。但从国际上看，大规模跨季节储能应用的技术、成本、商业模式问题尚未解决，国外大型地质储氢项目多处在实验探索阶段，我国基本没有布局。实现规模化和产业化的氢储能仍然任重道远。

痛点三：输氢——运输不通、供需不接。绿氢生产和消费空间错配。风光大基地是未来绿氢的主要产地，集中于三北地区，但作为氢气消费大户的工业园区主要分布在东部和环渤海，大型钢厂则主要分布在我国东部，特别是沿海地区，客观上要求储运衔接供需。由于液化储运核心专利大多在国外，固态储氢材料大多仍处于研发阶段，高压气态储氢仍是最常见的储氢方式。我国气态储氢基础材料、生产工艺、加氢设备关键器件等大多仍需进口，且经济运距仅在 200 公里以内，因此输氢成本在氢气终端售价中的比重高达 40%~50%，成为氢能规模化发展的掣肘。

痛点四：用氢——工业领域巨大脱碳潜力尚待释放。我国氢能发展以交通领域作为先导，为中国氢能发展起到了思想洗礼、观念革命的作用，也奠定了很好的产业基础，但氢能源≠氢燃料电池≠氢燃料电池车。我国 80% 碳排放来自工业，而超过 80% 的氢气消费也在工业，工业领域是氢能脱碳的最大潜力所在。国内外关于氢能需求量的预测均表明，未来氢能消费量最大的依然是工业领域。

痛点五：成本高难以规模化应用。电解水制氢成本为化石能源制氢的 2~3 倍，可再生能源制氢成本差距更大。绿氢项目立项多但实际落地运行的还较少。全国多个省份规划布局风光氢一体化项目，项目数量合计将近 190 项，大部分为在建及规划项目，其中建成运营的仅十几项。

三 加快氢能绿色发展的几点建议

（一）当务之急建标准

需加强对"绿氢"标准的研究制定。结合我国"双碳"工作及氢能发展实际，明确"绿氢"行业或国家标准，这是产业发展的重要基础，也是制定相关政策的科学依据。同时，我们也需要积极参与国际标准的制定。

（二）优化组合"绿"氢源

以"绿氢"为导向，鼓励新能源大基地优先发展制氢产业；鼓励化石能源和新能源优化组合，通过"绿电—绿氢"，在化工、冶金等领域逐步实现绿氢对灰氢的减量替代。

（三）多管齐下通储运

支持开展高压气态、有机液态、液氢、管道等多种输氢路线的技术示范，破解产业堵点，解决供需不匹配问题。针对新能源大基地，近期鼓励就近消纳，优先发展制氢产业，减少氢能长距离运输，探索风光氢储用一体化。中远期考虑长距离外送，研究探索"西氢东送""北氢南送"的可行性。当前可开展点对点纯氢管道、短距离天然气掺氢管道示范，适时选择钢级较低、压力不高的长输管道开展试验论证工作。

（四）规模应用在工业

出台相关扶持政策，促进以绿氢在工业领域的规模化应用实现工业领域深脱碳。工业领域的规模化应用，将带动大功率绿氢制备技术及装备、管道输送及大规模储氢技术发展。

（五）千方百计降成本

一是技术创新降成本。聚焦短板弱项，适度超前部署一批氢能项目，持续加强基础研究、关键技术和颠覆性技术创新，建立协同高效的创新体系。二是模式创新降成本。在大基地探索风光氢储用一体化生产模式，降低氢能供给成本。分布式可再生能源或谷电制氢的制—储—加一体化站内制氢模式，推动氢能分布式生产和就近利用。三是深化改革降成本。深化电力体制改革，鼓励风光等可再生能源离网发电制氢，落实"隔墙售电"政策。对可再生能源制氢项目给予电价补贴，鼓励氢储能作为独立市场主体参与电力市场交易，获得价值补偿。打通氢市场、碳市场、电力市场，研究将氢能应用减排量开发为国家核证自愿减排量（CCER），支持氢能项目的碳减排量参与碳市场交易，通过市场交易使氢能绿色环保价值得到应有体现。

（六）综合施策推示范

针对产业发展痛点难点，以示范带动技术提升和成本下降。通过示范不断积累经验，形成可复制、可推广的经验。具体示范类型可分为两类，一类可以氢能应用为牵引的综合示范，基于工业、交通等不同应用场景的减碳需求，发挥氢能作为用能终端低碳转型载体的作用；

另一类可就产业链关键薄弱环节、技术难点问题开展专项示范，如可再生能源制氢、储氢和发电调峰一体化技术示范，开展大型储罐、盐穴储氢等规模化储氢技术示范等。

总体而言，氢能脱碳的最大"战场"在工业领域，产业政策应关注氢能在工业领域的应用。工业领域的规模化应用，将带动大功率绿氢制备技术及装备、管道输送及大规模储氢技术发展，政策应该予以支持。氢能是新型能源体系不可或缺的部分，氢能参与新型能源体系规划建设还可为大基地新能源就地消纳提供新方案，为大基地经济发展开辟新空间。

（科研信息部　景春梅）

推进煤炭清洁高效利用

——关于将吐哈地区高含油煤田转变为"油田""气田"的建议

愈演愈烈的俄乌冲突再次警示我们强化能源安全保障的重要性。2021 年下半年以来，我国曾一度面临煤炭、电力供应短缺，党中央、国务院多次强调，要立足能源禀赋以煤为主的基本国情，坚持先立后破，深刻认识煤炭清洁高效利用是实现碳达峰碳中和的重要途径，统筹做好煤炭清洁高效利用这篇大文章。2022 年两会期间，习近平总书记参加内蒙古代表团审议时指出，"不能把手里吃饭的家伙先扔了"，进一步强调了煤炭作为主体能源的重要性。

在我国探明的煤炭储量中，低阶煤始终占到 50% 以上。低阶煤中蕴藏着丰富的油、气和化学品资源，我国已探明的煤炭资源中富含油气的低阶煤就有 8000 亿吨。若把这部分富油煤的油气提取出来，将对推动我国煤炭清洁高效利用，保障油气安全具有重大的现实意义。新疆吐哈地区（吐鲁番、哈密）已探明富含油气的富油煤可采储量达 1100 亿吨。若全部采用低温热解提取油气分质利用，可在保留近 700 亿吨高热值清洁煤的基础上，再增加 110 亿吨可用油、7 万亿立方米可用天然气，这是目前我国石油探明储量的 3 倍、天然气探明储量的 83%，将有效改观我国油气对外依存度高的能源格局，资源价值、经济效益、环境减排综合效益可期。

一 吐哈地区富油煤炭资源开发利用将对保障我国油气供给发挥重要作用

中国煤炭地质总局发布的第三次全国煤田最新数据显示，我国垂深2000米以浅的低阶煤预测资源量26118.16亿吨，主要分布于陕西、内蒙古、新疆等西部地区，占全国煤炭资源总预测储量的57.38%。2019年我国低阶煤产量已占到全国煤炭总产量的55%以上，随着煤炭主产区西移，"十四五"期间低阶煤产量将越来越大。如何用好低阶煤，关系到我国煤炭清洁高效利用的全局。

新疆吐哈地区煤炭资源储量大，其中仅哈密地区预测资源储量就达5700亿吨，居全疆第一位。在东中部地区煤炭资源已基本查明并成熟开发的背景下，新疆吐哈地区将成为西部煤炭资源开发的热点和重点。从煤质上来看，吐哈地区的煤质具有高挥发分（40%以上）、高含油率（含油率6%~20%）、低硫、低灰的显著特点。高含油率是吐哈地区煤质区别于内蒙古、山西等主要煤炭产区煤质的主要特征，其中含油率8%以上的富油煤达1100亿吨。

储量大和高含油气率，使吐哈煤田资源呈现"吐哈煤田＝煤田＋油田＋气田"的可喜状况。鉴于我国油气的高水平对外依存度和日益复杂的国际能源地缘政治因素，应从战略高度超前谋划，充分考虑吐哈地区1100亿吨富油煤的开发利用，为提高我国油气资源自给率、推动绿色低碳发展发挥重要作用。

二 低温热解分质利用是吐哈富油煤提取油气的最优技术路径

吐哈地区富油煤提取油气的可选技术路径主要有煤制油技术（含直接液化和间接液化），煤制气技术，煤的中、低温热解分质利用技术等五种，上述技术均已成熟并投入工业化应用。在"双碳"目标下，吐哈煤炭提取油气的技术路径选择，必须锚定国家能源安全战略需要、立足于煤质自身特点、综合考虑不同技术的产出效益和对生态环境的影响。

煤制油技术在保障能源安全方面具有重要战略意义，但对于吐哈煤炭来讲并不是最优方式。一是能源转化效率低，煤直接液化的能源转化效率仅为 55%~58%，煤间接液化的能源转化效率仅为 40%~44%；二是耗水量较大，煤直接制油吨油耗水 5 吨以上，煤间接制油吨油耗水 8 吨以上，存在加重当地水资源负担的现实风险；三是成本高，吨油品成本为 3800 元左右，油价较低时经济上的可持续性将面临挑战，已投产的煤制油项目长年处于亏损状态；四是能耗高、排碳量大，煤制油技术是煤的化学变化，打破了原有的分子结构，造成其能耗高、排碳量大，以煤间接液化技术为例，万元国内生产总值（GDP）能耗为 4.19 吨标煤，万元工业增加值能耗为 6.61 吨标煤，吨油品二氧化碳排放量为 10.39 吨。

煤制气技术对煤种要求不算高，原料适应性较好。但能源转化效率仅为 42%~56%，水耗高达 6.9 吨/千方气，工业增加值能耗高达 8.37 吨标煤/万元，管网建设、气体输送面临较大困难。大唐集团在内蒙古克旗投产的煤制气项目长年陷入亏损境地。

与其他煤炭清洁高效利用方式不同，煤炭分级分质梯级利用属于源头控制，其热解过程主要属于物理变化，经过工艺比较简单的中低温干馏热解，可得到低成本的清洁煤、煤气和焦油产物。相比中温热解（650℃~850℃，即兰炭工艺），低温热解（350℃~600℃）原料适应性强，具有煤焦油产率高、煤气成分好、热值高、经济、环境效益好的显著优势。把低温热解技术与高效燃煤发电技术相耦合，将煤炭分级分质转化为油、气、电，能够实现煤炭清洁高效利用，可大幅减少燃煤污染，比现有煤炭应用技术节能 10% 以上。因此低温热解已被公认为煤炭最合理的利用途径和清洁高效利用的方向。低温热解能源转化率可高达 93.20%，吨油水耗仅为 2 吨，二氧化碳排放量仅为 1.9 吨/吨油（气），工业增加值能耗为 0.98 吨标煤 / 万元，GDP 能耗仅为 0.67 吨标煤 / 万元，可实现利润 200 元 / 吨、税收 100 元 / 吨。除此之外，低温热解的单条线生产能力大，而且已投入大规模工业化应用。在陕西榆林、河北唐山，已建成 60 万吨 / 年、500 万吨 / 年工业化应用项目。其中，河北唐山曹妃甸建设的 500 万吨 / 年低阶煤低温热解分质利用项目已连续稳定运行 8 年。

三　吐哈地区富油煤低温热解分质利用的预期效益

吐哈地区 1100 亿吨富油煤，通过低温热解分质利用后，预计可产生如下综合效益。

增加油气供应。提供 110 亿吨可用油、7 万亿立方米可用天然气的增量，可大大缓解我国油气供应高度依赖进口的状况，使我国油气供应格局出现新的重大变化。此外，煤炭中提取出的煤焦油，具有凝点低的天然特性，适宜制成特种油品，对高寒极端低温地区军事装备的正常运转具有重要的军事和国防意义。

增加清洁煤电供应。可得到近 700 亿吨清洁煤，清洁煤相比原煤，水分脱除、挥发分降低、热值提高，作为燃料燃烧效率更高，是优质的民用、供暖用清洁燃料；低温热解产出的清洁煤与中温热解产出的半焦相比，又有可磨性好的优势，适宜于燃煤电厂作为发电配煤原料。

环保效益显著。我国烟尘排放量的 70%、二氧化硫排放量的 85%、氮氧化物排放量的 60%、二氧化碳排放量的 85%，都来自劣质煤直接燃烧。低温热解技术产出的清洁煤相较原煤，硫、氮等有害元素脱除，1100 亿吨原煤低温热解后完全用于燃烧，累计可减少排放二氧化碳 275 亿吨、二氧化硫 3.17 亿吨、氢氧化物 9570 万吨、粉尘 4.5 亿吨，大大减轻环境污染。

经济效益可观。1100 亿吨富油煤如果按原煤售出，产值仅为 40 万亿元；低温热解以后，可产出的清洁煤、可用油、可用天然气，产值

合计可达 142.5 万亿元。2020 年，新疆工业增加值能耗为 5.42 吨标煤 /
万元、GDP 能耗为 1.51 吨标煤 / 万元；哈密市工业增加值能耗为 4.26 吨
标煤 / 万元、GDP 能耗 2.06 吨标煤 / 万元，若使用低温热解技术，可大
大提升新疆、哈密市工业增加值，降低万元 GDP 能耗水平，带来巨大
的经济效益。

四　加快吐哈地区富油煤开发利用的建议

吐哈富油煤炭资源，是我国立足国内保障油气供应安全的重要战略
资产，应按照中央推进"双碳"工作的总体要求，从国家战略层面对
其开发利用进行科学规划、前瞻布局，使吐哈地区煤炭资源为保障我
国能源安全、实现"双碳"目标发挥最佳效能。

一是加强顶层设计。站在保障国家油气自给的战略高度，充分挖掘
吐哈煤炭"煤田 + 油田 + 气田"的巨大资源潜力，坚决摒弃将其作为
一般煤炭简单"采、运、烧"的粗放利用方式，将吐哈富油煤资源作
为国家油气倍增的突破口，科学用好、管好、保护好吐哈富油煤这一
宝贵资源。加强对吐哈富油煤资源勘查、开发、利用的统筹规划，合
理安排富油煤资源的开发节奏，在开发中保护，在保护中开发。建议
对已开发投产的富油煤矿，逐步实现先经低温热解提取出油气后再允
许外运使用；对暂无采矿权的富油煤资源进行储备和保护，与国家能
源安全战略和矿产资源开发规划梯次衔接，推动富油煤资源的保护与
合理利用。

二是矿权精准优化配置。以分级分质利用的理念，选取先进低温热
解技术将吐哈地区单一煤炭资源转化为"煤、电、油、气"复合能源。
建立吐哈地区富油煤资源清洁高效开发的统筹机制，对富油煤矿的招
拍挂设置前置条件，先把煤中的油气提取出来，再允许剩下的煤做燃
料和原料使用，确保富油煤资源的精准配置、优质优用，达到优质资
源与先进技术、示范项目的系统耦合。对已配置矿权的煤田，可依法

依规进行优化调整，减少单一开采行为，提高资源利用效率。

三是政策定向扶持。重点支持既掌握先进低温热解技术，又有在疆投资意愿的企业，政策定向扶持企业、企业全力推动项目，将吐哈地区打造成为保障国家油气安全的重要能源基地。

（科研信息部　景春梅）

促进煤电与风光电融合发展的政策建议

——以晋蒙陕新煤炭资源富集地区为例

晋蒙陕新是我国主要煤炭产地，煤电装机规模大，且风光资源丰富。在推进实现"双碳"目标背景下，煤炭资源富集地区应抓紧谋划煤电与风光电力融合发展路径，加快能源结构转型步伐，稳步实现煤电由"主力电源"向"主力电源与服务电源并重"转变，有效平抑新能源电力间歇性和波动性，探索实现高比例、大规模消纳新能源，构建新型电力系统的新模式和新路径。

一 晋蒙陕新具备煤电与风光电融合发展良好条件

（一）晋蒙陕新是我国主要电力输出地

截至 2021 年，我国电力总装机容量达到 23.77 亿千瓦，四省区 6000 千瓦及以上电厂发电设备容量合计占全国的 19.36%。2021 年，我国发电量达到 8.38 万亿千瓦时，1/5 的电量来自四省区。同时，全国跨区送电特征明显，四省区贡献突出。2021 年，我国各省区市输入、输出电量分别达到 1.43 万亿千瓦时和 1.35 万亿千瓦时。晋蒙陕新四省区输入电量为 658.6 亿千瓦时，占全国的 4.6%；四省区输出电量达到 5132.6 亿千瓦时，占全国的 38.1%。2022 年 1~6 月，四省区外送电量占全国比重进一步提高到 43.3%。

（二）晋蒙陕新火电平稳增长，是新增火电重要布局地

截至 2022 年 7 月，全国火电装机总规模达到 13.09 亿千瓦，其中煤电装机约 11.1 亿千瓦，占火电装机总量的 84.8%；燃气发电装机约 1.12 亿千瓦，占比 8.6%。四省区火电装机占全国比重逐年上升，2021 年四省区火电装机合计占全国的 22.49%。从发电量看，2020 年全国火力发电量达到 5.18 万亿千瓦时，四省区火电发电量占全国比重达到 25.45%。同时，全国 1/4 以上的新增火电装机布局在四省区。2021 年，四省区新增火电装机合计 1238 万千瓦，占全国新增的 26.8%。

（三）晋蒙陕新风光资源好，未来发展空间大

近年来，四省区风光装机规模稳步上升。其中，风电装机从 2010 的 1173 万千瓦上升到 2022 年 6 月底的 9921 万千瓦，增长近 7.5 倍；太阳能装机从 2018 年的 3518 万千瓦上升到 2022 年 6 月底的 5699 万千瓦，增长 62.0%。四省区风电、太阳能发电量分别从 2015 年的 669.7 亿千瓦时和 127.7 亿千瓦时，上升到 2020 年的 1520.7 亿千瓦时和 620.4 亿千瓦时，分别增长 1.27 倍和 3.86 倍。同时，四省区风光新增装机占全国比重一直较高。尤其是风电，最高的 2015 年有 44.8% 的新增风电装机落在四省区。2022 年 1~6 月，全国 20.7% 的风电新增装机布局在四省区。四省区太阳能发电新增装机占比稳定在 10%~20% 区间，2016 年占比最高达到 29.1%，2021 年占比为 11%。国家已发布 4.55 亿千瓦风光大基地规划，主要分布在内蒙古、新疆等地，四省区风光发电发展潜力巨大。

二 促进煤电与风光电融合仍面临几大难题

（一）煤电角色转变面临困难

建设新能源电力占比逐渐提高的新型电力系统，亟须"先立后破"，加快转变煤电角色，促进新能源电力消纳。但目前情况是，晋陕蒙新等地是我国煤电主要供应地，煤电占比高，外送电量多，在电力紧张、煤电关系不顺的大背景下，四省区煤电既要向新能源电力调峰电源方向转变，还要承担保障电力安全的任务，角色转变面临困难。同时，大规模新能源电力并网还涉及外送通道建设、完善电力电量平衡策略、创新分布式能源发展模式等问题，仍需积极探索。

（二）促进煤电发展的基础性制度待完善

一是煤、电联动存在体制性障碍。煤炭供需受国家政策影响较多，煤电作为电价基准，市场化价格机制仍不完善，上浮有限，很难将上游煤炭成本向下疏导。二是煤电作为调峰电源的价格机制仍不健全。风、光等不可控电源快速增加，对容量备用、调频等辅助服务需求巨大。煤电作为调峰电源具有技术经济性，但要解决煤电电量下降、收入下降带来的容量成本回收问题，需尽快建立容量电价机制。三是四省区煤电外送多，但碳排放统计考核制度仍不完善。我国能耗"双控"政策正在向碳排放"双控"转变，但目前制度下，碳排放仍计在供给地，极大影响供给地碳排放总量指标，对当地项目安排、产业发展影响较大。

（三）新能源面临电价、市场等政策性问题

国家已规划风光大基地，但如此大规模新能源电力如何并网、如何消纳仍面临诸多难题。蒙新等地电力负荷规模不大，消纳新能源能力有限，大部分电力需要外送。同时，新能源补贴已取消，若要支持大规模电力投资仍需要完善电力市场机制，通过市场化价格引导投资预期。然而，新能源参与电力市场仍在进行时，第一批电力现货试点大部分将新能源电力作为边界条件，"报量不报价"。第二批电力现货试点步伐加快，不过新能源参与市场机制仍未形成。此外，区域电力市场省际壁垒突出，跨省电力参与市场仍没有制度性安排。

（四）二者融合面临土地、通道等要素供给问题

调研了解到，有地方利用煤矿塌陷区实施光伏发电项目，但塌陷区土地性质属林地，土地与林业部门数据不一致，造成国家规划明确了的土地指标在林业口径上不能落实。同时，新能源电力装机需大量用地，但在操作中存在新能源规划用地布点与国家电网电力接入点距离

过远，造成电力接入困难问题。且有些新能源项目用地指标不好落实，项目建设迟迟不能开工。此外，四省区布局的新能源电力外送通道仍未完全落实。如内蒙古鄂尔多斯"十四五"规划新增新能源装机 5000 万千瓦，目前确定的两条外送通道可配送 2400 万千瓦，其他新增装机的电力外送通道仍未确定。

三 促进煤电与风光电融合的政策建议

（一）把握以煤为主、先立后破的总体要求

"双碳"目标下，把握"先立后破"总体要求，立足煤炭主体能源定位，稳步推动煤电由"主力电源"向"主力电源与服务电源并重"转变，发挥煤电可靠性和可控性优势，平抑新能源电力间歇性和波动性。加快煤电灵活性改造，不断提升煤电清洁程度。充分利用煤电厂区、煤矿塌陷区等开发光伏发电，打捆外送"煤电＋风光电"，促进"风光火储氢"分布式电源发展。提升新能源电力预测精准度，促进虚拟电厂、智能微网等发展，健全电力市场功能，提高本地消纳能力，提升电力系统自洽能力。妥善解决新能源电源投资、价格机制、市场建设、通道建设、煤电容量电价机制等问题，夯实制度基础。

（二）探索煤电与风光电融合新路径

一是推动煤电节能降耗改造、供热改造和灵活性改造"三改联动"。对存量煤电项目实施灵活性改造，降低启停成本，提升电力调频调峰效率；对新增煤电项目，明确以调峰、调频、备用等服务为目标实施建设。逐步有序淘汰煤电落后产能。二是促进"风光煤打捆"外送。按 2030 年风光电量 2.5 万亿千瓦时、60% 分布在三北地区、80% 电量外送计算，约 1.2 万亿千瓦时电量需要外送，若按配备 1/3 煤电调峰计算，外送电量约 1.6 万亿千瓦时，需架设 30~40 条特高压线路。三是促进"风光火储氢"一体化发展。新型电力系统下，电网架构将由"集中式、长距离骨干网为主"向"骨干网＋源网荷一体化配电网并重"

转变，应大力发展"风光火储氢"一体化配电网络。这种配电网既是受电端，也是分布式电源，可参与反向调峰。同时，积极发展新型储能技术，按照煤电、风光电力装机规模配备储能，促进"风光火储"互补联动。发展可再生能源制氢产业，探索谷电制氢、离网制氢、网电制氢等多种模式，开展"氢—电"融合试点。四是创新煤电与风光电融合商业模式。利用煤电厂区或煤矿塌陷区发展光伏发电，与煤电共用输电线路和变电设施，实现并网外送，便利就近消纳。推广换电重卡理念，将煤电厂区、煤矿区内重卡改造或重置为换电重卡，在用电低谷时段利用风光电力进行充电，提高风光电力利用率。

（三）优化煤电健康发展的政策环境

一是夯实煤电作为电力安全保障的基本定位。在新能源电力比例逐步提高的同时，确保煤电装机容量配备合理，在电力短缺时期调得动、用得上、顶得住。理顺煤炭、电力体制关系，形成主要由市场决定的煤炭供需结构，倡导煤、电市场化联动机制，探索电价改革，促进煤炭成本合理反映到电力价格当中，引导煤炭供需。二是促进煤电向可靠性和可控性等服务电源角色转变。将煤电作为大规模发展新能源电力的重要保障。欧洲虽大力发展可再生能源，但在电力系统中仍保留大量煤电机组，确保煤机容量在电力短缺时可以使用。在当前乌克兰危机引发电力紧张局势下，欧洲才有能力重启煤电以缓解电力压力。三是优化煤电市场价格机制。适应煤电向服务电源转变的要求，建立容量市场，引入容量电价机制，促进煤电收益模式由"电量收入为主"向"容量收入为主"转变，逐步降低煤电发电量，保留必要装机容量，提供电力保供与平衡服务。

（四）健全适应新能源发展的电力体制

一是加快建设全国统一的电力市场。规范统一电力市场的交易规则与技术标准，推动新能源电力全部进入电力现货市场，提供必要的补贴或差价合约机制，探索"强制配额＋绿证交易"方式，促进新能源发展。完善跨区域电力交易市场，破除电力交易以省为实体的限制，健全送电端、受电端市场机制，合理体现送出电量绿色价值。二是完善分布式发电市场化交易机制。鼓励分布式电源参与市场交易，出台价格政策，支持自备电厂、储能电站、虚拟电厂、微电网等参与现货交易，落地"隔墙售电"。三是理顺绿电、绿证和碳市场等之间关系。促进"证电分离"交易，提升绿证交易活跃度，鼓励发达地区消费绿证以完成绿电消纳任务。探索绿证市场与碳排放市场衔接，改变碳市场在高碳企业间优化配置碳排放权的做法，引导高碳企业参与绿证市场，购买绿证以抵消碳排放量。四是健全成本有效疏导的电价机制。引导工商业和居民用户主动增加新能源电力消费。完善峰谷电价政策，拉大峰谷价差，引导用户调整用电习惯，主动参与削峰填谷。建立新能源电力、配电侧、用户侧、电网端共同分摊和辅助服务费用机制，探索将部分辅助服务费用向用户侧疏导。

（五）统筹解决电力外送、跨区消纳等问题

一是统筹解决新能源大基地电力外送问题。支持发电侧按照新能源电力开发规模配备一定比例的先进煤电项目指标，同步规划电力送出通道，统筹下游消纳，推动建成投产一批、开工建设一批、研究论证一批多能互补输电通道。二是促进新能源电力本地消纳。对就近消纳的电量给予过网费优惠，鼓励风光离网制氢，提供网电支持，风光电力余量可并网销售。三是完善新能源电力跨区消纳机制。改变当前新能源电力供应地本地消纳权重明显高于其他省份的做法，促进消纳权重向电力消费地倾斜，最终实现各地消纳权重相同。四是妥善解决大基地建设用地问题。落实国家有关土地规划，统一规划口径，优化电网接入政策，合理规划电力送出工程，落实送出工程用地指标。

（"煤炭资源富集地区绿色低碳转型研究"课题组

执笔：王成仁）

我国化石能源保供稳价趋势研判及对策建议

能源保供稳价是生产生活秩序正常运转的基础和保障，新冠疫情叠加俄乌冲突进一步凸显能源安全的重要性。未来 10~15 年，我国能源需求仍将持续提升，化石能源仍是主体能源。"双碳"目标下需立足"以煤为主"的国情，先立后破，在大力发展非化石能源的同时，确保化石能源供应稳定。

一 化石能源供需及价格走势判断

（一）原煤自产供给有保障，重点在于完善市场化价格机制

未来一个时期，煤炭仍将是我国主体能源，煤电在电力供应中仍占据重要地位。有关机构预测，2025 年我国煤炭消费占比在 51% 左右。从供应上看，我国煤炭自产能力强，有能力保障国内消费需求。预计 2025 年和 2030 年原煤自产分别约 41 亿吨和 40 亿吨，占总供应量的 93% 左右。2021 年煤炭价格暴涨、拉闸限电，既有在推进碳达峰碳中和工作中存在"一刀切""运动式"减碳的问题，也反映出煤炭市场化价格形成机制的短板，是未来调整重点。

（二）国内原油消费 2030 年进入平台期，国际油价短中期处于高位、长期趋稳向下

未来 10 年，我国原油消费规模将稳步增长。2025 年原油消费占总

能源消费约 18%，达到 7.18 亿吨；2030 年占比约 17%，达到 7.41 亿吨；2030~2035 年原油消费进入峰值平台期。从供给上看，我国原油自产规模难有大的提升，预计稳定在 2 亿吨左右，其余仍需进口。进口来源集中在中东地区，占比超过 50%。自俄罗斯进口原油继续增长，非洲和中南美洲进口将提升。今后一段时间全球原油供需将处于紧平衡，预计 2030 年前油价仍有上涨空间。其后，国际原油需求进入平台期并稳步下降，油价将趋稳并进入下降周期。

（三）天然气供应较为多元，突发性、局部性价格波动难以避免

我国天然气消费预计在 2040 年前后达峰。2025 年我国天然气消费占比约 11%，规模在 4500 亿立方米左右；2030 年占比约 13%，规模达到 5800 亿立方米。我国天然气自产能力仍有较大提升空间。预计 2025 年自产规模约在 2300 亿立方米以上，2030 年突破 2500 亿立方米，对外依存度可能达到 50%。我国天然气进口来源较为多元，且消费端可替代性强，供应风险相对可控。价格方面，国际油气资源紧平衡叠加地缘政治、大国博弈等因素，突发性、局部性价格上涨压力较大。

（四）俄乌冲突或将改变能源供需格局，国际油气价格体系蕴藏变革

俄乌冲突、美欧对俄制裁以及俄反制裁等对国际能源供需格局带来巨大影响。欧盟批准对俄石油禁运协议，还将讨论天然气禁运协议，加速摆脱对俄能源依赖。未来美欧能源合作将更为紧密，而中俄能源贸易规模将扩大，全球油气供需或形成两大循环体系，中东、非洲和中南美洲等区域战略地位将上升。同时，美欧将俄剔除出环球同业银行金融电讯协会（SWIFT）系统，加剧国际社会对美元体系下本国金融安全的担忧，加速"去美元化"，可能引起国际油气价格和结算体系变化。

二 我国化石能源保供稳价面临的挑战

（一）煤炭生产供给受限，原油自产增量难

一是煤炭价格大幅上涨凸显煤炭生产供应受限、供需失衡。我国煤

炭生产受设计生产能力和核定生产能力限制，企业增产动力不足，铁路运力不足成为制约。例如，山西省2021年列入国家重点建设规划的21条铁路专用线，只有9条建成通车。二是原油生产综合成本高，自产潜力不大。我国部分油田原油单桶开采成本已达55美元。在油价高时有一定盈利，但长期收益并不理想。同时，近年石油勘探未取得重大突破，多数地块资源探明率达60%，个别区块已接近70%的极限探明率。

（二）油气进口规模大，地缘政治风险高

一是原油对外依存度高，易受大国博弈和地缘政治影响。未来5~10年，我国年度进口原油仍在5亿吨以上，对外依存度在70%以上，且较集中在中东地区，受地缘政治影响较大。如2021年伊朗受美制裁，我国从其进口原油仅26万吨。委内瑞拉在美制裁下，国内政治经济状况恶劣，石油勘探开发投入严重不足，对外供应困难。二是全球油气资源投资持续下滑，将导致油气供应趋紧。据国际能源署（IEA）预测，2021年全球油气上游投资为3500亿美元，显著低于2016~2019年的5000亿美元。BP、壳牌等油气巨头加大新能源投资布局，加之俄乌冲突等因素，未来全球油气供需紧平衡状况将会持续。

（三）油气储备短板突出，应急保供能力待提升

一是我国原油储备与预期目标差距较大。根据《国家石油储备中长期规划（2008~2020）》，到2020年，我国应实现原油政府储备和企业储备总计1.09亿吨，但目前总储备规模与规划目标差距较大。受土地空间减少、成本增加等因素影响，石油储备规模增加困难，保障核心需求仍面临诸多困难。二是天然气储备体系起步晚、落地效果不佳。近年来，我国加快建设储气设施，储气能力占天然气消费量的7%左右，仍低于全球平均10%左右的水平，距离欧盟30%的水平差距更大。盈利模式不清晰、选址困难等是储气库建设的重要制约。

（四）煤电价格矛盾难调和，油气进口缺乏定价权

一是电煤保供稳价面临体制机制矛盾。目前，电煤保供依靠行政

手段推动煤、电双方签长期协议，价格接受政府指导。但电力市场体系不健全，电价相对稳定，造成电煤价格上涨难以完全顺价到用电端。依靠行政手段保供稳价，短期有一定效果，但长期难以持续。二是油气进口规模大，但定价权缺失。有关部门制定的"中国原油综合进口到岸价格"，是对每周我国一般贸易项下进口原油到岸平均价格的反映，短期内难以成为国际标准。且现有原油管理方式限制了市场参与者数量、类别和操作空间，不利于做活原油市场。天然气方面，亚洲LNG长协定价与日本清关原油价格挂钩，现货定价基准是日韩综合到岸价格指数（JKM），中国虽为最大的LNG进口国，但没有反映自身供求关系的定价基准。

三 对策建议

（一）增强国内供给保障能力

一是煤炭管理由"控量控价"向"加强监管"转变，调整核增产能政策。在确保安全清洁高效利用的前提下有序释放煤炭优质产能，支持具备安全生产条件的煤矿提高生产能力。加强对企业垄断、操控价格等行为监管。加大煤炭运输铁路干线、支线建设力度。探索建立煤炭储备机制，布局上向煤炭消费地倾斜。二是提升复杂石油勘探开发技术水平。加大超低渗透和丰度低油藏开发技术研发。积极与国际大型油气公司在无人机勘探、新式管道等领域合作。完善油气资源区块竞争性出让和退出机制，提高民间资本油气资源开发参与度。三是推动非常规油气勘探开采领域技术突破。健全政产学研协同机制，开展技术攻关。设立非常规油气资源勘探开采基金，加大资金支持力度。

（二）加强海外油气资源供应保障

一是加强与中东、非洲、中南美洲原油合作。稳定与中东国家关系。拓宽与委内瑞拉合作空间，通过贷款支持、援助建设、共同开发等方式加强合作。稳步推进中美油气合作。二是继续深化与俄罗斯、土库曼斯坦等国合作，加快建设新的通道，减轻南海通道安全压力。三是探索"民营＋国企"方式开展海外并购和股权投资。把握国际大油气公司出售非核心资产机会，探索由民营企业出面收购、国企提供平台支撑的方式，扩大海外权益资源规模，提升海外权益资源产量。

（三）多种方式增强油气储备能力

一是健全政府储备、企业社会责任储备和生产经营库存相结合的原油储备体系。鼓励社会资本参与政府储备设施投资运营。布局新建一批原油仓储设施，地下水封洞库优先，探索吸引中东原油出口大国在我国投资建设商业性储油设施、海上浮仓等储油设施。适当丰富储备品种，开展汽油、柴油、航空煤油等成品油储备，确保紧急情况下的及时供应。二是加快完善天然气储备体系。落地政府、供气企业、管道企业、城市燃气公司和大用户的储备责任。推进枯竭油气藏、油气田、盐穴等地下储气库资源普查和公平出让。支持储气库运营企业通过出租库容、利用季节性价差等市场化方式获取收益。鼓励成立专业化储气服务公司，提供储气服务。

（四）加快形成油气"中国价格"

做活油气交易中心和原油期货产品，形成多买多卖格局。放宽原油进口资质和配额限制，鼓励多种所有制主体参与现货和期货市场交易，吸引贸易商、金融机构等参与主体，促进形成竞争性的现货价格。升级"中国原油综合进口到岸价格"为"中国原油消费价格"，纳入中国石油天然气交易中心现货价格，并逐步提高比重。推动国内天然气进口以"中国原油消费价格"作为参考。基于多买多卖现货市场和期货市场，构建"中国版"现期联动价格体系，力争形成亚太地区油气贸易价格基准。同时，要积极推进油气进口使用人民币结算。

（"促进初级产品供给保障和价格稳定问题研究"课题组

执笔：王成仁 陈 妍 刘 梦）

尽快开展管道输氢试点示范的建议

储运成本在氢气终端消费成本中的占比高达 40%~50%，是我国氢能规模化发展的重要制约因素。破解储运难题，管道输氢是必然选择。《氢能产业发展中长期规划（2021~2035 年）》（简称《规划》）提出，要加快构建安全、稳定、高效的氢能供应网络，开展掺氢天然气管道、纯氢管道等试点示范，逐步构建高密度、轻量化、低成本、多元化的氢能储运体系。在全球氢能产业加快布局和我国氢能产业顶层设计出台之际，亟须贯彻落实《规划》要求，尽快开展试点示范，带动我国氢能产业迈向规模化和商业化发展之路。

一　实现氢能规模化发展亟须突破管道输氢瓶颈

（一）氢能有望成为重要能源品种

IEA《全球氢能回顾 2021》认为，氢能在未来十年将确立在全球清洁能源转型中的重要地位。氢能在全球能源消费中的比重预计到 2030 年为 2%，2050 年提高至 10%，达到 5.3 亿吨。《中国氢能源及燃料电池产业白皮书 2020》预测，在 2060 年碳中和情景下，我国氢气年需求量将达 1.3 亿吨左右，在终端能源消费中占比约 20%。《规划》首次明确了氢气的能源属性，作为一种来源丰富、绿色低碳、应用广泛的二次能源，氢能将在交通、储能、发电、工业等领域逐步实现多元应用，为助力我国实现"双碳"目标发挥重要作用。

（二）管道输氢是降低氢气储运成本、推动氢能规模化应用的关键

目前，国内氢气储运主要通过高压长管拖车解决，规模小、效率低，单车载氢量在 300~400 公斤，经济半径在 150~200 公里以内。液氢主要用于航天，受液化成本、能耗等限制较大，民用暂不具备商业化条件。管道输氢是大幅降低氢能成本、支撑氢能大规模和多场景应用的必然选择。《规划》发布后，氢能项目加快落地，一些示范城市已出现"缺氢"现象。管道输氢在产业链中扮演承上启下的重要角色，如能形成类似天然气多点供应的氢气管网，不仅可解示范城市氢源之忧，还能通过规模化输送摊薄氢气储运成本，也有利于形成统一的氢能价格体系，推动氢能产业整体降本提效和推广应用。

（三）国内外管道输氢已有较多实践

管道输氢已有 80 余年历史，近几年主要发达国家开始加快对输氢管网的布局，预计欧洲 2040 年将建成 4 万公里输氢管道。目前全球输氢管道总长度有 5000 多公里，以纯氢为主，90% 以上在美国和欧洲，主要为封闭的供应系统，由大型氢气公司供应大型工业中心。同时，欧美国家加快推进天然气管道掺氢。荷兰 2008 年开展"可持续的埃姆兰"项目，在低热量天然气中注入 20% 的氢。法国 GRHYD 项目于 2018 年开始向天然气管网掺入 6% 的氢气，2019 年掺混率达到 20%。英国《国家氢能战略》提出，将于 2022 年开始建设点对点输氢管道；2025 年开始建设小型集群管网；2030 年代中期以后形成区域或国家网络。我国济源—洛阳线（25 公里）、巴陵—长岭线（42 公里）均属纯氢管道。掺氢管道方面，乌海—银川（223.8 公里）管道输送焦炉煤气（含氢 10%~60%）曾实现正常输气，后因上游炼焦厂环保问题（非技术原因）停运。

二 管道输氢仍面临政策和技术障碍

（一）管道输氢总体规划缺失

虽然《规划》提出要开展掺氢天然气管道、纯氢管道试点示范，但国家层面对管道输氢仍缺乏统筹安排。"双碳"背景下，可再生能源制氢亟待大规模发展。但目前情况是，可再生能源制氢成本降不下去，下游大规模应用承担不起，中游大规模、低成本管道输送方式发展不起来，陷入"死循环"。管道建设投资大、回收期长、对气量要求高，需要国家加强统筹，适时适地推进试点示范，破解可再生能源制氢规模化应用困局。

（二）管道输氢标准体系尚未建立

在管道建设标准方面，国内尚无氢气长输管道相关设计规范。现有氢气管道的规划和建设主要参照国外规范，以及适用于输送天然气和煤气的《输气管道工程设计规范》等。如济源至洛阳纯氢管道的路由选线参照了美国机械工程师学会发布的《氢气管输和管线》标准。

（三）天然气管道掺氢技术亟待突破

目前纯氢管道技术相对成熟，选择合适管材可有效应对氢脆等问题。天然气管道掺氢输送仍面临材料、安全监测和设备等方面技术问题。一是掺氢管道基体和焊缝材料出现氢渗透、氢脆等管道失效问题的作用机理和规律尚待进一步研究，特别是高钢级管道长期掺氢运行的影响仍需实验论证。二是如何搭建可及时防范、发现和应对掺氢后管道失效问题的安全监测系统尚待研究。三是用于天然气掺氢的混气撬、压缩机组等专用设备还需进一步研发。

三 开展管道输氢试点示范的政策建议

"双碳"背景下氢能重要性凸显，国际上日益关注中国氢能发展，领先国家已着手加强对我国"规锁"，我国宜尽快开展管道输氢试点示范破解储运瓶颈，加快氢能规模化发展步伐，不断提升产业链安全水平和国际竞争力。

（一）统筹做好顶层设计，分阶段分区域推动管道输氢试点示范

建议遵循"纯掺同步、由低到高、由短到长、由点及面"的推进思路，支持有条件的地方和企业开展输氢管道项目试点示范。2022~2025年，优先开展中低压纯氢管道试点，在适宜地区建设短距离"点到点"示范管线，同时开展干线管道掺氢研究论证。在低压城市燃气管道进行掺氢试验研发以及前期论证。2026~2030年，推动建设多条长距离纯氢管道，逐步形成纯氢管网，拓展城市燃气管道掺氢范围，稳步推进中高压干线天然气管道掺氢输送。2030年以后，推动纯氢管道"由线到网"规模化发展，同时推动天然气掺氢管道在全国范围内布局。稳步推进气态、液态等多种管道输氢技术路线，鼓励各地积极探索经济、高效的输氢模式，条件成熟的进行试点示范。近期，可在保障安全前提下，选择钢级较低、压力不高的长输管道开展试验论证工作，兼顾上游氢源、下游用户掺烧等因素，适时开展管道输氢示范。同时，探索将液氨或甲醇作为储氢介质，直接利用现有油气管道输氢，最大化管道利用效率，大幅降低管道改造和新建成本。发展合成氨与氨脱氢、合成甲醇与甲醇脱氢等新型工艺和技术，适时推动试点示范。

（二）选择制用规模大、有管道建设条件的示范场景

管道输氢衔接供需、疏通制用两端，需要量的支撑。在氢气制备端，要衔接氢气资源充足，尤其是大规模可再生能源制氢基地、工业副产氢等氢资源优势地区；在应用端，连接钢铁、化工、冶金、高品位热源等工业领域，重卡、物流、航运等交通领域，以及居民供暖、储能、调峰等建筑和发电领域，拓展应用场景。一是开展"工业副产氢＋钢铁化工基地"试点示范。结合碳捕获、利用与封存技术（CCUS）的工业副产氢作为过渡氢源已初具经济性，钢铁、化工基地用氢量大且较为集中，可将工业副产氢作为短期重要氢源，开拓工业脱碳应用场景，率先开展示范。二是开展"可再生能源制氢＋子母站"试点示范。将规模化可再生能源制氢基地作为氢源，利用管道将可再生能源氢集中输送至"母站"，再通过长管拖车分送至"子站"，满足周边分散的交通物流、居民供暖、储能等用氢需求，有效降低终端应用成本。

（三）加强氢气管道技术攻关、工艺设备研发与标准体系建设

技术研发方面，重点围绕管道输氢安全及监测技术、氢气与天然气管道相容发展技术、掺氢天然气低浓度氢气高效提纯技术、管道焊接技术、管道改造及检测技术等，开展系统深入研究。工艺设备方面，集中开展专用掺氢设备、储输材料、氢泄漏及氢燃爆危险检测设备等研发，完善氢气输送工艺、设备材料选型等。标准建设方面，尽快填补国内氢气长输管道领域标准体系的空白，完善管道输氢安全检测标准以及掺氢比例、运行参数安全边界等标准，组织研发纯氢及掺氢燃气管道评估软件等。

（四）加强政策保障及支持

建议国家尽快确定一批管道输氢试点示范工程项目，配套出台支持政策，促进管道输氢技术攻关，降低企业运营成本，推动商业化应用。加大技术创新支持力度，鼓励地方政府、大型央企、地方企业、科研机构等产学研协同开展天然气管道掺氢技术研发和运营探索。强化财税优惠政策扶持，参考现有天然气管道政策，对输氢管道建设采取较宽松的折旧政策、更灵活便利的负荷率等，并提供一定财政补贴和信贷优惠政策，推动管道输氢规模化发展和可持续运营。

（科研信息部　景春梅　王成仁　何七香　刘　梦）

以系统视角统筹推进氢能规划落实
探索产业可持续、高质量发展路径

——"联合国开发计划署氢能产业大会高级别会议"及"央企氢能布局与双碳战略闭门会议"观点综述

2022 年 4 月，中国国际经济交流中心（简称"国经中心"）与联合国开发计划署（UNDP）联合举办了"氢能产业大会高级别会议"，随后国经中心还举办了"央企氢能布局与双碳战略闭门会议"，两场会议就氢能中长期规划、国际合作、央企氢能布局等议题进行深入交流。十三届全国政协副主席、中国科学技术协会主席万钢，国经中心常务副理事长、执行局主任张晓强，国家发改委、国家能源局相关负责同志及部分能源央企负责人出席会议。UNDP 署长阿奇姆·施泰纳、日本前首相鸠山由纪夫、韩国国会议员金振杓等视频致辞。主要观点综述如下。

一　氢能成为各国走向碳中和的重要选项

（一）碳中和目标促使全球氢能产业发展提速

万钢指出，氢能已成为各国实现碳中和目标的共同战略选择。近几年，美欧日等经济体均制定了雄心勃勃的氢能发展规划，以"可再生能源制氢 + 多模式储运示范 + 道路、水运、热电联产等跨领域协同示范应用"启动全球氢能体系建设。金振杓表示，氢能是解决气候问题的重要对策之一。韩国政府出台《氢能经济发展路线图》，将氢能经济作为创新增长点和环保能源的原动力，推动氢源由化石能源制备的灰氢向使用可再生能源制备的绿氢转型，打造氢能产业发展生态系统，力争成为全球氢能经济主导国家。阿奇姆·施泰纳表示，绿氢在交通、化工、钢铁等高耗能产业具有巨大的脱碳潜力，特别对难以实现电气化的长途和重载交通领域脱碳具有显著优势。

（二）氢能国际合作亟待加强

鸠山由纪夫表示，氢能产业亟须通过规模化发展大幅度降低氢能利用成本，这为日中韩三国开展氢能合作带来了可能。如果中韩两国能够参与到日本的氢能行动中，或者日本能够助力中韩两国的相关行动，氢能普及速度将进一步加快。UNDP驻华代表白雅婷表示，绿氢技术进步离不开各国在科研、资金和产业等方面的共同努力，UNDP将持续在国际绿氢产业和相关技术合作方面提供支持。国家发改委创新和高技术发展司副司长王翔指出，氢能领域国际交流合作，需加强政策交流，对接发展战略；加强科技创新合作，推动技术、材料、装备联合开发，共同开展基础研究，推进国际人才交流合作；加强产业合作，围绕基础设施建设、应用场景拓展、标准制定完善等方面开展合作。

二　将氢能纳入能源体系意义重大

（一）强化能源安全保障

万钢表示，以电力和氢气为代表的载体能源具有来源多样化、驱动高效率和运行零排放的技术特征。由氢气和电力驱动的动力系统，不受地域资源的限制，也不随石油价格而起伏，有利于维护能源安全、保护大气环境、推动产业转型升级。

（二）推动能源绿色低碳转型

张晓强指出，我国作为世界最大的制氢国，大量的工业制氢是"灰氢"。如果能逐步转向以绿氢为主，可有力促进工业领域碳达峰碳中和的目标实现。国经中心科研信息部部长景春梅表示，我国发展氢能产业的初心使命是通过氢在能源、交通和工业等领域的应用来助力低碳转型，特别是发挥氢储能的作用，为长周期、大规模、跨季节的储能难题提供解决方案，带动我国风光等可再生能源规模化发展，为推动能源革命、实现双碳目标提供重要支撑。

（三）助力产业转型升级

王翔指出，氢能是战略性新兴产业和未来产业重点发展方向。应推动氢能技术装备创新发展，加快培育新产品、新业态、新模式，构建绿色低碳产业体系。氢能将成为产业转型升级的新增长点，为经济高质量发展注入新动能。

三 央企助力构建完备的氢能产业链

中国石油、中国石化、中国华能、中国华电、国家电投、国家能源集团等六家能源企业负责人均表示，将展现央企担当和责任，积极推动氢能规划落实，有序开展产业布局，并提出了推动产业高质量发展的建议。

（一）发挥龙头企业牵引作用，高水平布局氢能产业链

国家能源局能源节约和科技装备司副司长刘亚芳表示，部分龙头企业已探索开展全产业生态、多应用场景氢能开发利用，积极探索氢能交通、氢冶金、应急电源等多元应用场景，率先统筹数字氢能、检测认证、金融孵化等综合服务能力建设。国家能源集团总经理刘国跃表示，应促进产业链上下游企业融通创新、抱团发展，巩固深化拓展合作发展模式，打造开放式价值网络，加快推进氢能"制—储—输—用"全链条发展。

（二）创新发展模式，带动传统产业低碳转型

央企积极推动氢能与炼化、煤化工等传统产业融合发展，助力实现双碳目标。中国石油董事长戴厚良表示，将利用"三北"油区及炼化

企业周边风光资源丰富，以及自备电网实施氢储能条件好的优势，大力开发绿氢资源。中国石化董事长马永生表示，将依托炼化基地布局大型"可再生能源发电—制氢—储氢—利用"项目，推进"源网荷储氢"一体化发展，借助氢能提升传统产业碳减排力度。

（三）组建创新联合体，开展协同攻关

戴厚良表示，氢能产业发展应坚持技术先行，协同推进产业链技术创新，已在可再生能源制氢、70MPa 高压储氢材料、纯氢/掺氢管道输送、氨氢转化技术、氢储能、固体氧化物燃料电池等氢能关键技术上取得了积极进展。张晓强指出，要充分吸取借鉴风电光伏等新能源、新能源汽车以及大规模集成电路等发展好的做法和经验，既要发挥好企业的创新主体地位，也要加强优质创新资源整合，鼓励协同创新，加速突破关键材料及核心技术装备瓶颈。中国华能董事长舒印彪表示，氢能产业发展应杜绝遍地开花，要发挥央企优势，牵头组建体系化、任务型创新联合体，集中攻关，突破关键核心技术。

四　持续优化氢能发展政策环境

在"双碳"战略目标引领下，应以系统视角统筹推进氢能规划落地，构建更加完善的制度体系。

（一）强化政策引导与支持

张晓强指出，应尽快根据规划的部署，出台"1+N"政策体系的配套政策，从行业管理、基础设施运营管理、关键核心技术创新示范、标准体系建设和安全监管等方面明确部门职责。王翔指出，下一步将按照规划部署，加强政策引导与支持，落实落细各项发展任务。坚持创新驱动，持续提高发展质量；拓展多元应用，释放减碳减排效能；完善基础设施，保障氢能有效供给；强化政策保障，夯实产业制度基础。

（二）高质量打造区域氢能产业应用环境

万钢表示，充分发挥省级政府的牵头领导作用，将氢能作为区域产业转型升级的重要战略抓手，从清洁氢能制取、高效氢能供给设施建设、多场景氢能应用协同示范等方面入手，全链条保障区域氢能绿色低碳发展。张晓强表示，我国不同区域资源能源禀赋、产业基础等差异大，各地区应从各自资源禀赋、产业基础、市场空间及地方财力等多方面系统谋划，理性布局，避免跟风盲从。现阶段重在开展试点示范，坚持"小步快走"。景春梅认为，储输成本在终端氢气价格构成中占比40%~50%，储输环节是制约氢能规模化应用的重要掣肘，建议"十四五"期间尽快开展氢储能技术研发和示范应用，以及掺氢天然气管道、纯氢管道等试点示范。

（三）加快标准规范研究

万钢表示，聚焦氢能及燃料电池汽车商业化推广关键环节，加大国标/行标研制力度。同时，充分发挥团体标准对市场反应快、研制时间短的优势，鼓励优先制定一批满足市场和创新需要的团体标准，加强国际标准协调，以满足氢能及燃料电池汽车产业快速发展的需求。国家电投集团董事长钱智民表示，要高度重视国际氢能标准化工作，提早布局，提高在优势产业国际标准制定上的话语权，这对于未来我国氢能产业高质量发展十分重要。

（四）推动氢能产业纳入碳循环体系

万钢表示，充分发挥碳循环体系机制作用，探索绿电交易、汽车产业积分交易等同国家碳市场的衔接机制，推动绿色氢能从制取到应用的产业全环节融入碳循环管理体系。中国华电董事长温枢刚表示，应制定健全的低碳项目激励机制，完善氢能等项目的碳减排激励机制，激发低碳技术市场活力，促进氢能业务可持续发展，为实现"双碳"目标提供有力支撑。

（科研信息部　景春梅　陈　妍　刘　梦　整理）

图书在版编目(CIP)数据

中国智库经济观察. 2022 / 中国国际经济交流中心
编. -- 北京：社会科学文献出版社，2023.7
（CCIEE经济每月谈）
ISBN 978-7-5228-1850-4

Ⅰ.①中… Ⅱ.①中… Ⅲ.①世界经济-文集 Ⅳ.
①F11-53

中国国家版本馆CIP数据核字（2023）第095011号

·CCIEE经济每月谈·
中国智库经济观察（2022）

编　　者 / 中国国际经济交流中心

出 版 人 / 王利民
组稿编辑 / 邓泳红
责任编辑 / 张　超
责任印制 / 王京美

出　　版 / 社会科学文献出版社·皮书出版分社（010）59367127
　　　　　　地址：北京市北三环中路甲29号院华龙大厦　邮编：100029
　　　　　　网址：www.ssap.com.cn
发　　行 / 社会科学文献出版社（010）59367028
印　　装 / 三河市龙林印务有限公司

规　　格 / 开　本：787mm×1092mm 1/16
　　　　　　印　张：27　字　数：353千字
版　　次 / 2023年7月第1版　2023年7月第1次印刷
书　　号 / ISBN 978-7-5228-1850-4
定　　价 / 158.00元

读者服务电话：4008918866